W★ING

流れ星伝説

星屑たちのプロレス純情青春録

元週刊プロレス記者
小島和宏

双葉社

「W☆INGの伝説を
このメンバーで
今日から作っていきます!」

（金村ゆきひろ／93年10・31小田原大会メイン終了後のリングにて）

序章 ～それは「幻の男」を探す旅からはじまった～

ある日の昼下がりのことだった。

朝まで原稿を書いていて、自宅のベッドで寝ていた僕は、ふいに鳴り出したスマホの着信音に叩き起こされた。

仕事仲間はこちらの生活リズムを知っているから、あまりこんな時間には電話を鳴らさない。いったい誰だろう？

ディスプレイに映し出された名前を見た瞬間、僕の心臓は誰かに掴まれたようにギュッと縮んだ。

〝これ、夢じゃないよな？　いま、俺、たしかに起きているよな？〟

震える手で通話ボタンをタップする。

「もしもし……」

「小島さん、ご無沙汰してます。25年ぶりぐらいですかね？」

電話口から聞こえてくるその声は、あのころとまったく変わっていなかった。懐かしさで胸がいっぱいになり、気がついたら、もう涙がポロポロあふれて、止まらなくなっていた――。

Ｗ☆ＩＮＧの歴史を語るには、どうしても「あの男」の証言が必要だ。

じつはこの本を書きはじめる前に、他の出版社からの依頼でＦＭＷ初期の舞台裏を描いたドキュメント本の執筆にとりかかっていたのだが、２０２０年春から続く新型コロナウイルスの感染拡大により会って取材をすることが難しくなってしまった現実もあり、一度、作業をストップしていた（２０２２年中には出版予定）。

だが取材を止めた本当の理由は、どうしても「あの男」がキャッチできなかったから、だった。彼の言葉がないと、肝心な部分がぼやけてしまう。そのままで一冊の本にまとめるのはちょっと違うんじゃないか、という大きな壁にぶち当たってしまったのだ。

その壁に、今回もぶつかってしまった。

ＦＭＷ人脈でも「あの男」をキャッチすることができなかったが、よりディープなＷ☆ＩＮＧ人脈を駆使しても、やはり無理だった。何人かの関係者から、手がかりになりそうな電話番号を教えてもらったが「あの男」にたどり着くことはできなかった。

これはもうムリか……そうあきらめはじめていたときに、Ｗ☆ＩＮＧでレフェリーを務めていた畑山和寛（はたやまかずひろ）に取材を申しこんだことで状況が一変する。

「もう4、5年前になるんですけど、その方と近所のスーパー銭湯でバッタリ会ったんですよ！　ええ、偶然に。そのときに電話番号は交換しています。ただ、いまも連絡が取れるかどうかはちょっとわからないんですけど……」

畑山が言葉を濁したのは、ひょっとしたら電話番号が変わっていて連絡が取れないかもしれない、という意味の他に、もう20年以上、プロレス業界から遠ざかっている「あの男」が接触を拒絶するかもしれない、というニュアンスも含まれていた。

これだけ探してもキャッチできないのだから、その可能性は高いのだろう。それを考えたら、こちらの想いだけであまりガツガツいくのは、きっとよくないはずだ。とりあえず畑山を通じて、僕の連絡先を伝えることにした。もしよかったら電話をください、というメッセージを添えて。

それだけ恋焦がれた「あの男」と、いま、スマホ越しに話をしている。

大宝拓治。

W☆INGのリングアナであると同時に、ファンの心を掴む幾多のアイデアで団体を裏側から支えたフロントの中心人物。旗揚げから関わり、地方興行にも立ち会ってきた彼にしかわからない話は山ほどある。もともとFMWの旗揚げメンバーでもある彼は、ある意味、日本のインディー団体の歴史を語る上で絶対に欠かせないキーマンなのだ。

涙ではじまったおよそ25年ぶりとなる大宝との会話は、すぐに時空を超え、往時のＷ☆ＩＮＧトークへと切り替わった。２時間以上、ノンストップで続く思い出話。お互いに手元に資料があるわけでもないのに、日付や会場の名前がびっくりするほど正確に飛び出してくる。特に大宝は僕の何倍も記憶がしっかりしていて、途中からは完全に彼の独演会の様相を呈してきた。

そう、最後に会ったときもこんな感じだった。みちのくプロレスの青森大会で、Ｗ☆ＩＮＧ崩壊後、はじめて顔を合わせ、夜中までしゃべったときも。

やっぱり夢なんかじゃない。これは現実なのだ。

もう彼の証言をまとめるだけで、十分、一冊の本になる。

懐かしい思い出話の中に、いままで聞いたことのないエピソードがちょくちょく飛び出してくるから、かなり驚いた。

「てっきり小島さんも知っていると思いこんでいたので話さなかっただけですよ。逆に小島さんが知らなかったことに、俺がびっくりしていますよ！」

かなりディープにＷ☆ＩＮＧの取材をしていたとはいえ、僕は同時にＦＭＷや全日本女子プロレス、さらにはユニバーサル・プロレスリングやそこから派生したみちのくプロレスも担当していた。Ｗ☆ＩＮＧにどっぷり浸かっていた彼とは、その濃度はまるっきり違う。話を聞けば聞くほど、ここ数年、僕が彼を求め、探し続けていた理由が見えてきたし、こうやって電話越しではあるが再会できたことは喜び以外のなにものでもなかった。まだ一文字も原稿は書いていないけれども、もうひとつの「旅」が終わったかのような充足感がそこにはあった。

ただ、大宝拓治が出版に協力してくれないことには形にはならない。いま、こうやって話してくれているのは仕事ではなくて、四半世紀ぶりに会った昔の仲間と旧交を温めているだけなのかもしれないし、話の中でも「僕はもうプロレス業界から離れて長いから……」という言葉が何度も出てきていた。こうなると、なかなかビジネスの話は切り出しにくい。

散々、思い出話をしたあとに「W☆INGの30周年記念本の取材に協力していただけないか?」と伝えると、彼は「表紙にW☆INGの名前が入った本が全国の書店に並ぶんですよね? そんなすごい話、ありますか? ぜひ協力させてくださいよ」と快諾してくれた。

そして、こう続けたのだ。

「じつは昔、俺も同じようなことを考えたことがあるんですよ。W☆INGの歴史を一冊の本にまとめたいなって。それこそ自費出版することも真剣に検討した時期もあったぐらいなので、今回の話は本当にうれしいです。ただ……」

　さっきまで雄弁だった大宝が急に黙りこんだ。

「ただね、この本が出た瞬間、本当にW☆INGが終わってしまうような気がして、それがちょっと怖いんだよなぁ～」

　ハッとした。僕にとっては、もうW☆INGは終わったものだから、こうやって本にまとめようと動いていたけれども、大宝の中では、まだ終わっていなかったのだ。

　それはおそらく代表を務めていた茨城清志も同じである。

「茨城さん、いま、ユーチューバーをやっているんでしょ？　あれって儲かるのかどうかわからないけどさ、あんまり儲かったらよくないよね。だって、茨城さんはちょっとお金ができると、すぐにW☆INGをはじめたくなっちゃうじゃない？　いままでずっとそれを繰り返してきたけど、70歳になって、またプロレスの興行をはじめようと思ったら大変だよ。でも、きっとやりたいんだよね、茨城さんはW☆ING的なものを」

　今回、取材に協力してくれたスターダム女子プロレスのロッシー小川・エグゼクティブプロデューサーのそのひとことがあまりにも真理をついていた。

そして、この本の「役割」も見えてきた。

この本はきっとＷ☆ＩＮＧにとっての「墓標」になるのだ。

いままでハッキリとしたお墓がなかったから、関係者の中で終わることができなかったＷ☆ＩＮＧという幻影。

でも、ミスター・ポーゴも、ビクター・キニョネスも、ウォーリー山口も、テッド・タナベもすでにこの世にはいない。松永光弘や金村ゆきひろも現役を引退したいま、もう、あのころのＷ☆ＩＮＧは再現できないのだ。

大宝からの電話が一瞬、夢か現かわからなかったように、Ｗ☆ＩＮＧというのはまるで「白昼夢」のような存在でもあった。

でも、たしかにあの団体は実在し、そして茨城清志と金村ゆきひろだけを残して崩壊していった。その事実をしっかりとここに刻んでいこう。

あまりにも濃すぎる人物たちが奇跡的に集まり、わずか2年7か月という短い活動期間ながら、30年経ったいまでも熱く語れるファンがたくさん残っている。

まるで、流れ星のごとく一瞬の輝きを放って夜空に消えた伝説の団体、Ｗ☆ＩＮＧ。

まずは茨城清志と大宝拓治の証言をもとに「なぜ、この世にＷ☆ＩＮＧが誕生したのか？」という最大の謎から解き明かしていこうと思う。

目次

序章 〜それは「幻の男」を探す旅からはじまった〜 3

第1章 W☆ING誕生と3人の男 13
FMWへの恨みはなかった／徳田光輝が「エース」となった背景／W☆INGという会社は存在しなかった／手あたり次第の選手集め／設立記者会見の大失敗／W☆INGは宍倉次長案件？／「☆」をめぐる謎／「マイク・タイソンを招聘する」／旗揚げ前合宿の仰天事実

第2章 世界格闘技連合W☆ING 51
8月7日の奇跡／「日本初」「世界初」「史上初」／"跳ねた"オープニングマッチ／齋藤彰俊のブレイク／ガラガラだった地方大会／会場に現れたターザン後藤／日本初のスタジオマッチ／松永光弘参戦の舞台裏／茨城式ネーミング問題／「プロレス」と「格闘技」の分裂

第3章 バルコニーからの新星 103
茨城清志と大宝拓治の追放／一発逆転！ マスカラスの招聘／誰も追随しなかったWMA／全女との提携が生まれた舞台裏／格闘三兄弟の「お葬式」／一瞬、ホールの時間が止まった／団体と専門誌という運命共同体／マツナガ・バルコニーダイブ効果／ホンモノのうさん臭さ／マニアの心をくすぐる企画／金村ゆきひろの急成長／ジェイソンの大ブレイク／一度だけ声を荒げた茨城清志

第4章 炎と五寸釘の小惑星 169

第5章 窮地を救う彗星――221
W☆INGとFMWの狭間で／売れに売れた船橋ファイアー／ポーゴが狙った「大凡戦」／無給、ノーギャラ、500円／血を吐いて続けるゴールのないマラソン／レザーが「オリジナル」でなかった理由／入門テストと練習生の生活／肩すかしで終わったポーゴvsドク戦／中牧昭二に対する拒絶反応／五寸釘とファンの欲求
タイトル戦線の活況／FMWより高かった外国人選手のギャラ／伸びていった地方の客入り／大田区体育館に来なかった徳田光輝／「見えない試合を見せる」デスマッチ／ポーゴFMW移籍の真相／クリプト・キーパーを巡るズンドコ劇／ポーゴ離脱の穴を埋めた邪道&外道／悲しみの「W☆ING憎し」

第6章 六等星の流れ星――265
業界内に流れた絶望的な噂／ファイアー前の嫌な予感／死ななかった、ということだけ／ブギーマン&フレディ「正体暴露」の真相／W☆INGが発信できなかった「文化」／満足なカードすら組めなかった2周年興行／突然、訪れたW☆INGの最期／給料制と茨城の優しさ

終章 〜30年目の10カウントゴングに代えて〜――304
［特別収録1］W☆INGプロモーション旗揚げ30周年記念単独興行「TAKE-OFF Final」「血と汗と涙のWE LOVE W☆ING」
茨城清志（元代表）×金村ゆきひろ（爆弾男）×大宝拓治（元リングアナウンサー）×畑山和寛（元レフェリー）
［特別収録2］W☆ING全戦績〈完全保存版〉

第1章
W☆ING誕生と
3人の男

FMWへの恨みはなかった

「最初に言っておくけどさ、別にW☆INGはニタやFを意識していたわけでもないし、彼らに対する恨みとかそういったものは一切、ないんだよ。少なくとも俺にはない。いや、冗談じゃなくて、本当だから」

10時間になんなんとする取材がスタートする前に、元W☆INGプロモーションの〝名物代表〟、茨城清志はそう念を押した。茨城は団体崩壊から四半世紀以上が過ぎたいまも、ユーチューブで「W☆INGチャンネル」なる動画サイトの運営や、ニューデザインのW☆INGグッズを販売するなど、W☆INGを商売のタネにしている。

ちなみに「ニタ」とは、全日本プロレス出身で、日本インディー界の祖といえるプロレスラー、大仁田厚のこと。そして「F」とは、その大仁田が1989年に「5万円」で立ち上げたプロレス団体、FMW（Frontier Martialarts Wrestling）の略称。このあたりは独特なイバラギング言語だ（ちなみにターザン後藤のことは「ティーゴトウ」と呼ぶ）。

じつをいえば、この30年間で僕は茨城からこの言葉を何百回も聞かされてきたが、そのたびに「そんなバカな話、ありますか？」と本気にしなかった。

これは多くの人がそう思っているのではないか？

旗揚げ時にＷ☆ＩＮＧの社長に就任したのはＦＭＷの初代社長だった大迫和義。そこにＦＭＷのフロント陣から茨城清志と大宝拓治が加わり、レフェリーもこれまたＦＭＷ出身の川並政嗣が務めている。なによりもトップレスラーとして大仁田厚の宿敵だったミスター・ポーゴが鎮座しているのだから、誰がどう見てもＦＭＷが分裂してできた団体にしか見えない。

しかも、ここで名前が出た人たちはみんな数か月前までＦＭＷに在籍していたのだから、意識していないはずなんてない、と思うのは当たり前だし、ハッキリ言ってしまえば、〝座組〟だけを考えたら大仁田厚とターザン後藤がいないＦＭＷそのものではないか。

それでも茨城は「意識していない」と断言し、面白いことに大宝拓治もまた「大仁田さんには感謝しかないし、ＦＭＷを潰そうなんて考えたこともなかった」と語る。

いまになって思えば、もし、このふたりがＦＭＷに対して敵意を剥き出しにしていたら、Ｗ☆ＩＮＧという団体はもっと大化けしたかもしれないし、怨念がなかったからこそ、あの独特の空気感が生まれたのかもしれない。

では、なぜふたりはＦＭＷを飛び出してＷ☆ＩＮＧを旗揚げしたのか？

そこにはこの団体の不思議な「なりたち」が存在していた。

「別にＦＭＷに辞表を叩きつけたわけじゃないんだよ。まぁ、ひとついえるのは大宝からの電話がきっかけだったんだよね。彼は当時、ニタの運転手みたいなこともやっていたんだけど、ある日、彼から『大仁田さんが茨城さんをクビにしようとしている』という電話があって。彼の立場からしたらチクリなんだけど（笑）、そんな話を聞いたらさ、クビにされるぐらいだったら、こっちから辞めたほうがいいって思うじゃない」

茨城はいつものごとく、自分の身に起きた一大事を飄々と語る。その真相をもうひとりの当事者、大宝に尋ねると、茨城の言葉を詳しく補完してくれた。

「昔、ＦＭＷは（大田区）西馬込に事務所があったんですけど、電流爆破デスマッチの成功から会社がどんどん大きくなっていって五反田に広い事務所を借りることになったんですね。そのとき、大仁田さんに呼び出されたんですよ。

なんの話だろう、と思ったら『みんなのおかげでこうやってＦＭＷも大きくなってきた。ありがとうな。来月から少しだけど給料をアップすることにしたから』。そう、昇給の話だったんです。ただ、なんで僕だけ呼び出されたんだろうと思ったら『お前と荒井昌一（リングアナウンサー。のちのＦＭＷ社長）は同期だけど、いまの仕事量を考えたら、荒井のほうが給料は高くなってしまう。それだけは理解してほしい』と。それは当たり前のことじゃないですか？　だから自分的にはなんとも思わなかったです」

いまでは暴君的なイメージが強い大仁田厚だが、ＦＭＷ初期のころはここまで気配りのできるリーダーだった。僕自身、週刊プロレスの記者としてＦＭＷを旗揚げから追っていただけに、団体内で細(こま)やかな配慮をする大仁田の姿を実際に見ている。これが、ＦＭＷに家族的なムードが生まれる大きな要素にもなっていた。

「そのとき、僕は聞いたんですよ。茨城さんの給料も上がるんですよね？って。そうしたら大仁田さんは『いや、据え置きだ』と。えーっ！となるじゃないですか。みんな昇給するのに茨城さんだけ据え置きって……。大仁田さんは『わかってくれ。大きくなっていくには犠牲も必要なんだ』と。たしかにその言葉を聞いて、すぐに茨城さんに電話をしたのは事実です。その時点ではもう僕もＦＭＷを辞めようと思っていましたね」

大仁田厚と茨城清志の不仲説は僕たちも知っていた。

それもそのはず、大仁田が僕たちマスコミに「茨城の野郎がよぉ～」と愚痴(ぐち)ってくるから丸わかりなのである。

両者のあいだに溝(みぞ)ができたきっかけは茨城が制作していたＦＭＷの試合ビデオ。茨城個人の会社である『有限会社ミラクル』で作っていた。大仁田はそのビデオの売り上げを茨城が不当に懐(ふところ)に入れている、という疑念を抱いていた。

「それがおかしな話でね、最初から俺がビデオを作ることはニタも了承済みだったんだよ。そもそもFMWの給料は安くて、10万円だったの。当時、俺が住んでいた池袋のマンションの家賃にも届かなかった。こっちも生活があるわけで、それを補填するためにビデオを作ることになった。これは俺とニタの価値観の違いもあるんだよね。彼はライブの人だから、映像を残すという発想がそもそもなかった。でも、俺はちゃんと映像を残しておくことは大事だな、と思っていたから、旗揚げした翌年の1月から後楽園ホール大会にはカメラを入れて、ビデオにしてきた。いまだにFMW初期の映像を楽しめるのは俺のおかげなんだよ、ハハハハ。

まぁ、それはいいとして、ニタも最初はなにも言わなかったんだよ。要は最初の電流爆破デスマッチのビデオが出てからだよね、いろいろ言うようになったのは。ただささ、当時は流通ルートもなかったし、事務所で俺たちが梱包して発送していたようなレベルだから、そんなに儲かるものではなかったの。ビデオクルーを入れて、ちゃんと編集もして、という費用もかかるわけでさぁ……」（茨城清志）

こうして生じた溝は、さらに深まっていった。

「茨城さんをクビにしようとしているのは理不尽だと思ったのも理由のひとつですけど、その前からちょっと怖さを感じはじめていたんですよ。すごい勢いで会社が大きくなっていったじゃないですか？　ビジネスで接する人も多くなっていったし、その規模もとんでもないことになっていくのに、大仁田さんはやり方を変えないんですよ。基本的には『なにか揉めても、俺が出ていけば丸く収まるから』って。いや、もうそんなレベルの話ではなくなってきてますよって言っても聞き入れてくれない。これはいつかヤバいことに巻きこまれそうだなって」（大宝拓治）

渉外担当だった大宝にとって、それは切実な問題だった。そんな状況下で慕っていた茨城が事実上、クビにされそうになっている……これこそがW☆ING誕生のきっかけだった。

徳田光輝が「エース」となった背景

ここからがW☆INGの「意外史のはじまり」、となる。

のちに運営の杜撰（ずさん）さをメディアからもファンからも、叩かれまくることになるW☆INGだが、意外にも団体設立までの流れは緻密（ちみつ）な計算の上に進められた。

「みんなで一斉に辞めたら、絶対に疑われるじゃないですか？　だから時間差で辞めていったんですよ。茨城さんはたしか3月に退社して、それからしばらくして僕が抜ける。僕は5月シリーズまで残ったんですけど、それはポーゴさんがいたからなんですよ。これからW☆INGの中心選手になるポーゴさんがFMWのリングで価値を下げられるようになったら非常に困る。だから、僕が内部に残って、そうならないように見張っていました。川並はレフェリーだったので、さすがに後任が育つまでは残っていないと団体に迷惑がかかるので、彼だけ6月シリーズまで残ったんですよ」（大宝拓治）

この時期、FMWのリングで起きていたストーリーは地雷爆破デスマッチ（91年5・6大阪・万博お祭り広場）で大仁田に完敗したポーゴが改心して、次期シリーズの開幕戦で日本陣営への加入を宣言。しかし、それは大仁田を騙し討ちするための真っ赤な嘘だった。油断した大仁田にビッグファイアーを噴射するという裏切り劇で、さらなる極悪人としてファンからヒートを買いまくっていた。

リング上でそんな裏切りを演じる一方で、茨城が立ち上げるW☆INGへの移籍話を進めるという、フェイクとリアルが入り混じる複雑な構造のダブルクロス劇。「ミスター・ポーゴ」の商品価値を守りながら、スムーズに移籍させることが、FMWに残った大宝に課せられた「隠密任務」だったのだ。

当時、FMWの担当記者として日々、巡業に同行していた僕だが、この話は今回の取材ではじめて知った。当時は普通に大宝とFMWの仕事の話をしていたし、もっといえば記者会見が開かれるまで、僕はW☆INGなる団体が旗揚げされることすら知らなかった。
「それは申し訳ないな、と思ってはいましたけど、黙っているしかないじゃないですか。そこはもう慎重に話を進めていましたからね。意外でしょ？ こんなにちゃんとしていたなんて」（大宝拓治）

茨城は、かつて海外特派員として、アメリカンマット事情を日本に伝えていた。その時代から親交があるポーゴが合流するのはまだわかる。だが、のちに「格闘三兄弟」の一員としてW☆INGに参戦する徳田光輝がエース格として迎え入れられたことは、当時からいささかの違和感を覚えていた。柔道三段の実力者とはいえ、FMWの旗揚げ会見に乱入して大仁田に挑戦状を叩きつけ、短期間、リングに上がったものの、いつの間にか団体を去った、いわば無名の選手だ。

なぜ、徳田がエースなのか？

そこにも特異な「なりたち」が影響していた。
「徳田さんはFMWの初期に参戦していて、そのときのインパクトが強かったんですよね。柔道殺法、すごかったじゃないですか？ ただ、あの技は危ないと対戦相手からクレームがついたりして、結局、徳田さんは一旦、フェードアウトしちゃったんですよ。

その徳田さんからある日、FMWオフィスに手紙が届いたんです。もう一度、チャンスをください、という復帰願いでした。たまたま僕がその手紙を受け取って、その瞬間に〝あっ、これは茨城さんとやる団体に来てもらおう〟と閃きました。だから、わざと大きな声で『徳田から手紙が来てますけど、こんなのいらないですよね？　ゴミ箱に捨てちゃいますよ』とアピールしてから、ポイっと捨てたんです。ただ、その手紙が落ちていったのがゴミ箱じゃなくて、茨城さんのカバンの中。じつは手紙に徳田さんの連絡先が書いてあったので、これさえあれば、すぐにオファーできるぞ、と」

いまだったらＬＩＮＥやメールで連絡できてしまうから、こんな手は使えない。だが、平成になっていたとはいえ、実質、昭和チックな日常が続いていた１９９１年ならではのエピソード。こうした経緯があり、最初に声をかけ、参戦の確約を取った徳田が大宝の中では当然のように「エース候補」になっていった。

「当時、徳田さんがジムのインストラクターをやっていたので、誰かいい素材がいたら、どんどんスカウトしてくださいってお願いしていました。でっかいインド人がいる、という話もあったんですけど、体臭がすごくて試合をしたくないとか（笑）。ジムの近所で毎日、プロレスごっこをしている２人組のミゼットがいるとか。そんな逸材、すぐにスカウトしてくださいよって話ですけど、結局、見つからなかったんですよね」（大宝拓治）

この発言を不思議に感じるコアなＷ☆ＩＮＧファンもおられることだろう。旧Ｗ☆ＩＮ

Gは旗揚げ時、格闘技路線を打ち出していたはず――。だが、茨城と大宝の頭の中には、最初から格闘技路線などこれっぽっちも存在していなかった。そして、これこそが旗揚げからほんの数か月で崩壊してしまう大きな要因となってしまう。

茨城清志、大宝拓治、そして徳田光輝。

この3人こそが、W☆INGのルーツだったのだ。

W☆INGという会社は存在しなかった

格闘技というキーワードが出てくるのは、大迫和義が社長に就任することが決まったから、だった。

「本当にたまたま街を歩いているときに大迫氏にバッタリ会ったんだよね。それでちょっと話でもしましょうか、となったんだけど、大迫氏も新しい団体を作りたい、と。それで一緒にやることになったんだよ。たまたま道で会ったって言うと、みんな作り話だと思っちゃうみたいだけど、本当にそうだったんだから、それ以外に話しようがないんだよ（苦笑）。基本的に俺は本当のことしか言ってないから、君たちが信じなかったり、曲解していているだけなんだよ」（茨城清志）

大迫は、ＦＭＷの初代社長を務めた人物だ。それ以前から実業の世界に身を置いており、少なくとも茨城たちよりビジネスのなんたるかを知る人物ではあった。

つまり、ＦＭＷのオフィスで茨城や大宝と一緒に働いてきた同志ということになるが、我々、取材する側の人間からすると、正直、大迫はなじみの薄い存在だった。後楽園ホールでその姿を見かけたのも１９９０年６月が最後と記憶している。大仁田が後藤を相手に行なった史上初のノーロープ有刺鉄線電流爆破デスマッチ（90年８・４レールシティ汐留（しおどめ））以降は、まったく見なくなってしまった。

「オフィスにもほとんど来ていなかったんですよ。ただ、ＦＭＷの経理に大迫さんの奥さんが入っていて。奥さんはしばらく残っていたんですよね。だから、大迫さんはもうリアルにわかっていたんですよ。うまくやればプロレス団体は儲かるぞ、ということを。

ただね、僕は大迫さんと組むのは反対でした。茨城さんにやめておきましょうよ、と言いましたから。大迫さんはプロレスのなんたるかをよくわかっていない人だったし、やりたかったのはあくまでも格闘技路線。僕たちがやりたいものとはまったく違うわけで、うまくいくはずがないですもん」（大宝拓治）

それでも手を組むことになったのは、茨城と大宝には、はじめての組織作りに不安があったからだった。実際、会社経営をする大迫が社長になったことで、Ｗ☆ＩＮＧという組織の形はトントン拍子でできていく。

「当時、大迫氏が経営していた会社があって、そこの定款を変えて、プロレス興行が打てるようにしたんだよね。会社の名前？　ちょっと覚えてないなぁ〜。ただ、『株式会社W☆ING』とか、そういうものじゃないよ。あくまでも大迫氏の本業の会社であって、プロレス団体はおまけみたいなものだったから」（茨城清志）

茨城が何気なく話してくれたこの言葉には、重要なポイントが隠されている。

W☆INGという団体はたしかに存在したが、W☆INGという会社は存在しなかった。

さらに、のちにスタートを切るW☆INGプロモーションも、あくまでも便宜的な名称であって、運営母体は先ほど出てきた茨城の会社『有限会社ミラクル』だった。

これは、当時の僕が知る由もなかった話だ。他のインディー団体やW☆INGの選手のテーマ曲を集めたCD『プロレス　インディペンデントファイターズ』を製作していたことから、W☆INGと接点のあったキングレコードの大槻淳プロデューサーはこう証言する。

「あそこの会社から送られてくる封筒には『有限会社W☆INGプロモーション』って印刷してあったんですよ。あぁ、ついに会社組織にしたんだな、と思っていたんですけど、いざ契約書を交わす段階になったら、その相手は『有限会社ミラクル』だった（苦笑）。

便宜上、あの封筒を作ったんでしょうけど、本当にいい加減だなぁ〜、と」

つまり2年7か月間に及ぶW☆INGの歴史の中で「W☆ING」なる会社は存在したことがなく、事実上の活動停止になることはあっても「W☆INGが倒産する」という事態には陥ることがないのだ。これこそ「ゾンビ団体」たる所以、ということだろう。

「最初の事務所は幡ヶ谷にあったんだけど、そこも大迫氏の知り合いが所持しているマンションの一室を借りたものだったから、旗揚げに向けての煩雑な手続きはたしかに必要なかったし、そんなに金もかかっていない。これもよく誤解されるんだけど、大迫氏が金主で、俺がその資金を食い尽くしたようなイメージを持っている人もいるでしょ？　そうじゃないんだよ。たしかに大迫氏は旗揚げに向けての会社の体制は整えてくれたけれども、それ以上は資金を注入していないはず。むしろ、俺のほうがお金は突っこんでいるからね。これも本当の話だよ」（茨城清志）

こうして、W☆INGは旗揚げに向けて動き出した。

手あたり次第の選手集め

スタッフが集まり、事務所を確保しても、選手が集まらなければ団体は旗揚げできない。

理想をいえば10人以上は所属選手が欲しいところだろうが、１９８８年に旗揚げした新生ＵＷＦの創設メンバーは、前田日明、高田延彦、山崎一夫、安生洋二、宮戸成夫（現・優光）、中野龍雄（現・巽耀）のたったの６人。後楽園ホールで行なわれた旗揚げ戦（88年５・12）は、シングルのみ、わずか３試合だった。逆にいえば、それだけいれば団体は発足できる、という事実を世間に明示してしまった。

大宝は「とにかくプロレスのリングに上がったことのある人には、手当たり次第に連絡しました」と当時を振り返る。

「ＦＭＷ初期に木村浩一郎が参戦したことがあったので、彼にも連絡をしました。当時、サブミッション・アーツ・レスリング（ＳＡＷ）に所属していたので、代表の麻生（秀孝）さんにしっかり挨拶をしたほうがいいだろう、ということで茨城さんが行っているんですよ。本当に旗揚げまではちゃんとしてましたね（笑）。そのときに（ＳＡＷにいた）保坂（秀樹）どんも加入してくれることになったんです。

あと力王ですよね。彼はＦＭＷ旗揚げ時にザ・シューターとしてデビューしています。デビュー戦が後楽園ホールでの大仁田厚戦ですよ（のちにザ・シューターを名乗る選手はたくさん出てきているが、この『初代』ザ・シューターは素顔でプロレスのリングに上がることはなく、そのままフェードアウトしている）。ポテンシャルは高かったんですけど、ちょっとメンタル面が弱くて、辞めちゃうことになったんですよ。その彼から『またプロレスのリングに上がりたい』と言われて。しかも『和製アルティメット・ウォリアーみたいになりたい』というので、じゃあ、なにか強そうなリングネームがいいよね、ということで『力王』になった。彼とのつながりで鶴巻（伸洋）と臼田勝美（旗揚げには不参加）も参戦することになったんじゃないかな？」

無名とはいえ、それぞれが格闘技経験者で、多少なりともプロレスのリングに上がったことがある選手も多い。レスラーの頭数が揃ってくる中で、異彩を放っていたのが三宅綾だった。

「これはもう三宅どんには申し訳ないんですけど、僕たちの頭の中には三宅どんの名前は最初、なかったんですよ。なんで参戦することになったのかというと、ポーゴさんが『三宅も仲間に入れてやれよ、かわいそうじゃないか！』とごり押ししてきたんですよ。

だからね、旗揚げ前に撮った集合写真でも三宅どんだけ、なんか浮いて見えちゃうんですよね。しょうがないんですけどね、これは。そんなこともあって僕はなんとか三宅どんに光が当たるようにしてあげたかったんですよ。ただ、茨城さんの三宅どんに対する評価が低かったから、なかなか抜擢することができなくて……これも本当に申し訳なかったな、と」（大宝拓治）

三宅はＦＭＷ1期生。プロレスラー志望だったが、身長が低かったため、メジャー団体どころか、旗揚げ前のＦＭＷの入門テストにも落とされている。その後、大仁田に直談判して入門した根性の持ち主だった。ＦＭＷでデビューし、ポーゴと接点を持ったことが、Ｗ☆ＩＮＧ参加へとつながった。だが、すべての選手が格闘家としての肩書きを持っているＷ☆ＩＮＧ旗揚げ準備メンバーの中では、純プロレスラーの三宅が浮いて見えてしまうのは致し方ないところではある。

異彩を放ったといえば、突如、出現した「謎の覆面格闘家」ジェット・ジャガーも忘れられない存在だ。

「あれは僕たちが企画したものではないんですよ。新しい団体ができるとなって、当時、まだ角川書店にいた篠くん（のちに井上京子がエースのネオ・レディースの社長となる篠泰樹氏）から『こんな企画、どうですか?』と売りこみがあったんです。中身は格闘家だ、と説明されたんですけど、そう言われても対戦相手がいないですよ、と。そうしたらシングルマッチの対戦相手であるモンゴルマンもセットで連れてきてくれることになって、それで旗揚げ戦でシングルマッチを組んだんですけど、それっきりになっちゃいましたね。

あとアマレスのエキシビションマッチで島田宏と茂木正淑の一騎打ちも組んだんですけど、じつはあのふたりもＦＭＷに参戦する話があったんですよ。結局、その話は流れちゃ

ったんですけど、僕がふたりの履歴書をＦＭＷから持ってきたので、オファーを出すことができたんです」（大宝拓治）

てっきりＷ☆ＩＮＧ独自のキャラだと思っていたジェット・ジャガーが、あくまでも「提供試合」扱いだったのは意外だったが、たしかに旗揚げ戦のみの参戦で、そのまま消えてしまったことも、この話を聞けば合点がいく。

ここに空手家の齋藤彰俊（あきとし）が加わり、茨城清志が海外に渡って外国人選手を多数、ブッキングすることになっていたので、ひとつの興行で６～７試合を組める算段は立った。当時、新日本や全日本ではだいたい全８～９試合というのがひと大会の標準的なボリュームだったので、それには少し届かないけれども、体裁は整う。インディー団体としては、むしろなかなかのラインナップだった。

だが、せっかくここまで慎重かつ思慮深く隠密（おんみつ）活動を続けてきたのに、大切な旗揚げ前の記者会見で大失敗を犯す。Ｗ☆ＩＮＧは、いきなり「ダメな団体」というレッテルを貼られてしまうことになる。

設立記者会見の大失敗

1991年6月16日。

ミスター・ポーゴとビクター・キニョネスが『キャピタル・スポーツ・プロモーション・ニッポン』の設立を発表する。

この前日にFMWの6月シリーズが開幕しており、対戦カードにポーゴの名前も入っていたのだが、試合当日、会場に姿を見せなかった。

とはいえ、ファンの多くはポーゴが離脱したとは思っていない。

ポーゴは5月シリーズで、大仁田の軍門に下るアクションを見せたあとにビッグファイアーで裏切るという極悪非道なやり口をリングの上で見せたばかりだった。開幕戦に姿を見せなかったことも、次なるアクションへの布石なのだろう、と考えたのだ。それだけ、当時のポーゴは「とんでもない悪党」としてファンに認知されていたし、そのブランドを守り抜くために大宝はギリギリまでFMWに残った。すべては計算通りだったのだ。

だが、ポーゴがどれだけ「極悪ヒール」とはいえ、さすがにFMW離脱、即W☆ING移籍ではイメージが悪い。

そこであくまでもポーゴは『キャピタル・スポーツ・プロモーション・ニッポン』の所属である、ということを明確にしておく必要があった。ちなみにこの会社名はビクター・キニョネスがプエルトリコで運営している『キャピタル・スポーツ・プロモーション』の日本支部、という設定から生まれた呼称である。

「そうなんですよ。残念ながら手元には残っていないんですけど、ポーゴさんの地元、群馬県伊勢崎市での試合ポスターにはしっかりと『主催　キャピタル・スポーツ・プロモーション・ニッポン』と書かれていましたからね（笑）。

だから記者会見では、ただそれだけをポーゴさんが言ってくれればよかったんですけど、当日になっていきなり代理人みたいなのを連れてきて、彼も記者会見に出席させたい、と。いったいどこの誰なのか、いまだにわからないんですけど、その代理人が、記者さんからの質問に『それは答えられない』の一点張りで、さすがにベテランの記者さんたちが『ふざけているのか！』『こんなの記者会見じゃないよ！』と怒り出しちゃったんですよ。

あーあ、やっちゃったな、と。そもそも業界的にも認められていないような存在だったのに、いきなり大御所のみなさんを怒らせてしまったわけで……まぁ、これに関しては、僕もいま、50歳を超えて『そりゃ、自分よりも若い連中にこんなことをされたら、俺だって怒るよな』って理解できますけどね。どちらにしても、あの時代のプロレス界の常識から考えたら、道場もない、合宿所もない団体なんて、認めてはもらえなかったんでしょうけど。でも、僕たちは面白いことをやるつもりでいたし、少なくとも『あなた方』はそれを面白がってくれる、という確信があったんですよ」（大宝拓治）

この「あなた方」というのは、会見当日、他の取材で出席できなかった僕を含めた当時、FMW担当の若い記者たちのことを指す。一方、記者会見で怒ったのは、故・菊池孝さんらキャリア豊富なベテラン記者だった。W☆INGは新しい価値観でプロレス業界を生き抜こうと模索していたのだ。

この「あなた方」たちは、旗揚げ会見の数日後、大宝拓治から水道橋の喫茶店に呼び出された。

事前に旗揚げの話も教えてもらえてなかったし、記者会見にも行けなかったので、僕はこの席上ではじめてW☆INGの全貌を知ることとなる。

大宝が招集したのは、僕の他に週プロで同じくFMWを担当していた鈴木健記者、そして週刊ゴングでFMW番を務めていたS記者の3人。この3人で旗揚げ戦のパンフレットの原稿を書いてもらえないだろうか、というオファーだった。

当時のことを知っている方なら、これがいかにとんでもないことかわかるだろう。週プロとゴングはガチで仲が悪かった。とはいえ、現場では担当記者同士、そこそこ和やかな関係性を築いていたのだが、その緩みに気づいたターザン山本編集長が「バカヤロー！　金輪際、ゴングの記者と一緒に飯を食いに行くな！　会場でも一切、話すな！」という「対ゴング戒厳令」を敷いた。

ちなみに、この緊張関係は読者の方にも関心事だったようで、のちにお笑い芸人の取材をはじめたとき、江頭2：50から「週プロとゴングって本当に仲が悪かったのか？」と聞かれ、このエピソードを伝えたところ「おーい！　最高じゃねーか！　ターザン山本、頭おかしいよ！　でもさ、だからあのころの週プロは面白かったんだよなぁ〜！」とあのテンションで大興奮していた。

そんな幻想を壊してしまうようで申し訳ないが、W☆INGの旗揚げパンフは週プロとゴングが異例の呉越同舟をしたチームで製作されたのである。もちろん、お互い編集長にバレたらさすがにマズいので、みんな、その場限りのペンネームを作って、編集に参画することとなった。

もっとも、個人的にはこのオファーはめちゃくちゃ嬉しかった。

FMW旗揚げのときには、まだまだキャリアが浅くて、こういう話がもらえるような立場ではなかったので、記者になって、はじめて旗揚げに深く関われたのがW☆INGということになる。もともと重度の「プロレスヲタ」だったので、旗揚げ戦のパンフのありがたみは誰よりもわかっていた。これはもう仕事の範疇を超えて、〝プヲタ〟としてありがたく引き受けさせていただく案件だった（結局、この作業については1円もギャランティーをいただけなかったので、結果として仕事ではなくなってしまっているのだが……）。

「まぁ、僕のプロレス業界での人脈なんて、あなた方ぐらいしかいないじゃないですか（笑）。さっきも言ったけれど、あなた方だったら、僕たちがやろうとしていることを面白がってくれると確信していたからですよ。

覚えていますか？　あのとき『自分がどのページを担当したいのか、どうぞ、みなさんで決めてください』って言ったでしょ？　たしか小島さんはルチャと女子のページをチョイスしたと思うんですけど、僕の中ではもうこのページは健さんに、このページは小島さんに、と決めてあって、あの場で違うページをやりたいと言い出したら、その場で『いや、こっちのページを書いてくださいよぉ～』と誘導するつもりでいたんです。ところが3人とも、僕が書いてほしいな、と思っていたページを選んでいった。やっぱり、あなた方はわかってくれている！とさらに確信しましたよ」（大宝拓治）

自分たちが面白いと思ったものを提供すれば、メディアもそれを面白がって取り上げてくれる。その記事を読んだファンが興味を持って会場に足を運んでくれれば、きっと満足してくれるはず……テレビ中継がないW☆INGは、最初から活字プロレスありきで、そこから「面白い！」の連鎖を広げていこう、と考えていたのだ。

W☆INGは宍倉次長案件？

ただ、僕たちにとっては週プロにおけるW☆INGは宍倉清則次長案件、という意識が強かった。

茨城清志と宍倉次長は仲がよかった。おそらく、その関係性で情報も早く入ってきているのだろうし、ゴングがあまり大きく扱わなかったこともあって、週プロでは独自ネタとして旗揚げ前からW☆INGにページを割いてきた。

僕と鈴木健記者は一兵卒にすぎないので、ページをドーンと割いたりする権限はないし、なによりもFMWも担当しているので、大仁田厚から「なんでW☆INGも担当するんじゃ！」と一喝されたら、一歩、引かざるを得ない。

だが、実際はそういったことはなかった。

大仁田としては「別にW☆INGなんて意識してねーよ」というポーズを取りたかった部分もあったのだろうが、少なくとも旗揚げした年にはクレームが入ったことはない。もちろん、そのスタンスは徐々に変わっていくのだが……それは本書の中でそのつど、綴っていきたいと思う。

そんなこともあって、大宝が僕たちをここまで頼ってくれていたことをいまさら知って、ちょっと驚いた。実際、パンフのオファーがあったときも「我々のお願いなんて、ベテラン記者のみなさんが聞いてくれるわけないじゃないですかぁ〜」みたいなノリだったので、そこまでの信頼感は伝わってはこなかったのだ。

逆に茨城は毎週のように週プロ編集部にやってきては、パンフなどに使う写真を借りていったので（そのまま〝借りパク〟されて行方知れずになったものも多数あったのだが）、あぁ、週プロにべったりなんだな、という印象が強い。

同じようにしょっちゅう出入りしていたロッシー小川（当時、全日本女子プロレスの広報部長）は後年、「週プロと全女は完全に癒着関係だった」とまで断言している。ちなみにロッシー小川はよく僕たち若い記者を「どうですか？　飯でも食いに行きますか？」と誘い出しては焼肉などをごちそうしてくれたが、茨城は宍倉次長とだけ出かけて、僕たちを連れ出してくれることは皆無だった。別にケチだなぁ〜、とは思わなかったが、ますますW☆INGは宍倉次長案件なんだな、というイメージがついていった。

「あっ、そうだったっけ？　特に意識をして週プロにネタを提供する、みたいなことは考えていなかったけどね。人間関係でいえばさ、ゴングにも昔からの知り合いは何人もいたわけで……うーん、特にメディア戦略みたいなものは当時、なかったよね」（茨城清志）

これまた、30年目の意外な告白だった。

「でも、やっぱり週プロでW☆INGといえば宍倉次長という印象があるじゃないですか？　だから僕も旗揚げ戦のパンフで宍倉次長に寄稿してください、とお願いしたんですよ。でも、即座に断られました。ゴングは清水（勉）編集長が寄稿しているんだから、山本編集長にオファーするのが筋じゃないのか、と。えぇーっ！となりましたけどね。なんとか拝み倒して書いていただきましたけど、ちょっと意外でした」（大宝拓治）

このあたりのパワーバランスは、下っ端の記者には皆目わからない部分。それでも週プロとW☆INGの蜜月関係は、このあとも続いていった。

「☆」をめぐる謎

一連の取材の前に本書の担当編集から、どうしても解明したい謎がある、と言われていた。

それは当時としては革命的な「W☆ING」というスタイリッシュな団体名はどこから来たものなのか、ということ。そして、誰が団体名に「☆」を入れようと決めたのか、という大きな謎を明かしてほしい、と。

たしかに名称に「☆」が入ったプロレス団体は、世界広しといえども、W☆INGがはじめてのことだったのではないだろうか。不思議なもので、星ひとつが足されたことで文字面以上の広がりを感じるし、相当、インパクトがある。僕たちは毎週、原稿に書いてきたから、いつしか感覚が麻痺している部分もあったが、担当編集に言わせれば「あの☆があったから、Ｗ☆ＩＮＧの名前はいまでも語り継がれている」。なるほど、そうかもしれない（ちなみに、団体名の正式な表記は「Ｗ★ＩＮＧ」なのだが、これで本を作るとページが「★」で真っ黒になってしまうため、本書では「☆」としている）。

「名前の由来というかね、これはＷ☆ＩＮＧを立ち上げるタイミングではなくて、もっと前の話になるんだけど、知り合いと話をしているときに『たとえば団体を作ることがあったら、どんな名前がいいかな？』という話題になった。そのとき知り合いに言われたのが『ウイングなんてどう？』。それを聞いて、あぁ、いいな、と思ったんだよ。それをずっと覚えていて、旗揚げするときに『ＷＩＮＧ』にしよう、と」（茨城清志）

この時点では、まだ「☆」は入っていない。では、どこで入ったのか？

「順を追って話すと、まずＷＩＮＧという名前が決まりました。でも、最初の表記は『Ｗ・ＩＮＧ』だったんじゃないかな？　それでロゴマークを作ることになってデザイナーの大澤郁夫さんに発注したんですよ。で、いくつかの案が出てきた中で、みなさんおなじみのあのロゴになったんです。ＷＩＮＧという文字と翼を合わせたデザイン。それを最初、見たときに『！』となった。おそらく全体のバランスを取るためにデザイナーさんがWの下に『☆』を入れたんでしょうね。そうなんですよ、だから、こちらからの発注ではない。誰が入れたと聞かれたら、デザイナーさんということになりますね。

ただ、これを正式に団体名に入れようと強硬に主張したのは僕です。さっき『！』となった、と言いましたけど、要は『つのだ☆ひろ』みたいなインパクトを感じたんですよね。それで茨城さんに『W☆ING にしましょうよ！ W☆ING しかないですよ！』とアピールしたんです。正直、茨城さんはあんまりピンときていなかったようですけど（苦笑）、僕はこれしかない、と。結果論ですけど『W・ING』だとやっぱり弱かったんじゃないかな、と思いますよね」（大宝拓治）

ちなみにこの原稿を書いている2021年7月時点で、ウィキペディアの「W☆ING プロモーション」の項目を見ると、「W☆ING はレスリング・インターナショナル・ニュー・ジェネレーションズの略」とあるが、これは事実誤認である。

たしかに「レスリング・インターナショナル・ニュー・ジェネレーション＝W I N G」という言葉は存在したが、これはのちに発足する世界中のインディー団体を結ぶネットワーク組織の名称だ（W☆I N G の各種タイトルはこの組織が認定しているので、各タイトル名は☆が入らず、W I N G 認定世界〇〇級王座、という名称となっている）。

この段階でのＷ☆ＩＮＧには、「3つのＷ」に現在進行形の「ＩＮＧ」がついた名前である、と公式に発表されている（旗揚げ戦のパンフレットにも掲載された）。

ＷＩＮＮ・ＩＮＧ

ＷＲＥＳＴＬ・ＩＮＧ

ＷＯＲＬＤ・ＩＮＧ

だから、そもそもの名称は「Ｗ・ＩＮＧ」だった。

もっとも、先ほど茨城が明かしたように、そもそも「ウイング」という語感から決まった名称なので、これらの理由はまったくの後付けであり、かなり無理があるが、単なる「・」でなく「☆」になったことでイッキに華やかな印象になったのは間違いない。

90年代初頭はまだ「新日本プロレス」「全日本プロレス」というクラシカルな団体名が一般的だったが、ＵＷＦのブレイク後、ＦＭＷなど、従来の「○○プロレス」というスタイル以外の団体も増えてきていた。

とはいっても、それらの団体名が通用するのは首都圏だけの話で、地方に出るとどんな催し物なのかわからないので（つまりチケットは売れないし、集客もできない）、街に貼られるポスターには団体名よりも大きく「プロレス」と印刷されたりしていた。Ｗ☆ＩＮＧも同様で地方興行の取材に行くと「Ｗ☆ＩＮＧプロレスリング」と書かれたポスターをよく見かけた。だったら最初からその名前にすればよかったのに、とも思ったが……まさに時代の転換期ならではの現象だった。

偶然と閃きが重なっての「W☆ING」。

名前には☆があるのに、団体にはスター選手がいない、と皮肉を言う人もいたが、スター選手はある日、W☆INGの夜空に突然、現れたのである。

「マイク・タイソンを招聘する」

ここまでの話は茨城清志と大宝拓治の視点で書いてきたが、団体のトップである大迫和義社長がやりたかったのは格闘技路線。

だから、正式名称は「世界格闘技連合　W☆ING」。

実際に集められた選手も格闘技をバックボーンとした面々だったが、その中のひとりに誠心会館の空手家・齋藤彰俊の名前があった。

「もう30年も前の話ですからね。いや、団体が動き出してからのことはいろいろと覚えているんですけど、肝心のどういうきっかけで加入したのかが、ちょっとあやふやなんですよ。すみません」

そう語るのは、現在はプロレスリング・ノアに所属する齋藤彰俊本人、である。

「パイオニア戦志の関係でウォーリー山口さんかテッド・タナベさんからお話をいただいたような気もするし、茨城さんから直接、お電話をいただいた記憶もある。最終的には茨城さんと電話でお話をしたのは間違いないですね」

齋藤は前年の1990年12月20日、パイオニア戦志のリングでデビュー（デビュー戦は金村ゆきひろとの異種格闘技戦）。それ以前にも、空手家としてFMWのリングでエキシビションマッチをやった経験がある。だから、大宝も連絡先は知っていた。

結局、デビュー戦の日にパイオニア戦志は皮肉にも崩壊。齋藤はいきなり闘うリングを失ってしまった。

「1991年に誠心会館主催の興行をやっているんですけど、じつはあれ、僕たちの主催興行だったんですよ。青柳（政司）館長はまったくのノータッチの大会なんですね。半田（はんだ）市民ホールが松永（光弘）の興行で、僕は名古屋国際会議場でやりました。団体を設立しようとか、そういう気持ちはまったくなくて、上がるリングがなくなってしまったので、自分たちで場所を作るしかなかったんですよ」

ちなみに松永は集客に苦しみ「プロレスの興行が苦労するわりに儲からないと知った」と後述しているが、齋藤の場合、名古屋という大都市圏での興行だったこともあってか、しっかり利益も出た、という。

そんな状況下での参戦オファーだから、当然、受けることになるのだが、齋藤が胸を躍らせたのは大迫社長の口から飛び出した〝仰天プラン〟だった。

「僕が聞かされたのは近々、コカ・コーラがスポンサーについてくれる、という話。そして、マイク・タイソンを招聘するプランもある、と。

いまになって考えたら、まずありえない話なんでけど、ちょうどタイソンがタイトルマッチで負けて無冠になったタイミングだったし、本当にコカ・コーラがスポンサーについてくれたらタイソンを呼ぶお金もあるじゃないですか？　対戦するのは僕なのか、ポーゴさんなのか、わからないですけど、ちょっとワクワクしましたよね。本当に実現したら、僕なんかパンチ一発でKOされてしまったでしょうけど、とにかくでっかい話からスタートしたんですよね」

よくいえばスケールが大きい、悪くいえば荒唐無稽。

この話を30年経ったいま、あらためて伝えると、茨城清志はただただ苦笑し、大宝拓治は「そんな話、信じる人なんていないでしょう」と笑った。

しかし、齋藤はうっすらではあるが、その夢を信じた。

「旗揚げ当初はそんなにお金があるようには見えなかったんですけど、大迫さんには『コカ・コーラがスポンサーにつくのはもうちょっと先だから。それまでは辛抱してくれ』と言われて、あぁ、そういうことか、と」（齋藤彰俊）

ある意味、世界格闘技連合としてのW☆INGの原点となるのは「マイク・タイソンvs齋藤彰俊」の異種格闘技戦、だったのである。

W☆INGの旗揚げまでを追ってきたが、ひとつ気になったのは選手へのギャランティーの話である。

W☆INGといえば、のちのち「未払い」のイメージがついて回ったが、この段階ではびっくりするほどの「明朗会計」を茨城が提案していた。

「本当だったらワンマッチいくらでファイトマネーを支払うんだろうけど、それだと若い選手は生活が苦しいでしょ？ FでそういうところをたくさN見てきたので、W☆INGではそれはないようにしよう、と思って、月給制にしたんだよ。若手選手は一律10万円。格闘三兄弟とかには、さすがにもうちょっと払っていたけどね」（茨城清志）

月に1回、1週間程度のシリーズが組まれるというスケジュールを考えたら、たしかに月給10万円は若手、というよりも、ほとんどキャリアのない新人レスラーにとっては悪くない条件。本当に支払われていたのか、という疑問はあるが、複数の関係者に裏取りをしたところ、実際に月10万円が支払われていたらしい。

「たしかに僕はもう少し、もらっていましたけど、それでもびっくりするほど高額ではなかったですよ。本当に『もう少し』のレベルです。

ただ、もともと僕は愛知県で公務員をやっていたので、決まった日に決まった額が振りこまれるのが当たり前の生活だったんですよね。だから、W☆INGではまず決まった日に振りこまれないことに面食らいましたね（苦笑）。あとになって未払いの話を聞いてびっくりしましたけど、僕はとりあえず決まった額はちゃんと受け取れました。でも、それがいつ振りこまれるかわからないので、何度も茨城さんに電話で催促はしましたね」（齋藤彰俊）

初期の段階からはじまっていた、理想と現実の乖離。

ビッグなスポンサーがつくまでの我慢、と若き日の齋藤は思っていたが……。

旗揚げ前合宿の仰天事実

「じつはW☆INGでいちばん印象に残っているのは試合じゃないんですよ。旗揚げ前に鎌倉で合宿をやったんですけど、もう、それがいちばんの思い出ですね。あの合宿にはW

91年7月25～28日にかけて、鎌倉で行なわれた旗揚げ直前合宿。前列左から、齋藤彰俊、徳田光輝、木村浩一郎、後列左から臼田勝美、保坂秀樹、力王、鶴巻伸洋、三宅綾

☆INGの未来と夢と希望が詰まっていたので」

齋藤が青春時代の思い出のように振り返るのは、旗揚げまであと2週間を切ったタイミングで行なわれた合宿だった。

この合宿は僕も取材に行ったので、よく覚えている。

プロレスに限らず、こういった合宿の取材というのは、メディア用の「画づくり」がメインとなるので、とりあえずやっている体で撮影するのがお約束になっている。だが、このときの合宿は本当に練習しているところを我々が取材する、という形になっていた。

「3泊4日でやったんですけど、W☆INGって道場がなかったから、リングを使って練習するのもはじめてなら、他の選手と一緒に練習するのもはじめて。いや、はじめてというか、この合宿のあとは旗揚げ戦の後楽園ホールまで顔を合わせる機会がなかったんですよ。それもあって、すごく印象に残っているんでしょうね。

だって力王選手なんて、このときの合宿が最初で最後ですからね、顔を合わせたのは。旗揚げ戦にはいなくなっていたので、いまだに『力王って何者だったんだ?』というのが僕の中では大きな謎ですよ、アハハハ!」(齋藤彰俊)

リングを使っての練習が旗揚げ直前に一度だけ、というのも衝撃的な話だが、取材した際には、受け身やロープワークといった、いわゆるプロレスの基礎的な練習は一切、なかった。リング上で行なわれていたのは、あらゆる格闘技の経験者による技術交換会だった。

「そのときに木村浩一郎選手が僕にボソッと言ったんですよ。『失礼ですけど、齋藤選手の蹴りはすごくキャッチしやすいですね』と。さすがにカチンときましたけど、旗揚げ前にケンカするわけにもいかないじゃないですか？　そこで怒りをグッとこらえて『あぁ、そうですか。じゃあ、そうやってキャッチした足をどうやって極めるんですか？　僕にその技術を教えてくださいよ』と返したんですよ。そこから自然に技術交流会みたいな感じになっていったんですよね。

それが本当に新鮮で、刺激的で。これはこの団体、面白くなりそうだぞ、と。まぁ、いま、振り返ってみれば、あの日がワクワクのピークだったんですけどね（苦笑）。逆にあの合宿をやれてよかったな、と思いますよ。30年経っても、ここまで鮮明に覚えているんですから」（齋藤彰俊）

ただ、僕は取材をしながら「あぁ、Ｗ☆ＩＮＧって本当に格闘技路線に走るんだな」と複雑な気持ちになった。いままでいう総合格闘技、当時でいえばＵＷＦ的な路線。正直な話、僕はＵＷＦが好きではなく、試合レポートを書くのも苦痛で仕方なかった。本当にＷ☆ＩＮＧが格闘技方面に突き進んだら、ちょっと興味は持てないな、と思いながら、合宿の記事を構成した。

ＦＭＷが旗揚げ直後に打ち出した、非常に怪しげな格闘技路線であれば、僕もノリノリで記事を書けるのだが、リングの上ではちゃんとした格闘技の練習が繰り広げられている。あんまりバカっぽいノリのページにはできないな、と思ったことを覚えている。

取材中に木村浩一郎が口にした「僕たちはそれぞれ分野が違う。徳田選手の『投』、齋藤選手の『蹴』、そして自分の『極』。自分は『極』の代表として、いずれはエースと呼ばれるようになりたい」というコメントを下敷きに記事を作り、〈〝他種格闘技〟の長所をミックス…これが『Ｗ☆ＩＮＧスタイル』だ！〉と見出しを打った。

これはもう、この日、ストレートに感じたことを書いたのだが、僕も齋藤も肝心なことを忘れていた。たしかに日本人選手同士で闘うのなら、このスタイルを推し進めることができるかもしれないが、彼らが闘う相手はミスター・ポーゴであり、ザ・ヘッドハンターズであり、ジプシー・ジョーなのだ。

それはすなわち「世界格闘技連合」と「Ｗ☆ＩＮＧ」が最初の段階から、分離していたことを意味する。そして、齋藤彰俊が未来と夢と希望を感じた「Ｗ☆ＩＮＧスタイル」は開幕戦でさっそく粉々に打ち砕かれてしまうことになる――。

第2章 世界格闘技連合W☆ING

8月7日の奇跡

１９９１年８月７日。

この日こそが「世界格闘技連合　Ｗ☆ＩＮＧ」の旗揚げ記念日として知られているが、じつはこれは予定外のことで、直前になって決まった日取りだった。

「簡単にいえば、８月に旗揚げすることは決まっていたんですけど、どうしても後楽園ホールが取れなかったんですよ。さすがに旗揚げシリーズで東京大会がないのはおかしいよね、となって、いろいろ探したんですけど、なんとか押さえることができたのが８月17日のよみうりランド・ＥＡＳＴだった。使用料もそんなに高くなかったんじゃないかな？それで８月10日からの長野と愛知のサーキットを『プレ旗揚げシリーズ』的な扱いにして、最終戦のよみうりランド大会を『本旗揚げ戦』にする予定でいたんです。

それが直前になって、後楽園ホールにキャンセルが出たんですよ！　僕たちには実績も信用もなかったので、本当に毎日のように後楽園ホールに電話をして『空きは出ていませんか？』と問い合わせをして『もし空きが出たら、とりあえず仮押さえさせてください』ってお願いしていたんですけど、『８月７日が空きましたけど、どうします？』と。平日（水曜日）だったけど、それはもう迷わずに『やります、お願いします！』。これで旗揚げ戦

をシリーズ開幕戦として後楽園ホールで開催することができたんです」（大宝拓治）

当時はいまよりも、後楽園ホールを予約することが困難だった。

また、いまではお盆に興行を打つことさえ当たり前になったが、当時はまだ「ニッパチ」（2月と8月は興行の鬼門）という昭和の言い伝えが生きていた。そんな言葉に逆らって、あえてお盆に大型興行をぶつけていく〝平成の新常識〟を作り上げたのが新日本プロレスのG1クライマックス。面白いことにそのGＩの1回目がW☆ＩＮＧの旗揚げシリーズの真裏で開催されていた。

ある意味、１９９１年の夏が日本のプロレス界に新しい流れを作ったのだ。

しかし、いくら旗揚げシリーズだからといって、１シリーズで2回も東京大会があるのは、さすがにやりすぎだな、と当時から思っていた。しかも、７日の後楽園での旗揚げ戦から、10日の第2戦、長野・駒ケ根市民体育館大会までのあいだには、２日間のオフがある。外国人選手は1週間単位での契約だから、ここでオフができてしまうとシリーズは週をまたぐことになる。その点でも経済的ではなかったのだが、後楽園ホールでの旗揚げ戦が事実上、追加で決まった日程である、となると、すべての辻褄が合う。

先ほど大宝が語ったように「実績も信用もない」団体としては、毎日、問い合わせの電話を入れるぐらいしかやれることはなかったのだが、その地道な行動が見事に実を結んだのだ。

なによりも「格闘技のメッカ」で旗揚げ戦を行なう、ということはファンに対して「実績と信用」をイッキに積み上げられる。後楽園を押さえられた、という朗報にスタッフは追い風を感じていたし、旗揚げ戦は華々しく開催されることがこれで約束された。


旗揚げシリーズは『TAKE－OFF 1st』と銘打たれた。

パンフレットの表紙も戦闘機のイラスト。これは顔を打ち出せる絶対的エースの不在という状況下での〝苦肉の策〟でもあったが、W☆ING（翼）という団体名とも親和性があり、トータルではパッケージとしての統一感がよく出ていた。

それとは対照的に、リングの上はまったく統一感がなかった。

日本人の目玉は徳田光輝、齋藤彰俊、木村浩一郎の「格闘三兄弟」。これは週プロ（というか、宍倉清則次長）が命名したもので、昔から週プロが命名したものはゴングが使いたがらず、ゴングが命名したものは週プロがスルーする、という妙な意地の張り合いがあった。そのためゴングでは「ヤングパワー・ジェネレーション」という呼称が多用された。

格闘三兄弟に対抗するのが、ミスター・ポーゴとビクター・キニョネス率いる外国人軍団。

30年経ったいま見ても秀逸なデザインが光るW☆ING旗揚げ戦『TAKE-OFF 1st』のパンフレット（表紙と裏表紙にまたがる形で戦闘機が描かれている）

茨城清志はこの図式に関して、ちょっとびっくりするようなことを口にした。

「俺は旗揚げに関川（哲夫＝ミスター・ポーゴ。茨城はポーゴを本名で呼ぶ）を呼んだのはたしかだけどさ、ビクターを呼んだ覚えはないんだよね。だから、俺からしたら、あのとき、ビクターは関川に『ついてきちゃった』っていう認識でしかないの。ついてこなくてよかったのにな、ぐらいの感覚だよね。もちろん、のちのちW☆INGになくてはならない存在になるし、その功績も認めているんだけど、旗揚げの段階ではそれ以上でもそれ以下でもなかったんだよ、ビクターがそこにいる意味合いは」

この話を僕から伝え聞いた大宝は「いまさらなにを言っているんですか！」と30年の月日を超えて激憤していたが、外国人に関しては「自分のルートで十分、招聘できる」という自信が茨城にはあったのだろう。

実際、旗揚げ戦には豪華な外国人が多数、登場した。

久々の来日となる、ジプシー・ジョー。メキシコからはドス・カラスとライバルのフィッシュマンをパッケージにして招聘。さらに「幻の強豪」と呼ばれたアマレスの猛者、ザ・グレート・ウォージョを格闘技路線に合わせて初来日させた。同じく初来日の巨漢双子コンビ、ザ・ヘッドハンターズなど、ポーゴを加えて総勢12人の大ボリューム。これは、メジャー団体が1シリーズで招聘する外国人メンバーよりも多い人数だ。日本陣営が整っていない以上、外国人の数を増やさなくては興行が成立しない、という判断だった。

ただ、方向性はバラバラすぎた。

ルチャ勢は他にザ・キラーとエル・ファンタズマ（ファンタスマとも表記）が参戦したが、おそらくルチャドール同士での試合でなければ、特色は出せない。まったく未知のウォージョに関しては、格闘三兄弟との絡みが期待されたがパートナーがいないため、地方大会ではまさかのポーゴとのタッグまで組まれていた（当然のことながら仲間割れした）。

「まぁ、みんながバラバラの方向を見ていて、進むべきところが定まらないうちに動き出してしまったから、それは仕方のないところだよね」と茨城は述懐するが、この発言を伝えると、大宝は唇をとんがらせて「茨城さん、そんなこと言ったんですか⁉」とふたたび憤慨した。

「俺、旗揚げする前にちゃんと茨城さんとこういうコンセプトでやりましょう、と話をしているんですよ！」

どうやら茨城は、そうした話し合いの記憶がすっぽり抜け落ちているようだ。

「そのとき、俺が言ったのは『コンビニみたいなプロレス団体』。百貨店じゃないから高級品や一流ブランドこそ置いていないけど、格闘技も、デスマッチも、ルチャも、女子プロレスも全部、揃っていますよ、と。B級の品物かもしれないけど、いつでも気楽に見ることができる。それにコンビニって棚が定期的に変わるじゃないですか？　レジ周りには季節商品が置かれて、冬だったら肉まんとおでんがあるし、春には『いちごフェア』みたいな期間限定の商品展開もある。それと同じで格闘技がメインのシリーズがあれば、ルチャを前面に押し出したシリーズがあってもいい。

そこにドス・カラスとかジプシー・ジョーみたいなレジェンドが入ってくると、めちゃくちゃお得感があるじゃないですか？　ジプシーに関しては茨城さんが旗揚げ前に海外へ飛んだときに『絶対にジプシー・ジョーと交渉してきてください！』と念押ししましたから。

だからね、よく初期のW☆INGは迷走していたとか言われるんですけど、僕に言わせれば、まったく迷走なんてしていないんですよ。旗揚げシリーズからずっと『コンビニみたいなプロレス団体』という目線で見てもらえれば、なんにもブレていないことはわかってもらえると思うんですけど……その方向性を茨城さんが覚えていないのはちょっとショックだなぁ～」（大宝拓治）

FMWが「おもちゃ箱をひっくり返したようなプロレス団体」を標ぼうし、茨城や大宝が在籍していた時代は、まさにその路線をまい進していた。

しかし、大仁田厚が大ブレイクすると、大仁田の一枚看板で地方興行も満員になるようになったため、わざわざおもちゃ箱をひっくり返さなくてもよくなった。つまり、この路線は「空き家」になっていた。一時期、隆盛を極めたUWFも前年に分裂していた。ひとつのウリに特化した「専門店」的な団体にも限界が見えはじめていた時期だけに、バラエティーに富んだW☆INGのラインナップは、うまくいけば弾ける可能性はたしかにあった。

「旗揚げする前に誰かFMWから引き抜けないかな、と考えたときに僕の頭に浮かんだのはリッキー・フジと工藤めぐみのふたりでしたから。僕がイメージしていたW☆INGのイメージって、そんな感じだったんですよ」（大宝拓治）

選手はいる。後楽園ホールを押さえた。招聘外国人も揃った。

あとはもう、蓋を開けてみなければわからない。

さまざまな要素がリング上で意外な化学反応を起こせば、いままでに見たことがない風景が広がるかもしれないのだ。

「日本初」「世界初」「史上初」

旗揚げ戦のパンフレットの製作を手伝ったことは第1章で書いたが、あくまでも選手紹介のページだけ。じつは1990年ごろまで全日本プロレスのパンフレットで、僕は選手紹介の原稿を書くお手伝いをしていた。つまり、この部分に関しては〝メジャーじこみ〟。タイトルマッチが組まれるわけでもないファミリー軍団や悪役商会の紹介を毎シリーズ、ちょっとずつ変えながら書いていく作業はとても勉強になった。

ただ、それ以外のページはノータッチだったので、旗揚げ戦パンフの巻頭ページに載っていた「W☆INGとは?」という文章を読んで、いろいろと唸(うな)らされたり、首をひねったりすることとなる。

「プロレスとは予定調和(プロレス内プロレス)を楽しむことが前提となっている」という、オフィシャルパンフレットとしてはかなり衝撃的な発言にはじまる「巻頭言」。W☆INGとはプロレス=パフォーマンスから、プロレス=リアリティーを新たに確立するプロジェクト、とも断言している。

わかりやすくいえば、UWFスタイルである。

大宝がアピールした「コンビニみたいなプロレス団体」とはまったく違うお題目が、そこには掲げられていた。

さらにパンフレットには「W☆INGのターゲット」として「いままでプロレスをショーと思い、関心を持たなかった層に」向け、「プロレスを核とした〝REAL MIXE

Ｄ ＭＡＴＣＨ〟が行なえる唯一の団体を目指す」。そう記しながらも、「Ｗ☆ＩＮＧの方向性」では、「ＷＷＦに見るショーマンシップの良い点を取り入れ」、「芸能プロダクションの協力を仰ぎ、各種イベント、レスラーのタレント活動にも力を入れていきたい」、とも記されている。このあたりには前年秋に旗揚げしたＳＷＳが打ち出した（実際は、バックについていた広告代理店がアピールしていた）文言にかなり影響を受けている感じがする。

いまあらためて読み返してても、なにをやりたいのかまったくわからない文章だが、これこそが世界格闘技連合の目指すところ。

おそらく大迫和義社長は大まじめにこの路線を推進しようとしていたのだろうが、旗揚げ戦に集められた面々とのギャップがあまりにも大きすぎて、当時の僕はもう不安しか感じなかった。

そんな中、大迫社長を除くＷ☆ＩＮＧフロント陣が打ち出そうとした明確な方向性は、「日本初」「世界初」「史上初」の要素を詰めこもう、ということだった。

ＦＭＷではリングアナウンサーも務めてきた大宝拓治だが、Ｗ☆ＩＮＧでは裏方に回り、当初はアメリカからビリー・アンダーソンを招いて、アメリカ流のリングアナウンスを披露してもらうことになっていた。

　残念ながらビリー・アンダーソンはＦＭＷと契約することになり、このプランは直前で頓挫する。ちなみにビリー・アンダーソンはのちに「ザ・マーサナリーズ2号」「ザ・スターマン」（マスクド・スーパースターに酷似したマスクマン）などのリングネームで、たびたびＦＭＷに参戦することになる。

　このプランと同時進行していたのが、「女性リングアナウンサー」の採用。すでに全女では実現していたが、男子の団体としては初だった。茨城清志は「うーん……誰かの紹介で入ってきたんじゃなかったっけ？」とやはり忘れていたが、大宝に聞くと「いや、ちゃんとオーディションをやって、その中から選ばれたんですよ！」。どうにも、このＷ☆ＩＮＧ創設当時の記憶に関して、茨城は相当、あやふやになっているようだ。

「後藤由紀子さんですよね。ナレーターとかが所属する事務所から来たんじゃなかったかな？　そのあたりはちゃんとやっているんですよ、本当に。演歌歌手だった、という人もいるんですけど、それはＷ☆ＩＮＧでリングアナをやったあとの話で、たしか週プロさんにデビューした記事が載ったので、そのあたりが混同されているんだと思います。そうそう、ものまねもやっているという話だったんですけど、一度、テレビのものまね番組にいきなり出てきて、聖子ちゃんのものまねをやっていて『うわぁ～、本当だったんだ！』って。W☆ING関係者で誰よりも早く地上波デビューしたのは彼女ですよ（笑）。プロレスには詳しくなかったですけど、すごく真剣に取り組んでくれました」（大宝拓治）

僕らメディアにとっても女性リングアナウンサーは珍しく、週プロの誌面でも小さいながら、〈日本マット初の『リングサイド・アナ』〉と見出しをつけて、写真を掲載した。

彼女で忘れられないのが、地方会場で本部席に座ったときに、ものすごく不安そうな目をして「すみません。15分経過ってスペイン語でなんて言うんでしょうか……」と聞いてきたこと。「5分経過、10分経過は教えてもらったけれど、15分経過は聞いていません。いま、リングで行なわれている試合が15分以上になったら、私はなんと言えばいいんでしょうか？」と。

情けないことに僕を含めて、その日、取材に来ていた記者は誰も正解を知らず、内心〝この試合、15分もやらないから大丈夫だよ〟と思いつつ、そうなったら英語でアナウンスしちゃいましょう、ということになった（結局、15分を経過することはなかった）。

「そんなことあったの？　初耳だよ。俺に聞いてくれればよかったのに」と笑う茨城だが、当時から試合中は神出鬼没で、そう簡単にキャッチすることなんてできなかった。

ちなみに後藤由紀子はあくまで「リングサイドアナウンサー」であり、リングに上がることはなかった。いまでは当たり前となったが、リングアナはマットの上でコールするものと考えられていた当時としては、画期的な試みだった。そして、旗揚げ戦の本部席には後藤リングアナの横に、つい1か月前までFMWのリングでレフェリーとして活躍していた川並政嗣の姿があった。

彼の肩書は「公式記録員」。たしかにFMWを家庭の事情的な理由で離脱しているので、まだリングに上がるのは早すぎる、という〝大人の判断〟だった……と言いたいところだが、実際のところは趣味でやっていた格闘技の練習中に足を負傷。レフェリングするのが不可能になってしまっただけ、という隠れたズンドコ案件であった（当日はテッド・タナベが試合を裁いた）。

とにもかくにも、1991年8月7日、「世界格闘技連合　W☆ING」はTAKE－OFF（離陸）することとなった。

〝跳ねた〟オープニングマッチ

後楽園ホールは超満員の観客で埋まった。

このころはまだギリギリ旗揚げ戦が「物珍しい」時代。プロレスファンの性（さが）で、旗揚げ戦は「歴史の証人」となるべく、別に興味がない団体であっても、なにがなんでも足を運

旗揚げ戦入場式で挨拶をする大迫和義社長。ジプショー・ジョーやドス・カラス、ヘッド・ハンターズなど、個性豊かな面々がリングに上がった(91年8・7後楽園)

ぶ、というマニアも少なくなかった。まさしく「ご祝儀満員」。裏を返せば旗揚げ戦で後楽園ホールを埋められないような団体は、もうブレイクの可能性はゼロに近かった。

とはいえ、飛ぶようにチケットが売れたわけではない、という。発足発表から旗揚げ戦まで1か月ちょっとしかなかったが、その短い期間でチケットはじわじわと売れ続け、最終的には招待券をばら撒いて席を埋めるようなことをしなくても、実券で席が埋まった。そして、この売れ方がW☆INGの〝スタンダード〟となっていく。

旗揚げ戦のオープニングマッチは島田宏と茂木正淑によるアマレス・エキシビションマッチ。全選手入場セレモニーの前に行なわれており、誰もが「おまけ」の試合として期待していなかった。どう考えても、グラウンドでの攻防がメインの、地味な展開になるからだ。

ところが、このエキシビションマッチが跳ねた。

ド派手な攻防の末、最後は島田がダイナミックなパワーボム（形としてはサンダーファイヤー・パワーボムだった）で、エキシビションでまさかの「3カウント」。想定外の激闘に客席は大いに沸き、大宝拓治いわく「この試合がその後の大きなヒントになった」と語る。

「メジャー団体だったら、入門して、練習生として1年ぐらい下積みを経験してからデビューするじゃないですか？　ウチには道場もないし、格闘技のキャリアがあれば、すぐにリングに上げることもできた。

正直な話、しっかり練習をして、なんでもできる選手になったとしても、インディーではものすごく地味な選手という評価しか得られないんですよ、お客さんには。でも、たとえば茂木さんはこのあと、ジャーマンの使い手として脚光を浴びることになるんですけど、まぁ、アマレスで実績のある人だから、スープレックスの切れがいいのは当たり前なんですよ。ただ、お客さんにはそれがすごく刺さった。インディーにおいてはなんでも器用にできる選手よりも、なにか一発、代名詞となるフィニッシュ技を持っている選手のほうがわかりやすいし、歓迎されるんですよね。それがよくわかりました！」（大宝拓治）

そして、もともとは旗揚げ戦に名前を連ねていなかった選手も参戦した。

ひとりはカルガリーでプロレス修行をしていた戸井勝（のちに戸井マサルと改名。現在は戸井克成（かつなり）として活動中）。そして、もうひとりはのちに「ミスターW☆ING」的な存在となる金村ゆきひろ、である。

腰や膝など、長年のレスラー生活によるダメージの蓄積が限界に達し、2016年いっぱいで引退した金村に、プロレスラーの火野裕士（ひのゆうじ）が経営するジムで会った。現在、金村はそこで手術した膝のリハビリを行なっている。W☆ING旗揚げ戦は、当日まで自分が出場するのか、わからない状況だったという。

「たしかにカードが発表されたときに僕の名前は入っていなかったんですけど、一応、声はかかっているような状態だったんですよ。それで前の日の晩に茨城さんに電話をして『僕はどうすればいいんですか？』と聞いたら『うーん、そうだなぁ〜。とりあえず試合のコスチュームを持って、後楽園ホールに来てよ』と。それで会場に行ったら試合が組まれていたので、そのままリングに上がった感じです」（金村ゆきひろ）

前年、パイオニア戦志のリングでデビューしていた金村だが、団体が事実上の崩壊。その後、誠心会館の青柳政司館長預かり、という立場となったため、「誠心会館所属」という肩書きでプロレスラーとして活動してきた。

「これはもう青柳館長に感謝しかないですよね。一応、預かりという形だったんですけど、ギャラの何％を館長に渡すとか、そういったことは一切なかった。本当に僕のプロレス界での『居場所』を提供してくれたんですよ。ありがたかったです、本当に」（金村ゆきひろ）

第1章で大宝が「旗揚げメンバーの中で三宅綾だけ浮いてしまった」と語っていたように、旗揚げに際して格闘技をベースとした選手を集めた弊害（へいがい）として、「純プロレスラー」はどこか場違いな印象を否めなかった点が挙げられる。

金村もそうなっておかしくないプロレスラー枠の選手だったが、事前に告知なく、いきなり旗揚げ戦に登場したことがプラスとなった。違和感なく、自然とリングの風景に溶けこんでいた。結果論ではあるが、のちの彼の活躍を考えた場合、旗揚げ戦にも出ていた、という事実を残せたことは、もうそれだけで大きい。

ただ、当時、注目を集めたのは対戦相手のザ・ヘッドハンターズだった。巨漢の双子、というだけでインパクト大だが、ヘッドハンターAが145キロの巨体でムーンサルトプレスを決めた瞬間、そこにニュースターが誕生していた（実際にはダイビングヘッドバットで試合は終わっていたのだが、カウントが微妙で観客が騒ぎはじめたので、それを鎮めるためにAが飛んでみせた）。

レジェンド枠のドス・カラスとジプシー・ジョーは観客も「生で試合が見られるだけでありがたい」という反応で、会場は大いに盛り上がった。だが、目玉商品のひとつだったグレート・ウォージョは「強いかもしれないけれど、いくらなんでも地味すぎ」。セミに登場すると、保坂秀樹を強烈なスロイダーで仕留めたが、高速かつ低空のため、その衝撃が客席に伝わらない。見せ場なく終わったことで、試合後にブーイングが上がった。結局のところ、多くのファンは格闘技的なものよりも、ひたすらプロレスを求めていたようだ。

ウォージョの〝どっちらけ〟には、僕もいささかの責任を感じている。

大宝から「なにかウォージョに合う入場テーマ曲はありませんかね？」と相談されてい

た僕は、映画『さらば宇宙戦艦ヤマト』からパイプオルガンで演奏された『白色彗星のテーマ』を推薦した。めちゃくちゃ重厚な楽曲なのだが、入場してくるきっかけが難しく、なおかつウォージョが本当に地味に入ってくるから、客席はシーンとしたまま……。ウォージョにはこの場を借りて、30年越しの謝罪をしたいと思う。

だが、それ以上に「やっちまった」人物がいた。入場式で挨拶した大迫和義社長だ。

「来年4月ごろ、武道館でやる計画もある！」

入場式でそうぶち上げたのだ。景気のいい話を旗揚げ戦で披露するのは間違いではないが、プロレス界、特に1991年のプロレス界では、これほど空気を読めない発言もない。たった5万円で旗揚げしたFMWが「俺たちが応援しなかったら潰れてしまう」とファンの気持ちを熱くして、絶大なる支持を得た。対照的にビッグなスポンサーをつけてスタートしたSWSはファンから冷ややかな視線で見られてしまった。

ここまでわかりやすく結果が出ているのに「武道館発言」は逆効果もいいところ。もちろん、本当に決まっていることであれば、それはそれで問題なかったのだが、この段階では翌年春の武道館どころか、年末の予定すらハッキリしていなかったのだ……。

齋藤彰俊のブレイク

そして迎えた、旗揚げ戦のメインイベント。

ミスター・ポーゴ&TNT&スティーブ・コリンズvs徳田光輝&木村浩一郎&齋藤彰俊。

ここにはあらゆる要素が含まれていた。

まず、ずっとXとして伏せられていたポーゴのパートナーがTNTだった、というビッグサプライズ。かつて全日本プロレスでアブドーラ・ザ・ブッチャーのパートナーとして活躍し、新日本プロレスの7月シリーズにも参戦してグレート・ムタと対戦していたバリバリのメジャー選手。本来ならば事前に発表しておきたいところだったが、新日本に参戦中ではさすがに明かせなかった。

観客は大喜びだが、対戦相手となった格闘三兄弟はただただ唖然とするしかなかった、という。

「もちろんプロレスの試合で、ポーゴさんたちと闘うのはわかっていましたけど、僕たちとしてはあくまでも格闘家としてリングに上がるつもりでいたんですよ。僕だったら空手家としてプロレスラーと闘うんだ、と。

だから、イスとかブーツでブン殴られながら『いや、ちょっと、格闘技じゃないじゃないの、コレ』って。もともとプロレスラーになるのは夢でしたけど、なんか、無理矢理、

プロレスラーにさせられちゃったな、というのが正直なところですね」（斎藤彰俊）

一応、発表は6人タッグマッチだったが、実質的にはストリートファイトマッチに近かった。だが、彼らの戸惑いはそんなレベルではなかったのだ。

「こういう試合をやるとは聞かされていなかったので、まず、ちゃんとした受け身が取れていないんですよ。一応、少しは受け身やロープワークも教わりましたけど、ちょっとやっただけではどうにもならないじゃないですか？

旗揚げ戦ってビデオになっているんですよね？　いま、そういうことを頭に入れて見返してもらったら、きっと違う意味で面白いと思いますよ。受け身もロクに取れない若造たちにポーゴさんやTNTがプロの洗礼を浴びせている映像ですからね（笑）。いや、本当に技を一発食らうたびに『なんだよ、コレ！』って感じで目が泳いでいると思いますよ。試合当日、リング上が初対面となる人にボコボコにやられるなんて経験、いままでになかったわけで完全にモルモット状態ですよ。なにが驚いたって、ちょっとしたつなぎ技で投げられるだけでも全身にガーンとダメージが響くんですよ。えっ、こんなにダメージを食らうのに、みんな、毎日試合をやっているの？と。そこは本当にプロレスラーってすげぇなぁ〜、と素直に思いました」（斎藤彰俊）

ちなみに旗揚げ戦のビデオでは、後日、僕と斎藤が映像を見ながらアフレコで解説している。こちらもギャランティーが発生する、との話だったが、茨城清志はビデオを1本渡して「こちら、現物支給ということで……」。たしかに当時、プロレスの試合ビデオは1本1万円近くする高価なものだったが、パンフの原稿料もいただけていないので、さすがに「えっ？」となった。つまり、もうこの段階で選手たちにギャラを支払うのが精いっぱいで、外部への支払いは滞りはじめていた、ということになる。旗揚げ早々、資金繰りはヤバかったのだ。

軽く投げられただけで全身に痛みが走った、という齋藤だが、じつはそこにはちょっとした「カラクリ」も加わっていた。

世界格闘技連合としてリングを発注していたため、完成したのはプロレス用ではなく、完全に格闘技仕様のリングだったのだ！　プロレスのリングは投げられたり、叩きつけられたりするのが前提なので、スプリングなどを入れて、多少はダメージを軽減してくれるようになっているが、このリングにはそういった要素は皆無。のちにプロレス用に改造して使おうとしたが、それでもダメだった、といういわくつきのリングで、おそらくプロレスラーが受け身を取っても相当、痛いはず、とのこと。もっともポーゴたちはほとんど受け身を取っていないので、その痛みに気づいていないのだが……。

そんな一方的な試合ながら、齋藤が蹴りで反撃すると後楽園ホールはドカンドカンと沸いた。徳田や木村も反撃しているのだが、投げ技や締め技はどうしても地味で、一瞬でその場の空気を変えてしまう齋藤の蹴りがとにかく目立った。もう誰が見ても、W☆INGのエースは齋藤彰俊！という空気ができ上がった（実際は徳田がバックドロップでスティーブ・コリンズから3カウントを奪っているのだが、そんな印象は吹っ飛んでしまった）。

試合後、負けた腹いせで暴れるポーゴ軍。そこにジ・アイスマンが援軍として登場し、ポーゴたちをバッタバッタとなぎ倒していく。正体は全日本プロレスへの来日経験もある実力者のリッキー・サンタナだったが、見た目がちょっと地味だったため、全身をコスチュームで包んだ神秘的なマスクマンに仕立て上げ、手薄な日本陣営の助っ人として投入されたのだ。

あまりにも1試合の中に情報量を詰めこみすぎたので、お腹いっぱい状態になってしまったが、とにかく旗揚げ戦の混沌の中から、齋藤彰俊が一歩も二歩も踏み出した。

ガラガラだった地方大会

この〝齋藤彰俊プッシュ〟は規定路線だったのか。大宝拓治にあらためて聞くと「いや、

まさかの相手、TNTを相手に、激しい蹴りを浴びせる齋藤(91年8・7後楽園)

そんなことはない」。旗揚げ戦のパンフレットを見ても、齋藤の写真だけが明らかに大きいのだが……。

「蹴りの写真がみんな横位置（横向き）で、その写真を活かすにはどうしてもひとりだけ大きくなってしまった。本当に三兄弟に関してはフラットに考えていて、誰かをプッシュするというよりも、自然と抜け出してくる人間がいたら、という感じだった。それが齋藤彰俊だった、というだけの話」

いまならば、SNSで一夜にして「すごいヤツが現れた！」と、齋藤の情報が写真や動画付きで日本中を席捲したはずだ。だが、90年代前半はインターネットすらまったく普及していない時代。旗揚げ戦は水曜日だったので、試合詳報が掲載された週プロが発売されるまでタイムラグが生じる（当時は地域によって遅れがあったが、基本的に毎週木曜日発売で、その号に掲載できるのは通常、4日前の日曜日の試合までだった）。このシリーズは旗揚げ戦の噂が広がらないまま地方をサーキットしなければならなくなった。

これは生まれたばかりの団体にとっては相当、厳しいこと。

週プロでは「旗揚げシリーズは全戦追跡取材をしよう」となり、その任務を僕が仰せつかることとなった。

ただ、これは消去法で決まったようなものだった。同じタイミングで新日本プロレスの

蹴りを放つ齋藤の写真が大きく載った旗揚げ戦パンフレット

ＧＩクライマックスが両国国技館３ＤＡＹＳという、当時としては前代未聞のスケールで開催されることが決まっていた。公式戦をひとつひとつ詳報しようと思ったら、記者が何人いても足りない。そうなるとメジャー団体よりもインディーの取材が多く、編集部でもっとも下っ端の僕にお鉢が回ってくるのは当然のことだった。

「貧乏くじばかり引かせてごめんな」

編集会議の席上、僕はそうなぐさめられた。

たしかにＵＷＦの東京ドーム大会のときも、僕は取材シフトから外されて、新日本プロレスの金沢大会へ飛んだ。もうひとり、シフトを外れた市瀬英俊記者も全日本プロレスの札幌大会へと向かったが、天龍源一郎がジャイアント馬場から３カウントを奪う歴史的瞬間を目撃している。それを考えると「ブロンドアウトローズ大暴れ」ぐらいしかトピックがなかったあのときの新日本取材は、貧乏くじ以外のなにものでもない。

とはいっても、個人的には特段、落ちこんでいなかった。その団体にとって一度しかない旗揚げシリーズは貴重であり、地方に行けば行ったで、試合後においしいグルメを楽しむことができる。むしろ喜んでＷ☆ＩＮＧ初の地方サーキットに帯同したのだが、そんな喜びは一夜にして消し飛ぶことになる。

第２戦は旗揚げ戦から３日後の８月10日土曜日、長野県・駒ケ根市民体育館。

このころはまだ新幹線が長野方面まで走っていなかったので、僕は新宿から特急列車に揺られて、のんびり向かった。

お盆直前の週末のため、車内は大混雑。そんな活気漂う空間に身を置いて長野へと向かったため、会場に足を踏み入れて、その「寒さ」に愕然（がくぜん）としてしまった。

とにかくガラガラ、なのである。

知名度のある選手がいないから仕方がないとはいえ、どんな地方興行でも、いざ試合がはじまれば、さすがに盛り上がって客席は熱気を帯びるもの。しかし、熱がまったく生まれないのだ。シーンとした中で興行は淡々と進んでいく。

もし、後楽園ホールが押さえられなかったら、この日がプレ旗揚げシリーズの開幕戦になっていたわけで、考えるだけでもゾッとする。団体のスタートがこんな寂（さび）れたムードの中で行なわれていたら、もう「お先真っ暗」ではないか。

3日前に後楽園ホールでニューヒーローとなった齋藤彰俊だったが、その噂が長野まで届くはずもない。徳田とタッグを組み、ミスター・ポーゴ&スティーブ・コリンズ組と対戦したが、ひとりの無名選手としてメインのリングに上がるしかなかった。

「お客さんが全然、入っていないことも、まったく沸いていないことも、まぁ、仕方ないですよね。本当に有名な日本人選手は誰もいなかったんですから。あのときはとにかく一生懸命、試合をやって、少しでもお客さんに喜んでもらうことしか考えていなかったです。というか、それ以外のことを考える余裕なんてなかったです」（齋藤彰俊）
その想いが客席に伝わったのか、大流血しながらもポーゴを蹴りまくる姿に「サイトー」コールが自然発生。声援を背に、ローリング・ソバットでコリンズを仕留めた。やはり、この男にはスター性がある、と確信した瞬間だった。
翌日は同県内の塩尻（しおじり）市に移動。初体験の地方サーキットに齋藤は戸惑いまくっていた、という。
「やっぱり試合が終わると全身、痛いんですよ。それを癒やす間もなく、夜は地元の関係者の接待の席があるし、そのまま次の会場に移動して、また試合をやる。格闘技の世界ではこんなことありえないじゃないですか？　毎日、試合があること自体がまずないし、そこに移動も加わるわけで、プロレスラーってどれだけタフなんだ、と。これはとんでもない世界に来てしまった、と思いましたね」（齋藤彰俊）
もっとも、試合後の宴席に参加していた関係者によると「なんだかんだいって齋藤君は楽しんでいて、朝方まで『演歌・血液ガッタガタ』（バラクーダの歌）を熱唱していたよ」というので、26歳の空手家はそんな過酷な状況にも順応していたのかもしれない。

第3戦の塩尻のメインにラインナップされた徳田光輝&木村浩一郎vsミスター・ポーゴ&ジプシー・ジョー戦では、木村が大流血に追いこまれながらも、ジョーからアキレス腱固めでギブアップ勝ち。すでに峠は越えているとはいえ、あのジプシー・ジョーから反則でもリングアウトでもなく、一本勝ちを奪ってしまうことは、木村浩一郎のキャリアを考えたら、結構な快挙である。ちなみにこの日はドス・カラスvsフィッシュマンという魅惑のシングルマッチも組まれていたが、事前に発表がなかったので、それをお目当てに会場に足を運んだファンはいなかったと思う……。なんというコストパフォーマンスの悪さ！

結局のところ、旗揚げ戦から徳田、齋藤、木村の順で大流血の末にフォール勝ちを収める、という絶妙なバランスが取られた結末となったが、舞台裏では旗揚げ3戦目にして、すでに三兄弟の関係性が大変なことになっていた、という。

両雄、いや「三兄弟」並び立たず。

最初からW☆INGに関わっていて、あくまでもエースとして参画している徳田光輝。一方、木村浩一郎は「実力では俺がいちばん強いのに、俺がエースじゃないのはおかしい」と不満を抱いていた。

「これはプロレスラーとしてはダメなことかもしれないですけど、当時の僕はそんな状況を無視して、ひとりで突っ走ることができなかったんですよね。徳田選手と木村選手が揉めたらいけないし、ここは僕が一歩引いて、3人の関係性を壊さないようにしよう、と。格闘三兄弟が分裂したらW☆INGはもう終わりだな、と思っていたので。

あるとき、木村選手が控室でゴングの記者さんに『なんで俺じゃなくて齋藤がエースみたいな扱いなんだ』とボヤいているのをたまたま聞いてしまって。僕は聞いていないフリしながら控室に入っていって『いまは僕の蹴りが目立っているけど、少しずつ関節技のすごさがお客さんにも伝わると思いますよ』みたいにフォローしたりしてましたね（苦笑）。いや、本当に気を遣いまくっていました」（齋藤彰俊）

格闘技団体であれば、木村浩一郎の考えは正しい。あくまでもサブミッション・アーツ・レスリングの看板を背負って参戦している、という意識が強かったから、どうしても焦りが出てしまう気持ちもわかる。

ゴングの担当記者は木村浩一郎を推す、という考え方がかなり強かったようで、齋藤彰俊を推しはじめていた週プロとは、ちょっとした乖離が生まれていた。

キャリアでは上になる三宅綾が「おいっ、木村」と呼んだら「てめぇ、なに呼び捨てにしてるんだよ」と食ってかかったり、ホテルのロビーでドス・カラスとスレ違ったときに「このロートルが」と吐き捨て、あわや乱闘騒ぎになったり。木村浩一郎のフラストレーションは巡業のあいだにどんどん大きくなっていき、齋藤はひたすらそれをなだめる日々を送っていた。ガラガラの地方会場の舞台裏では、そんな「冷戦」が日々、繰り広げられていたのだ。

会場に現れたターザン後藤

巡業がスタートすると、毎日、リングが組まれる。

そこで試合前にロープワークや受け身といったプロレスの基本的な練習ができるようになった。コーチ役はＦＭＷでデビューしている三宅綾、そしてカルガリーでミスター・ヒトに師事してきた戸井マサルが主に務めた。

その練習を見ていたジプシー・ジョーがある日、リングに上がってきた。

「お前たち、プロレスラーを名乗る以上は安易に『シュート』という言葉を使うんじゃねーぞ。今日は俺が特別に本当の『シュート』のテクニックを教えてやる」

そう言って日本陣営の練習に割りこんできた「放浪の殺し屋」は、とんでもない裏技を伝授しはじめた。

「いざというときはこうするんだ、と目玉のくりぬき方を教えてくれたんですよ。それもこの角度で指をつっこんで、こういう要領でくりぬけ、みたいにかなり詳しく。だから、ものすごく説得力があって、プロレスラーってやっぱりすごいな、と幻想が広がりましたよ。もうひとつ教えてくれたのが『相手をナイフで刺したら、そのままグリッとナイフを回転させろ！』。さすがにそれはプロレスとは関係ないだろ、と思いましたけど（苦笑）、あれは忘れられない経験でしたね」（齋藤彰俊）

右に左に蛇行しながら、なんとか進んでいったW☆ING初の地方サーキットだが、客入りは非常に悪く、興行を打つたびに赤字がどんどん膨れ上がった。目玉のひとりだったグレート・ウォージョは負傷のため途中帰国し、最終戦で組まれていた木村浩一郎戦はキャンセルとなった。

その最終戦も、客入りはよろしくなかった。

そもそも後楽園ホールが押さえられなかったので、代替として開催を決めた東京・よみうりランド大会。さすがに10日間で都内でのビッグマッチを2回、というのは無謀だったようで、前売りは伸び悩んだ。

この会場は、都内といってもかなりアクセスが悪い。新宿から京王線に揺られてよみうりランド駅まで出て、そこから遊園地の入り口まで行き、さらに園内をてくてく歩かなくてはならない。よっぽど「これは見たい！」という気持ちにならなければ、足を運ぶにはハードルが高い。

本来であれば「旗揚げ戦」という最大の引きがあったのだが、その看板が外れてしまっては興行的に苦戦するのは致し方ないところだ。

メインの試合では齋藤彰俊がランバージジャック・デスマッチでTNTを破ったが、話題を集めたのはまさかの〝乱入劇〟のほうだった。

なんと第2試合終了後、FMWのターザン後藤が現れ、客席にどかんと座ったのだ。

加えて、この日、FMWは佐賀県鳥栖市でザ・ブルーハーツや筋肉少女帯、泉谷しげるらが出演するロックフェスと電流爆破マッチのコラボ、という異例のビッグイベント『炎のバトル～FMW&ロックIN鳥栖』を開催中。そちらをボイコットしてW☆INGの会場にやってきたのだから、これはもう大事件だ。

「なにも知らなかったんですよ。試合中に『後藤さんが客席にいるぞ』となって、僕たちもびっくりしました」（齋藤彰俊）

「あれはなんだったんだろうね。チケットを買って、入ってきたの？ 本当だったらさ、関川が場外乱闘のフリをして、T・後藤の席の前までなだれこんでいったりすればいいんだけど、関川はそういうことできない人でしょ？ 気が小さいからさ。まぁ、T・後藤もそんなことをされても対応できない人なんだけど、結局、なにごともなく数試合だけ見て、帰っちゃったんだよね」（茨城清志）

後藤はわずか2試合を見ると、無言のまま、会場をあとにした。そう、ターザン後藤は腕を組んだまま「来て、見て、帰った」だけ。

おそらくW☆INGの会場にいた、という事実が大事であって、ヘタに選手と絡むようなことは避けたかったのだろう。

そのころFMWの会場では、スポーツ紙の記者から「後藤さんがW☆INGの会場にいます」との報告を受けた大仁田厚が「ポーゴに続いて、後藤までW☆INGに行ってしまうのか！」と荒れていた。ここで生じた亀裂は9・23川崎球場でのノーロープ有刺鉄線金網電流爆破デスマッチへと発展していく。つまり、FMWはW☆INGの試合を自社のプロモーションに活用したのだ。

茨城清志が言うように、ポーゴが客席の後藤を襲撃したら、さすがにその後の流れも変わっていたかもしれないが、そんなリスクを回避するかのように後藤はポーゴの試合がはじまる前に会場を去った。これがFMWのしたたかさであり、W☆INGはまったく無防備なまま、利用されてしまったわけだ。

結局、旗揚げシリーズは大きな赤字だけを残して終了した。

日本初のスタジオマッチ

9月11日には第2弾シリーズ『TAKE－OFF 2nd』が開幕する。

その2日前、またまた「日本初」の企画が行なわれていた。

それは「スタジオマッチ」だ。

当時、スペース・ビジョン・ネットワーク（現・GAORA）が制作し、ケーブルテレビで放送されていたプロレス番組『格闘チャンプフォーラム』。この番組に関わっていたプロレスライターのウォーリー山口の仲介により、番組を制作するJCTVのスタジオにリングを組み、さらに観客も入れて（テレビ収録用のエキストラではなく有料入場者）、試合を行ない、そのまま番組として、後日、放送されるという試みだった。アメリカでは当たり前のシステムを日本にも持ちこんだ形となった。

僕も『格闘チャンプフォーラム』には他団体の解説でたびたび出演させてもらった。ケーブルテレビだし、誰も見ていないだろう、と気楽にやっていたら、新日本プロレスの記者会見に行ったときに、当時の坂口征二社長から「そっち、昨日、テレビに出てたな。俺、見てたよ」と声をかけられたり、ビクター・キニョネスからは「テキトーなことを言っているんじゃねぇ！」と週プロ編集部に抗議の電話が入ったり、と関係者視聴率の異常な高さに驚かされた。

それ以上にまだスカパー！が開局する前の話だったので、地方におけるケーブルテレビ網の広がりはかなりのものだった。東京に住んでいるとピンと来ないけれども、地方会場ではファンからよく「テレビ、見てます！」と声をかけられたし、一度、居酒屋で食事をしていたら、テレビの画面に自分が出てきてびっくりしたこともあった。

そうした状況を考えたら、このスタジオマッチはW☆INGを知らない人たちや、地方在住の熱心なプロレスファンに〝刺さる〟可能性も大いにあった。

「この日は普段の興行ではなかなかできないようなカードを組もうということで、ヘッドハンターズ対決とか、格闘三兄弟が敵味方に分かれてのタッグマッチなんかをやったんですけど、本当は定期的に放送されることを考えていたんですよね。毎回、シリーズの前にスタジオマッチを収録して、そこで次のシリーズの流れを作る。これが定着したら、新しいと思いませんか？　まぁ、定着するもなにも、2回目の放送が実現する前に団体が崩壊しちゃうんですけどね（笑）。1回しか開催されなかったので単発の企画だと思っている方が多いんでしょうけど、じつはそういう壮大なプランの1回目だったんです」（大宝拓治）

先ほど触れたように地方でのケーブルテレビ網の普及を考えたら、旗揚げシリーズで辛酸をなめた地方興行での大苦戦が少なからず改善されていたかもしれない。W☆INGが試みた「日本初」のいくつかは、かなり現実に即したテコ入れ策でもあったのだ。

松永光弘参戦の舞台裏

9月シリーズは旗揚げシリーズと比べると、ちょっと寂しい顔ぶれとなった。

エディ・ギルバート、トム・プリチャード、ダニー・デービスという渋いラインナップはコアなアメリカンプロレスマニアにはたまらないものがあっただろうが、そうしたファン層は極めて少ない数しかいなかった。

メキシコからは女子4選手が来日。地方興行の華として女子プロレスは重要なピースであり、タッグマッチ1試合か、シングルマッチ2試合を必ず組める、という利点はあったが、主力選手であるスレイマと茨城の「関係」も囁かれていた。

「彼女っていうか、まぁ、会いたいなぁ〜、という存在ではあったけれど、ほら、他の女子選手も一緒だからね。まぁ、そのあたりはいいじゃない」(茨城清志)

そして、ここで新たな登場人物が加わることになる。

のちの「ミスターデンジャー」こと、松永光弘だ。

地元・名古屋で開催された9月11日の開幕戦に来場したところ、外国人勢に襲撃され、翌12日の四日市大会に怒りの殴りこみをかけた。現在、墨田区内でステーキ店『ミスター答えが返ってきた。

デンジャー』を経営し、毎日、厨房に立つ松永にあの日の乱入劇について聞くと、意外な答えが返ってきた。

「会場までは行ったけれども、直前までやっぱり帰ろう、と考えていました」

この年の夏、松永は新日本プロレスに参戦。金髪に黒い空手着というい で立ちでキム・ドク、栗栖正伸と「ピラニア軍団」を結成。なんと誠心会館の青柳政司館長からも勝利を挙げていた。

「本当はその実績を手土産にＦＭＷへ参戦したかったんですよ。私はもともとＦＭＷに参戦していて、大仁田さんと史上初の有刺鉄線デスマッチも闘った。私としてはそのまま継続参戦したかったんですけど、青柳館長の方針で剛竜馬さんのパイオニア戦志に戦場を移すことになった。そのとき、大仁田さんには『このままＦＭＷで闘いたいです。デスマッチをやりたいです！』と伝えたんですよ。先日、久しぶりにお会いしたら、まったく覚えていませんでしたけど（苦笑）。

そんなこともあって、私の気持ちはＷ☆ＩＮＧじゃなくてＦＭＷに完全に傾いていたんですよ。知り合いの記者の方に『大仁田さんか後藤さんの電話番号を教えてください』とお願いして、直接、連絡を取ろうと試みたんですけど、結局、どうにもつながらなくて……いまになって思えば、なんで事務所に電話しなかったんだろう、となるんですけどね。

あのときはとにかく直接、大仁田さんと話をしたかったんですよね。大仁田厚のライバルだった青柳館長に新日本のリングで勝った、という実績はきっと認めてもらえると思っていたんですけどね」（松永光弘）

ＦＭＷと交渉のテーブルにつくこともかなわなかった松永は、四日市のリングに乱入し、Ｗ☆ＩＮＧへの電撃参戦が決定する。だが、まだ心は晴れていなかった。それは茨城清志からの評価が非常に低いことをわかっていたからだ。初戦が前座で鶴巻伸洋との実力査定マッチだったことに、「まぁ、そういうことですよね」と松永光弘はため息をついた。

パイオニア戦志崩壊後、髪を金髪に染めて一時的に参戦した新日本での実績が「なかったこと」にされての実力査定マッチ。野球にたとえればメジャーリーグで活躍したのに、日本に戻ってきたら、トライアウトを受けてくれ、と言われたようなもの。ある意味、これは屈辱だ。このときの感情は、のちのちＷ☆ＩＮＧの命運に大きな影を落としていくことになる。

もうひとり、新たなスター候補が飛び出した。

戸井マサルが四日市大会でダニー・デービスを破り、ＵＳＷＡ世界ライトヘビー級王座を奪取したのだ。Ｗ☆ＩＮＧの旗揚げ戦がデビュー戦だったので、デビューからわずか１

か月で世界王者になってしまったことになる。

だが、シリーズ前に発表された全対戦カードには、このタイトルマッチは入っていなかった。実際、急きょ、決まった試合だった。

「開幕戦の名古屋で戸井サマル（大宝ら関係者の多くはなぜか彼をこう呼ぶ）とダニー・デービスのノンタイトルマッチがあったんですけど、これがいい試合で、すぐさま茨城さんに『これ、タイトルマッチでやりましょうよ！』って僕が提案したんです。W☆INGって常識破りのイメージがあるじゃないですか？　これまでの業界の常識をブチ破っていく連中みたいな見られ方をしてきたんですけど、それって僕とか若いスタッフがそもそも業界の常識をわかっていなかっただけの話なんですよね。

逆に茨城さんはメディア側の人間として業界のキャリアが長いじゃないですか？　だから、みなさんが思っているよりも、プロレスに関してはめちゃくちゃ常識人だし、もっといえばすごく保守的なんですよ。松永さんへの評価が低いっていうのも、きっと、そういうことなんだろうし、茨城さんの面倒なところは一度『コイツはダメだ』と評価を下したら、どんなに活躍しても、その評価をひっくり返そうとしてくれないところなんですよねぇ～」（大宝拓治）

たしかに茨城清志には、古き良きプロレスを愛する一面がある。

「そんな人だから『デビューしたばかりの戸井がタイトル挑戦なんてありえないだろう』ってなっちゃうんですけど、いや、面白い試合を組むほうが優先だし、もしベルトを獲ったら大きな話題になりますよ、と。だから、あのタイトルマッチは試合の前日にみんなで食事をしているときに僕が茨城さんを口説き落として決まったんですよ。すぐに違うテーブルで飯を食っていた戸井サマルに『あした、タイトルマッチになったから！』と伝えたら、本人もびっくりしていましたけど、僕としてはすでに手応えはありました」（大宝拓治）

茨城自身も僕の取材において、「マッチメイクに関しては大宝の自由な発想にかなり助けられた部分もある」と認めている。結局はリターンマッチで敗れて1週間天下で終わってしまうのだが、まったくの無名選手だった戸井が、この戴冠でファンに認知されたのは事実。松永参戦、さらにはジプシー・ジョーが日本陣営入りする、という流れもあって「ポーゴ一強」だったリング上の光景はちょっとずつではあるが塗り替えられようとしていた。

茨城式ネーミング問題

9月シリーズの大誤算は「後楽園ホールが取れなかったことに尽きる」と関係者は声を揃える。

旗揚げ戦は奇跡的なタイミングで後楽園にキャンセルが出たが、そんなラッキーは何度も続かない。なんとか都内でも興行を、ということで押さえたのが葛飾区総合スポーツセンター体育館。葛飾でビッグマッチ、というのはあまり記憶にないが、W☆INGはここに勝負を懸けた。

メインイベントに組まれたのはミスター・ポーゴ&TNT組vs斎藤彰俊&ジ・アイスマン組による金網デスマッチ。前年、全日本女子プロレスが金網での試合を敢行して大きな話題を呼び、ブル中野が一躍、「女帝」としてクローズアップされた。男子では国際プロレス崩壊以来、ちょうど10年ぶりの開催となるレアな試合形式だ。

ただ、試合の名称は金網デスマッチではなく「カリビアン・ウラカン・ケージ・デスマッチ」だった。

「わかりにくいでしょ？　ストレートに金網バンクハウス・デスマッチでよかったのに、茨城さんがこのタイトルにしたんですよ。FMW時代からですけど、茨城さんのネーミングセンスはイマイチなんですよね（苦笑）。なんでも英語にすればいいってもんじゃないでしょ。そんなこんなで試合のタイトルとかシリーズ名は、このあと『遠ちゃん』とかが担当することになったんですよ」（大宝拓治）

「遠ちゃん」とはW☆INGプロモーションからフロントの一員に加わった遠藤信也のこ

と。彼もまた初期FMWのスタッフのひとりで、相当のキレ者。彼がいなかったら、FMWはあそこまでブレイクしなかった、といっても過言ではないアイデアマンだった。

ちなみにW☆INGではこれまで「ストリートファイトマッチ」と呼ばれていた試合形式を「バンクハウスマッチ」と表記し、のちに行なわれるようになる有刺鉄線デスマッチもわざわざ「バーブドワイヤーマッチ」と言い換えた。やっていることは同じだけれどFMWとは違う、というアピールでもあり、旗揚げから標ぼうしてきた「史上初」路線の一環でもあった。だが、すでにプロレスファンのあいだに浸透している名称があるので、W☆ING用語（＝茨城式ネーミング）は少々、わかりにくかった。

そんな「カリビアン・ウラカン・ケージ・デスマッチ」が思わぬ「嵐」に巻きこまれた。「ウラカン」とはスペイン語で「ハリケーン」の意味で、この試合では4人の選手が入り乱れて闘うことを意味する。その試合当日、ハリケーンならぬ台風が都心を直撃してしまったのだ。

葛飾区総合スポーツセンターは京成線青砥（あおと）駅から徒歩15分と、区内在住者以外にはけっして交通の便がよいとはいえない。台風で交通機関が乱れればなおさらで、実際、松永光弘は新幹線が止まってしまったため、会場にたどりつけなかった。

そんなこともあって「これが後楽園ホールだったら……」という恨み節も出てきてしま

う。注目度も高かっただろうし、台風の影響があっても、まだ集まってくれるファンも多かったはず。後楽園が押さえられなかったことからはじまった負の連鎖……これはW☆INGにとって、大きなターニングポイントとなった。

また、齋藤彰俊は金網デスマッチそのものに圧倒されていた。

「困惑というか、まだこの段階でも思考回路が追いついていなかったので、なにもわからないまま金網の中に入っていましたね。まぁ、この数年後にオクタゴンでの試合が広まっていくことになると考えたら、W☆INGは時代を先取りしていたんだろうな、と（笑）。たしかに戸惑いしかなかったです。ただ、いまとなってはああすればよかった、こうすればよかった、という想いはありますよね。あの当時は『空手家の凶器は拳だ』という意識がものすごく強かったので素手で金網の中に入ったんですけど、あの試合って凶器持ちこみ自由だったんですよね。ちょっと頭を柔らかくして、僕が武器を持ちこんでいたら……格闘技でもあるじゃないですか、釵（琉球古武術で使われたかんざしに似た武器）とかヌンチャクとか。そういうものを使ってポーゴさんの凶器に対抗していたら、新しい形での格闘技の可能性を提示できたかもしれないし、お客さんの見る目もガラッと変わったと思うんですよね。

これはプロレスを30年もやってきたいまだから言えることで、あのときは『格闘三兄弟はあくまでもクリーンに闘わなくてはいけない』みたいなこだわりに縛られていたので、凶器を持ちこむという発想すらなかった。もったいなかったですね」（齋藤彰俊）

齋藤が格闘技流の凶器を持ちこんでいたら、そして、この試合が後楽園ホールで開催されていたら……まさしく、この日はW☆INGの大きな分岐点だった。

「当時は台風でまったくお客さんがいなかった印象なんだけど、最近、映像を見直してみたら、意外と客席が埋まっているように見えて『あれっ？』と思ったよ。

ただ、金網を組んだじゃない？ あれが想像以上に高かったんだよ。試合が終わったら全女の氏家（うじいえ）（清春リングアナウンサー）君がやってきて『茨城さん、金網のお金をまだもらっていないんですけど』と言われて『いくら？』と聞いたら『100万円です』と。いやいや、それはちょっと高すぎない？と思ったんだけど、払わないわけにはいかないじゃない。たまたま手持ちがあったから、俺が立て替えたんだけど、それっきりになっちゃっているんだよねぇ〜」（茨城清志）

当時、金網は全女しか所持しておらず、新しく作ろうとしたら250万円かかることを考えたら、100万円はけっして法外な請求とは思えないが、ただでさえ台風で客入りが悪かった上での追加出費は相当、痛かったに違いない（なぜ茨城のセカンドバッグの中に100万円の現金が入っていたのかについても聞いたが、本人は多くを語ろうとしなかった……)。

そして、この失敗がW☆ING崩壊の序曲となった。

「プロレス」と「格闘技」の分裂

10月シリーズの『TAKE－OFF 3rd』に大宝拓治の姿はなかった。

なんとクビになってしまったのだ！

「あれは雑誌『噂の眞相』でしたかね、僕が懲戒免職になった、という記事が載ったんですよ。どうやら僕が茨城さんの陰に隠れて、こそこそ悪いことをしていたらしい……んですよね（苦笑）。こうなることはわかっていたので、最初から茨城さんに『大迫さんと組まないほうがいい』って言ってきたんですよ。だから、ほらね、こうなったでしょ、と」

（大宝拓治）

この『TAKE－OFF 3rd』のサブタイトルは「ルチャ・フェスタ'91」。まさに茨城清志人脈でブッキングされたルチャドールたちが大挙、来日。特に初来日となるトリオ・ファンタシアはマニアを大いに喜ばせた。

そしてシリーズ内の企画として『格闘マスターズ・サバイバー・リーグ戦』と銘打たれ

た格闘三兄弟と松永光弘の4選手による総当たりリーグ戦も開催。ルチャが看板なのに、メインイベントは格闘マスターズ、というなんともちぐはぐな構成になっていた。大宝が提示した「コンビニみたいなプロレス団体」というコンセプトを考えたら、別におかしなことではないのだが、この時点でファンはそのコンセプトを知らないから「？」となってしまう。結果、2か月半ぶりの後楽園ホール大会には空席が目立つことになった。

ある意味、ひとつの興行で「世界格闘技連合」と「W☆ING」が分離したような格好になっていた。もう団体は分裂寸前だった。

簡単にいえば茨城や大宝が考える「プロレス」の中には格闘技的なものも内包されていたが、大迫社長が考える「世界格闘技連合」の中にはルチャは入っていなかった、ということだろう。

「ルチャの選手がたくさん来るというので、僕たちはルチャの受け身をレクチャーされたんですよね。普通のプロレスの受け身とはちょっと違うから、ということで。これがまだプロレスの受け身すら完璧ではない僕たちには難しくて（苦笑）。よくよく考えたら、僕たちは格闘マスターズのリーグ戦があるからルチャの選手たちとは、そんなに対戦しないはずなんですけど、一応、やっておけ、と」（齋藤彰俊）

目玉の格闘マスターズは齋藤彰俊と松永光弘が同点で全日程を終了。後日、同点決勝が行なわれる、とアナウンスされたものの、それは実現することがなかった。
「あれは未完のままでよかったんだと思いますよ」と振り返る齋藤は、このリーグ戦をやってよかった、とも語る。
「後楽園ホールで木村浩一郎選手とメインイベントで闘ったんですけど、試合をやりながら、あぁ、僕がW☆INGでやりたかったのはこういうものだったんだ、と。旗揚げ前に鎌倉でやった合宿で思い描いた理想に近いものがあの試合にはあったし、そういう試合ができたからこそ、僕はW☆INGという団体にまったく悔いがないんですよ」（齋藤彰俊）
その言葉がすべてを物語るように「世界格闘技連合　W☆ING」（関わった人たちが言うところの「旧W☆ING」）はこのシリーズ終了をもって「消滅」することとなる。
「旗揚げの記者会見のときにベテランの記者さんたちから『こんな団体、3か月で潰れるよ』って言われたんです。そのときは〝そんなバカな話はない。絶対に成功させて見返してやる！〟と内心、思っていたんですけど、終わってみたら、旗揚げ戦からぴったり3か月で潰れてしまった。悔しいとか言う前に『あのとき記者さんの言っていた通りになったな。やっぱりプロって見る目があるんだな』と感心しましたよ（笑）」（齋藤彰俊）
わずか3か月間で終わった、旧W☆INGの短い歴史。
だが、その短い時間のあいだにこんなにたくさんの物語があった、ということがここまでの流れでおわかりいただけたかと思う。

当初は序章として数ページで終わらせようかとも思っていたのだが、過去にこの3か月間を深く掘り下げた書籍などなく、W☆INGの歴史にとっても非常に大きな意味のある時間だったということを再認識してもらいたい、という想いもあって、あえてまるまる2章分、じつに90ページ近くを使って綴らせていただいた。

さて、W☆INGの物語の「本編」はここから。大迫和義が新団体への移行を発表する一方、茨城清志はミル・マスカラスに会うためにメキシコへと飛んでいた——。

第3章
バルコニーからの新星

写真／ベースボールマガジン社

茨城清志と大宝拓治の追放

1991年11月19日。

この日の記者会見でW☆INGは団体名を「世界格闘技連合　WMA」と改称することを発表した。

完全に格闘技路線に舵を切った大迫和義社長は、12月26日に後楽園ホールで再出発興行を開催し、翌年1月には後楽園を皮切りに名古屋、岐阜を転戦するミニシリーズを開催することも表明。加えて、外国人選手も新ルートを開拓して招聘すると語っている。

つまり、茨城清志と大宝拓治を追放しての仕切り直し、というわけだ。

そのふたりはすでに新団体「W☆INGプロモーション」の旗揚げに奔走していた。

この時点で「大迫派」「茨城派」と選手を二分する見方もなされていたが、金村ゆきひろは「そんなもんないですよ。僕たち選手はなんにも聞かされていなかったし、上のほうで揉めているな、とはわかっていたけれど、どっちにつくとかそういう意識はなかった。試合が組まれたら出る。みんな両方の団体に上がるつもりでいたはずですよ」と証言する。

唯一、WMAへの参戦を決めていたのは齋藤彰俊だった。

「そもそも僕は『世界格闘技連合』に誘われているわけですから、WMAの話を大迫社長から聞かされて『やりたいです』と伝えました。松永が参戦した段階で、いつかはこうなるだろうな、と思っていましたけどね」

齋藤彰俊と松永光弘は高校時代の同級生。当時から熱狂的なプロレスファンだったふたりは「いつかプロのリングで闘いたいね」と話していたというが、せっかく、その夢が叶ったというのに、わずか数か月で共闘関係にピリオドが打たれた。

「僕のやりたいことと松永がやりたいことが、もう全然、違う方向性になっていましたからね。あのままW☆INGを続けていても潰れていたと思います。そう、あそこで分裂していなかったら潰れていたと思うので、あれでよかったんですよ。

ただ、WMAとして再出発しますよ、という話をもらってから、明確なビジョンがなにも示されなかった。そうこうしているうちに新日本プロレスと誠心会館の抗争がスタートして、僕はそちらに参戦することになるんですけど、もしWMAが『こういう方向でやる』ということを明示してくれて、興行をスタートさせていたら、WMAのリングに上がっていたかもしれませんね。ただ、あの抗争のきっかけは高校時代の同級生(同じやんちゃグループでしかも同じ水泳部)が起こしたことなので、グループの長としての運命だったのかもしれません」(齋藤彰俊)

もうひとり、SAWからW☆ING入りをした保坂秀樹もWMAに参戦する、と囁かれていた。

「僕はどうしても保坂どんは必要な存在だと思ったので、W☆INGプロモーションに参加してくれるようにお願いしたんですけど『ポーゴさんはそっちに出るんですよね。だったら申し訳ないですけど、お断りします』と。旧W☆INGのとき、保坂どんはポーゴさんの付き人をやらされて、相当、嫌な想いをしたみたいなんですよ。格闘技のつもりで入団したら、昭和気質のプロレスラーの付き人をさせられて、散々、わがままを言われたら……ねぇ。残念ですけど、それを聞いたら、もう誘えなかったです」（大宝拓治）

そう語る大宝だが、じつは彼もこの時期に他団体のオフィスに足を運んでいた。

「この時期というか、12・10後楽園が決まる前ですね。ある人を介してユニバーサル・プロレスリングの事務所に行ったんですよ。この先、どうなるかわからないじゃないですか？新間寿恒代表とも話をして、代表からは『ウチに来いよ』と言ってもらえました。ただ、条件として『選手も一緒に連れてきてほしい』と。W☆INGプロモーションが頓挫していたら、その可能性もあったかもしれないですけど、そのときは立ち消えになりました。

それよりも、僕にとって感動的だったのはユニバーサルの事務所で、秋吉（昭二）さんと会えたことですよ！　代表と話している僕を見て『おう、あのころはなんにもできなかったのにな』と声をかけてくれて……ちょっとは認めてもらえたのかな、と思うと涙が出

そうでした」（大宝拓治）

ここでいう「秋吉さん」とはのちの邪道、である。

邪道はＦＭＷ創成記に短期間ながら参戦しており、そこで大宝と一緒になっている。ほとんど素人でなにもできなかった姿しか知らない邪道にとって、いつの間にかプロレス団体のフロントとして成長していた大宝との再会は、素直に嬉しかったに違いない。

この偶然の再会は、１年半後、新たなドラマを生み出すこととなる。

一発逆転！ マスカラスの招聘

一方、茨城清志はメキシコに飛んで、ミル・マスカラスと交渉をしていた。

「いや、別にメキシコまで行く必要はなかったのかもしれないけどさ、大迫氏サイドからマスカラ（なぜか茨城はマスカラスをこう呼ぶ）のところに『茨城のプロモーションの試合は中止になった』みたいな連絡があったみたいで。あるメディアの人間が大迫氏にマスカラスの連絡先を教えたようなんだよね。これは完全に営業妨害じゃない？

だから、直接、マスカラに会って、それは誤解だと。ちゃんと後楽園ホールで試合をやるから必ず来てくれ、と。まぁ、それで大丈夫だとは思ったんだけど、万が一、マスカラが来なかったらシャレにならないでしょ？　だから、当時、全日本プロレスが支払っていたギャラよりも、さらに高額な条件を提示したの。１万ドル。正直に話せばね、本当はそんなギャラをワンマッチでは払えないんだよ。後楽園が満員になっても赤字確定だったんだから（苦笑）。でも、あのときはどうしても団体を存続させなくちゃいけない、と思っていたので。赤字になってもいいから、後楽園大会を成功させるしかなかった」（茨城清志）

帰国した茨城はマスカラスが契約書にサインしているような写真を公表し、記者会見では日本人選手がすべて会場にやってくる、とも発表した。前売り券はそこそこ売れてはいたが、「本当にこの大会は開催できるのか？」という問い合わせも殺到していた。絶対にやる、ということをアピールしなくてはいけない状況に追いこまれていたのだ。

いまではレジェンドレスラーの招聘は珍しいことではないし、それに特化した興行まで行なわれるようになった。だが、90年代初頭時点では、新日本プロレスと全日本プロレスからお声がかからなくなってしまった外国人レスラーは、もはや日本で活躍する場はなく、そのままフェードアウトしていくしかなかった。

茨城はＦＭＷ時代にもディック・マードックやジョー・ルダックなどのレジェンド、言い方を変えれば、「懐かしレスラー」を呼んできた。さすがにそのメンツでは興行の一枚看板にはならなかったが、ミル・マスカラスは「別格」である。
大会名も『ＳＫＹ ＨＩＧＨ ＡＧＡＩＮ』とマスカラス参戦だけを前面に打ち出したものだ。もはやＷ☆ＩＮＧやプロレスの枠を超えて、ローリングストーンズ来日、のようなノリでプロレスマニアに広く訴求した。

旧Ｗ☆ＩＮＧの日本人選手が全員参戦と発表できなかったのは、ＷＭＡサイドが「Ｗ☆ＩＮＧプロモーションに上がった選手はウチには上げない」と二者択一を迫っていたからだ。「本当に大会は行なわれるのか？」という問い合わせが殺到したのは、この発言が大きな要因のひとつだった。日本人選手がみんなＷＭＡを選んだら、誰も出場できないし、対戦相手がいなかったらマスカラスも来日しないだろう……たしかにこれでは、大会を中止するしか道はないわけだ。

ただ、「どちらのリングにも上がりたい」と希望する選手がいる中で、「ＷＭＡに上がるな」という乱暴な〝宣言〟はできなかった。

「それでも、選手の結束はほぼ固まっていました。ＷＭＡの『茨城のところに出たら、ウチのリングには上げない』発言で、みんな、『おい、ふざけんな！』となったんですよ。だから、あの時点でみんなウチに参戦することはわかっていました。でも、戸井サマルだけはわからなくて……それはもうあきらめてましたね」（大宝拓治）

ちなみにＷＭＡの旗揚げ戦ポスターには齋藤彰俊の写真が大きく使われていたが、他の写真は意図的に顔がわからないようにしているとしか思えないデザイン。特にミスター・ポーゴはパイルドライバーを仕掛けている写真を使っているものの、相手の両足に隠れて顔がまったく見えなくなっていた。そもそも齋藤以外は、顔写真の上に名前も記されていない代物だった（左ページ掲載のチラシとは別のモノ、である）。

ただ欄外には出場選手として『徳田光輝、松永光弘、戸井マサル、ミスター・ポーゴその他』と記されている。大宝が危惧していたように戸井の名前もしっかり印刷されていたが、皮肉にも格闘技路線を標ぼうしていたＷＭＡには木村浩一郎以下、大半の格闘技畑の選手たちは残留しないことがこのポスターでバレてしまったのだ（木村浩一郎は前田日明が主宰していたリングスへ主戦場を移し、12月7日には早くも有明コロシアム大会に出場している）。

誰も追随しなかったＷＭＡ

この分裂騒動に翻弄された若者がいる。

当時、まだ高校3年生だった畑山和寛。のちにＷ☆ＩＮＧのメインレフェリーとなる男、

幻となったWMA旗揚げ戦チラシ。表面(左)には蹴りを放つ齋藤の姿が印刷されていた(畑山和寛氏提供)

である。
もともと熱狂的な大仁田フリークだった畑山は、中学生時代から全日本プロレスのリング屋の手伝いでプロレス会場に出入りするようになる。学校の恩師の紹介で藤波辰爾につないでもらい、高校卒業後は新日本プロレスの関連会社である「新日本プロレス・サービス」に就職することが内定していた。プロレスファンとしては最強の就職先だったが、畑山はこれを断る道を選んでしまった（ちなみに畑山の結婚式の仲人はプロレス興行界のドンとしても知られる永源遥が務めている）。
「仕方ないですよね。出逢ってしまったんですから……W☆INGと」（畑山和寛）
高3の夏休みに旗揚げしたW☆INGに畑山は心を奪われていく。大仁田フリークだった畑山は、W☆INGに初期FMWの面影を見ていた。なんともいえない怪しさに惹かれ、とんでもないハイペースでW☆INGの会場に出入りすることになる。
「どこかの地方会場で茨城さんとトイレで一緒になりまして、そのときに言われたんですよ。『そっち、どうなの？　よかったら来る？』。独特の〝茨城さん言語〟なんですけど『就職先が決まってなかったら、W☆INGに入るか？』という意味だと思います。トイレでする話でもないですけど、まぁ、それもW☆INGらしいってことで」（畑山和寛）
新日本プロレスを蹴ってのW☆ING入り！　かなり思いきったチョイスだが、その矢先にＷ☆ＩＮＧは分裂してしまう。この先、どうなってしまうのかわからないため、学校に提出する進路先には「世界格闘技連合」とだけ書いた。こんなことを書いたのは、おそらく世界中で彼ひとりだろう。

「結局、僕はＷＭＡの旗揚げのときに営業の手伝いをしました。年明けに名古屋大会があるので、その営業ですね。まったく売れなかったです（苦笑）。結局、ＷＭＡは消滅してしまったんですけど、最後はきれいに終われたんですよ。営業にかかった経費を大迫さんに請求したら、全額、ちゃんと振りこまれていましたから。僕はそのまま営業としてＷ☆ＩＮＧプロモーションに関わっていくことになります」（畑山和寛）

ちなみに12月26日に予定されていたＷＭＡの旗揚げ後楽園ホール大会は、特別リングサイド３５００円、リングサイド２５００円という破格のチケット料金設定だった。マスカラスを招聘する茨城派が特別リングサイドを８０００円で売っていたので、なんと半値以下のダイナミックプライス。ただ、茨城清志への対抗心よりも、とにかく当座の運転資金を捻出したい、というのが低価格の理由だったようだ。たしかにポスターに記されているメンバー、つまり日本人だけで興行を打てば、そこまで経費もかからない。

それでも選手が足りていないため、名古屋在住のプロレスラー、ウルトラマンロビンのＷＭＡ参戦が内定していたという。

「ロビンはW☆ING旗揚げのときに後楽園ホールにもやってきたんですよ。参戦したい、という話だったんですけど、わざわざマスクを被ってきたりして、おいおい、という感じだったので……（苦笑）。ちょろっと聞いた話では、WMAではウルトラマンロビンとジェット・ジャガーの『夢のヒーロータッグ』を予定していたみたいですよ。面白いですけど、世界格闘技連合ではないですよね、これ。

逆にW☆INGプロモーションには三浦博文（ひろふみ）選手が参戦してくれることになりました。彼もじつは旗揚げ戦の後楽園ホールに来ていたんですよ。茂木さんや島田さんの知り合いということで、その後もたびたび会場にやってきて『ひょっとしたら、あなたもリングに上がりたいの？』と聞いたら『はい！』と。彼は旧W☆INGには関わっていないので、なんのしがらみもないし、ウチに出場するにも問題はないでしょ？　それで記者会見にも同席してもらいました」（大宝拓治）

選手だけでなく、WMAには主要スタッフも追随しなかった。唯一、川並政嗣レフェリーだけが大迫社長と行動を共にしたが、たったひとりではどうにもならない。前出の「W☆INGプロモーションのリングに上がったらWMAには上げない」も川並の発言だったようで、そのことが選手のヒートを買ってしまった。社長ならまだしも、なんでアイツにそんな上から目線で言われなくてはならないのか、と。彼なりに孤軍奮闘していたのだろうが、結果として空回りしただけだった。

つい数か月前にFMWを飛び出した大迫和義、川並政嗣、茨城清志、大宝拓治がわずか半年も経たないうちに喧嘩別れする、という悲劇。

新団体の旗揚げは珍しくなくなってきていたが、リアルタイムで団体が分裂していく様を見られるなんて、外野にとってはめちゃくちゃレアな経験。ただ、それを面白がれるほど、まだ日本のプロレス文化は成熟していなかったのかもしれない。最初からそれぞれに別の団体を旗揚げしていれば揉めることもなかったはずだが、それでは選手が絶対的に足りなかった。一緒に活動するのも必然ならば、袂を分かつこともまた必然だったのだ。

全女との提携が生まれた舞台裏

無事にマスカラスが来日し、12月10日、『SKY HIGH AGAIN』は後楽園ホールで開催された。

日本人選手は徳田光輝、金村ゆきひろ、三宅綾、茂木正淑、島田宏、三浦博文の6人が参戦。さらにあの男も姿を見せた。

「スポーツバッグを肩にひっかけて、ちょっと照れくさそうな表情で戸井サマ、、ルが『よぉ、やっぱり来たよ』って。後楽園ホールにやってきた、あの光景は忘れられないですよ。僕、泣きそうになっちゃいましたもん、あのとき」（大宝拓治）

バックステージで戸井は「これで僕がＷＭＡのリングにも上がれたら、他の選手も全員、出られますよね？　僕たちの総意はどちらのリングにも上がりたい、です。僕が大迫社長と交渉しますよ」と語った。全選手入場式でも戸井が挨拶を担当している。これは明らかにＷＭＡに対する牽制球だった。

茨城派のリングに上がった選手は使わない、と宣言してしまった手前、これで出場可能な主な選手は齋藤彰俊だけになってしまった。ミスター・ポーゴとビクター・キニョネスもＷ☆ＩＮＧプロモーションにいる、ということは外国人選手の招聘ルートも封じられたことを意味する。実質上、この時点でＷＭＡの興行は開催不可能となってしまった（この翌日から敢行されたＷ☆ＩＮＧプロモーションの韓国遠征には保坂秀樹も参加したため、その時点で保坂のＷＭＡ参戦も消えている）。

とはいうものの、Ｗ☆ＩＮＧプロモーションにも大きな問題が横たわっていた。

選手は集まった。だが、それ以外のものがなにもなかったのだ。

旧Ｗ☆ＩＮＧの会社組織はそのままＷＭＡが受け継いだので、リングもＷＭＡのもの。そう、試合をするリングすら持っていなかったのだ。

『SKY HIGH AGAIN』に飛来したマスカラス。久しぶりの勇姿に客席も沸いた(91年12・10後楽園)

そのピンチを救ったのは、全日本女子プロレスだった。

リングだけでなく、リングアナにレフェリー、さらには提供試合として堀田祐美子&みなみ鈴香vs豊田真奈美&三田英津子のタッグマッチも提供。メインイベント級とまでは言わないが、トップどころが揃ったマッチメイクである。

ちなみに女子プロレス用語でフライング・クロスチョップを「マスカラス」と呼ぶのだが、まったく男子のプロレスに興味がない豊田真奈美はミル・マスカラスの存在を知らず、この日、はじめて本物のマスカラスが放つ「マスカラス」を目撃した、という。のちに豊田真奈美が女子プロレス界のトップに君臨することを考えると、なんとも面白い邂逅ではないか。

当時からこの協力体制は茨城清志と親交のあるロッシー小川・広報部長が「友情協力」をしたものだと思われていた。WMAにはない茨城の強みが発揮された、と。

「いやいや、みんな、そう思っていたみたいだけど、それは誤解なんだよね」

そう言ってロッシー小川は30年目にして「真実」を語りはじめた。

「W☆INGができたころは年に6回とかメキシコに行っていたんだよね。だから、全女とW☆INGの提携話も俺がメキシコに行っているあいだに決まっていて、俺も週プロを読んで知ったんだよ(苦笑)。正直、やりたくなかったよね。茨城さんがどうだとか、W

☆ＩＮＧがどうだとかいう話じゃなくて、すでにユニバーサルに道場を貸したり、試合を提供していたりしていたじゃない？　それと同じことをいろんな団体を相手にやるっていうのは、ちょっと嫌だよね、と。俺もルチャに傾倒していた時期だったから、余計にそう思ったよ」（ロッシー小川）

茨城清志は全女との提携について、こう振り返る。

「たしか松永（高司）会長にお願いしに行ったんじゃないかな？　俺も全女で働いていた時期があるから、話はできたの。現場レベルの交渉は（松永）国松さんじゃなかったかなぁ～。よく覚えていないんだけど、助けてくださいというお願いごとだったから、ギャラは抑えてくれていたと思う。金額はちょっと記憶にないなあ」（茨城清志）

茨城はその額を覚えていなかったが、それを補完してくれたのは畑山和寛の記憶だ。

「リングの貸し出しに10万円。リングスタッフや提供試合を含めてもグロスで30万円。ただ、全女さんの後楽園でもメインを張れるような豪華なカードが組まれたりしていたときは別途、お金がかかったんですかね？」（畑山和寛）

このあたりについても、ロッシー小川に聞いてみた。松永会長も国松氏も鬼籍に入っているので、もはや事情を知っている人物はロッシー小川しかいないのだ。

「金額はそんなもんじゃないの？　当時のプロレス界でよくあった『なぁなぁ』の関係で

すよ。カードを決めていたのは国松さんだと思う。俺はまったくノータッチだったから。俺が絡んでいたら、あんなカードの組み方をしていないよ。たとえばユニバーサルだったら、中堅選手の再生工場として利用していた部分があった。あとは新人が経験を積む場として、とか。でも、国松さんはそういうことを考えないでどんどん貸していただけだった。普通だったら、次の後楽園とかウチのリング上の流れにつながるようなカードを組むでしょ？　そういうことはまったくなかったから、カードが出るたびに歯がゆかったよね。お客さんからしたら豪華なカードかもしれないけど、国松さんにはそういう意識がないので追加料金とかは発生しないよ」（ロッシー小川）

当時の僕は、全女勢の参戦は茨城清志とロッシー小川の信頼関係で成立していると思いこんでいた。なぜなら、会場にロッシーの姿があったからだ。

「たしかに俺は会場に行っていたけど、現場を仕切っていたわけでも、全女の代表として行っていたわけでもない。ひょっとしたら選手の送り迎えをしていたかもしれないけど、基本的には見に行っていただけ（笑）。マスカラスも見たでしょ、ワフー・マクダニエルも見たでしょ。あっ、本当に結構、行ってるねぇ〜。そうそう、ディック・マードックが山田敏代と（井上）京子をリングに上げて、わざわざ褒めてくれたことがあったでしょ（92年2・16後楽園）。あのシーンを見て、まぁ、こういうこともあるんだったら試合を提供するのもアリかな、と割り切った部分はあるね。

とにかく、あの提携はひとことでいえばお金ですよ。ちゃんとお金さえもらえたら、それでよかったんだと思う。グロスで30万だったとしても、それが毎回もらえるんだったら、全女的にはOKだったんじゃない？　だってさ、中見川（志保）と金村の一件（シリーズに帯同しているときに交際が発覚）で選手の貸し出しを一旦、ストップしたのにさ、それから何か月も経っていないのに船橋のファイアーデスマッチにはまた試合を提供している。松永会長はなんでも金で解決できる、という考えの人だったからね」（ロッシー小川）

茨城清志とロッシー小川の「友情」による物語、というのはまったくの見当違いで、ロッシー小川はプロレスマニアとしてレジェンド選手を見に来ていただけ、という衝撃の事実。ただ、茨城との関係が深いのは事実だった。

「もちろん昔から知ってはいたけど、親しくなったのは茨城さんがジャパン女子に入ってから。情報交換のためによく渋谷で会っていたの。ただささ、当時から遅刻癖がすごくてさ、毎回、平気で30分ぐらい遅れてくるんだよ。ケータイがない時代だから、ひたすら待っているしかないんだけど。来なかったことは一度もないから、待ってたけどね。

その流れで茨城さんがジャパン女子を辞めるときに『全女に入れないかな』というので俺が間に入ったんだけど、茨城さんの初出社の前の日は心配で眠れなかったよ。出社初日の印象って大事じゃない？　そこで遅刻してきたら『なんなんだ？』となるし、紹介した俺の評価も下がるでしょ（苦笑）。入社してからは俺の対面のデスクに茨城さんが座っていたから、顔をつき合わせて仕事をしていたけど、1日中、国際電話をしているんだよ。ボソボソしゃべるから誰となにを話しているかはわからない。大剛鉄之助とかミスター・ヒトと話していたんじゃないの、会社の金で（笑）。

あっ、そうそう、W☆INGのロゴマークを作ったデザイナーの大澤（郁夫）さんって、ウチのパンフレットでカメラマンとデザインをお願いしていた人なんだよね。プロレス専門の人じゃなくて、本当は飛行機とか戦闘機に詳しい人で、そっちの世界では有名だったみたい。だから飛行機＝W☆INGでマッチした部分もあると思う。そういう人間関係も含めて、全女の人脈は初期のW☆INGに相当、影響しているよね。

俺からすればさ、やっぱりW☆ING＝茨城清志の物語だと思う。『茨城清志放浪記』だよ。もっとちゃんとした会社にすればよかった、と言う人もいるけど、そうなったらまっさきに茨城さんが追い出されちゃうでしょ？　それはもうW☆INGじゃないよ。ヘッドハンターズを自宅に住まわせて生活していたころは毎日、楽しかっただろうし、それが茨城さんにとっても幸せだったんじゃないかなぁ～。団体が大きくなるとか、そういうことよりもきっと、そういうところに喜びを感じていたんだと思うけどね」

全女とW☆INGの提携は、まずビジネスありきだった。よく考えれば、海千山千の興行の世界をしぶとく生き抜いてきた松永ファミリーが、友情だけで他団体に手を差し伸べるはずがない。それでも、全女の助けを得たことで、W☆ING再び、空へと飛び立つことができたのだった。

格闘三兄弟の「お葬式」

満員にはならなかったが、マスカラス来日のニュースが流れたこともあって、当日券売り場にはファンが殺到。なんと前売り券の枚数を当日券が大きく上回る、という異常な現象が起きていた。いかに多くのファンが「どうせ開催できないだろう」と考えていたかを物語るエピソードである。

その客席には、松永光弘の姿もあった。

松永は参戦を心に決めていたが、あくまでも誠心会館所属。新日本プロレスとの抗争を控えていた青柳館長から出場にストップがかかったため、リングには上がれなかった。

この時点で金村ゆきひろも誠心会館所属となってはいたが、第2章で本人が語っているように、あくまでも青柳館長預かり、という立場だった。基本的にフリーな活動を認められていたので、この日も参戦にストップをかけられることはなかったようだ。

大半のお客さんの目当てはマスカラスだったが、日本人選手のほとんどはこちらに参戦することと、全女と協力体制にあること、そして来年2月に試合があることをアピールできたのは大きい。なによりもマスカラスがダイビング・ボディーアタックでミゲル・ペレスJr.からピンフォールを奪う、という最高のハッピーエンドに客席は大興奮、大満足しており、この日のお客さんがリピーターになってくれる可能性もグッと高まった。

旧W☆INGの正統後継団体は本来であればWMAということになるが、この日の興行を機に「W☆ING＝W☆INGプロモーション」という認識がファンのあいだで広まり、メディアもW☆INGプロモーションではなく次第に「W☆INGプロ」から「W☆ING」と表記するようになった。

この日を史上最大の予告編として、W☆INGの歴史は年をまたいで新章へと突入していくこととなる。


さて、一方のWMAだが、結局、予定されていた12・26後楽園ホール大会は行なわれることはなかった。

その3日前、後楽園ホールにおいて開催された誠心会館主催興行で、齋藤彰俊は新日本プロレスとの全面戦争を宣言。会場にはW☆INGの選手たちが大挙して来場し、セコンドには木村浩一郎がついた。

ある意味、これが旧W☆INGの、そして格闘三兄弟の「お葬式」だったのかもしれない。

「W☆INGはあの仲間たちと共に競って、共に育った懐かしい場所です。いまだに街を歩いていると『あっ、格闘三兄弟の……！』って言われることもあるんですよ。本当にいい思い出ですし、こうやって話していると本当に懐かしい！

そのあともW☆INGは続いていくんですけど、名前が同じというだけでまったくの別モノですからね。もちろん気にかけてはいましたけど『あのリングにいま、俺がいたら』みたいなことはまったく考えませんでした。あれは松永がやりたいW☆INGであって、僕がやりたかったW☆INGではなかったですから」（齋藤彰俊）

30年の月日が流れたいまも、齋藤は自分なりのW☆INGへの想いを胸に秘めていたのだ。

「でも、最初のころはびっくりしましたよ。朝、起きるとよく松永から留守電が入っていたんですよ。その内容が『いやぁ、昨日、バルコニーから飛び降りちゃって』とか『昨日は火だるまになって大変だったよ』みたいな話ばかり。起き抜けにこんなの聞いたって、すぐにプロレスのことだとは思わないじゃないですか。まさか松永が思い悩んで身投げしたのか？って本気で心配しましたよ（苦笑）。それがW☆INGのリングで起きたこととわかって、やっぱり自分はそこにいなくてよかったんだな、と。

結果として僕は新日本のリングに上がるんですけど、小林（邦昭）さんとの一騎打ちのときは会場のムードもセコンドのムードも本当に異様なまでにピリピリしていて、僕も小林さんとボコボコになるまでやりあって。そのとき、フッと頭に浮かんだのが『あれっ、いま、俺がやっていることって、まさに世界格闘技連合そのものじゃないか！』でした。そういう意味でも悔いはないですね」（齋藤彰俊）

後楽園ホール大会の中止を発表したWMAは、当日、会場ロビーでチケットの払い戻しを行なった。川並政嗣がテーブルに座って対応していたが、その場を訪れる人はほとんどいなかった。

その後、WMAは予定されていた1月シリーズを開催することなく自然消滅。旗揚げを発表し、チケットまで発売したのに潰れてしまった新団体——ある意味でプロレス史に伝説を残したが、年末の出来事だったため、大きく報じられることもなかった。この終焉もどことなくW☆ING的ではないか。

旧W☆INGが3か月で崩壊し、そこからの2か月で分裂騒動からのWMA消滅。

あまりにも劇的すぎた1991年はこうして幕を閉じ、1992年、W☆INGは「あの事件」で一躍、プロレスファンの耳目を集めることになる。

一瞬、ホールの時間が止まった

1992年2月9日。

この日、後楽園ホールで開幕する『BE DREAMERS』全6戦が実質的にW☆ING第2の旗揚げシリーズ、ということになった。

正式に参戦することになった松永光弘をメインにカード編成されたが、あくまでもエースは徳田光輝で、彼には『プリミアー・サバイバー・マッチ』と銘打たれた10番勝負が用意された。結果として、日本陣営に二本の柱ができたことになる。

けっして茨城清志の評価が高くなかった松永がメイン扱いとなったのは、「松永さんを推すしかないですよ！」という大宝拓治の猛プッシュがあったからだ。

だが、チケットの売れ行きは伸び悩んだ。

人気のあるなし以前の問題として、7日後の2月16日にも後楽園ホール大会が決まっていた。いくらなんでも1週間にふたつの後楽園大会は、インディー団体には無謀だった。

なにか大きな話題を作らなくてはいけない。

しかし、仕掛けるためのお金はまったくない。

そこで浮上したのが、史上初の「バルコニーダイブ」だった。

後楽園ホールの2階にある立ち見用のバルコニー席から、決死のダイブをする。そんな突拍子もないことは、当時、誰も考えなかった。一度でもあのバルコニーに行った方ならばわかると思うが、しっかりとした手すりがあるから観戦できる場所だ。下を覗きこんだだけで、高所恐怖症の人間だったらすぐに足がすくむレベルの高さ。まさに僕がそうだったので、そもそも飛び降りる、という発想がなかった。

ただ、バルコニーから飛び降りるだけだったら、1円もお金はかからない。貧乏団体だからこそ出てきた〝ビジネスプラン〟だった。

当初はアイスマンが飛び降りる予定だったが、開場前、実際にバルコニーに上がってみたこの覆面レスラーは「こんなの無理だ」と拒絶した。

その一部始終を見ていたのが、松永光弘だった。

「あの日は後楽園駅の近くにあるホテルに泊まることになっていたんですよ。チェックインする前に後楽園ホールに寄ったら、ちょうどアイスマンがバルコニーに上がって、これはできない、と揉めている最中だったんですよ。

そのまま私はホテルに向かったんですけど、その道すがら『これは俺がやるしかないな』と腹を決めました。齋藤に追いつくにはもうそれしかない、と」（松永光弘）

新日本プロレスに空手家として参戦した同級生の齋藤彰俊は、一夜にして大ブレイク。なんと単独で週刊プロレスの表紙を飾り、それを見た松永は驚きと同時に大きな焦りを感じていた。ライバルだと思っていた存在がアッという間に背中が見えないところまで昇りつめていった。このままでは一生、追いつけないのではないか、と。

荷物を置くと、すぐにホテルから後楽園ホールへとUターンした松永が「俺に飛ばせてください」と直訴する。他に誰もやりたい人間などいなかったから、その大役は即、松永が受け持つこととなった。

もしWMAが予定通りに旗揚げしていて齋藤が参戦していたら？　もし齋藤が週プロの表紙になっていなかったら？　もしアイスマンがバルコニーから飛ぶことを決意していたら？

3つの「もし」のうち、ひとつでも現実のものとなっていたら、松永光弘が「ミスターデンジャー」と呼ばれることもなかったかもしれない。本当に人生、なにがどう左右するかわからないものである。

この日もまたまた当日券が伸びて、客席はまずまずの入り。

そしてメインイベントで、ついに松永がバルコニーからダイブした。

その瞬間、後楽園ホールの時間が一瞬、止まったような気がした。

観客も理解不能な行動に頭がフリーズしてしまったのだろう。

僕もこんなことが起こるとは知らなかったし、リングサイドで撮影していた同僚の市瀬英俊記者（カメラの腕前が素晴らしいので、よくカメラマンとしても〝参戦〟していた）は松永を追いかけてバルコニーへと昇ったら、まさかのダイブを至近距離で目撃し、夢中でシャッターを切りまくった、という。

バルコニーダイブの写真といえば、反対側から撮った一枚（左ページの写真）があまりにも有名だが、市瀬記者が撮影した「真上からの激写」もド迫力の名ショット。大写しになった松永の背中の下で、びっくりするヘッドハンターズの表情もしっかりとらえているのだが、その写真がのちに再掲載されることはほとんどなかった。

なぜならば、パンフレットに掲載するため、週プロ編集部からその写真を借りていった茨城がポジフィルムを紛失してしまったから。いまだったらデータが残っているが、当時はポジがなくなってしまったら一巻の終わり。茨城は「どこにいっちゃったのかなぁ～」と悪びれずに語るが、結構なプロレス文化遺産が消失してしまった、というのは事実。そ

いまも語り継がれる"伝説のシーン"を東側から写した一枚（写真／ベースボール・マガジン社）

の犯人が団体のトップというのは、いやはやなんとも……（ちなみ、103ページ下に掲載されているのが、その写真。古巣のベースボール・マガジン社が週プロ誌面をスキャンしてデータ化してくれた）。

松永がバルコニーからダイブした直後、一瞬、静まり返った場内はすぐに「マツナガ」コール一色となった。恥ずかしながら、あの試合がどうやって終わったのか、まったく記憶に残っていない。

フィニッシュすら凌駕する、ホールに舞った一瞬の流れ星。滞空時間はほんの数秒だったかもしれないが、その数秒が松永を、そしてW☆INGを大きく変えた。それまではほとんど存在しなかった「W☆INGファン」（のちに「W☆INGフリークス」と称されるようになる）が生まれたことは本当に大きい。この日が、というよりも、この瞬間こそがW☆INGにとって真の生誕のとき、だった。

団体と専門誌という運命共同体

それから1週間後の2月16日。

後楽園ホールには、ほぼ満員の観客が集まっていた。

口コミで話題が広がったこともあるが、1週間前にバルコニーダイブを目撃した人たちがリピーターとしてふたたび後楽園ホールに足を運んだ、というケースがかなり多かったと思う。無謀と思われた「週2後楽園」だったが、興奮冷めやらぬうちにふたたび後楽園大会があることがプラスに働いたことになる。

ただ、この日はもともと目玉カードがあった。

大会名は『ジプシー・ジョー 10年ロマンス』(めちゃくちゃ秀逸なキャッチコピーに見えるが、ザ・タイガースが再結成したときのアルバムタイトル『十年ロマンス』の丸パクリである)。前年末の『SKY HIGH AGAIN』に続く、レジェンドレスラーをフィーチャーした興行である。

メインイベントはジプシー・ジョーとミスター・ポーゴの金網デスマッチ。ジョーにとって10年ぶりの金網だから「10年ロマンス」となったわけだ。

前年9月には後楽園ホールを押さえることができず、葛飾での開催となった金網デスマッチ。僕は(というか、この時点で20代前半だったプロレスファンは)国際プロレスをがっつり見てきていないので「後楽園で金網!」というだけでインパクトはあった。あとで知ったが、国際プロレスでも金網デスマッチはあまりやっていなかった、というから、興行的なヒキはかなり強いと思っていた。

しかし、チケットは売れていなかったのだ。

証言したのは当時の松永光弘、である。

この2・16後楽園大会後の翌週、僕は新幹線で名古屋に向かい、松永光弘にインタビューをしている。

その席上で松永は「見出しになるようなことを言わないと意味がない」と口にし、結果として〈常識を覆すのがW☆INGだ！〉というキャッチーな見出しになるひとことを生んだ。さらに、自分が高所恐怖症であることをカミングアウトし、それでもバルコニーから飛んだんだ、という箔付けもした。インディーに興味がない読者の目も確実に惹きつけるインパクトがあったのではないか、と思う。

だが、本書の執筆に際して、当時の記事を読み返してみてびっくりしたのは、バルコニーダイブを敢行した大きな理由として「16日の後楽園のキップが売れていなかったから」とサラッと言ってのけていることである。

基本的に、専門誌ではあまりネガティブなことは書かない。

会場がどんなにガラガラでも「閑古鳥が鳴いた」と書いてはいけない。これは週プロで記事を書くようになって、いちばん最初に教わったことだ。客席がスカスカだったとしても、なんとか埋まっているように見える角度を探して、そこからカメラマンに会場風景を撮ってもらう、というやり方も自然に学んでいった。

プロレス専門誌とプロレス団体は、運命共同体である。業界が盛り上がらなければ雑誌は売れないわけで、わざわざ「景気が悪いです」と報じる必要などまったくない。インターネットもなければ、当然のことながらSNSなど影も形もなかった時代。黙っていれば、バレなかったのである。

この本の巻末には当時、週プロに掲載されていた試合結果ページの「熱戦譜」をベースにW☆INGの全戦績を収録しているが、その資料をまとめていた担当編集から驚きの声が上がった。

「小島さん、地方では全然、お客さんが入っていなかったと言っていましたけど、だいたいどの会場でも1000人以上、入っているじゃないですか！　いったいこれはどういうことなんですか？」

どんなもこんなもない。

当時、団体が発表していた観客数は嘘っぱちだった、というだけの話である。

実数発表を謳い出したのは、ここ数年のことで、30年前はスポーツ新聞すら取材に来ていない会場も少なくなかったので、観客数は完全に団体サイドの「言い値」だった。

W☆INGに関してはそうした記憶はあまりないが、「今日は8月19日だから、数字をひっくりかえして1908人」といった緩い決め方をしている団体も少なくなかった。

もっともわかりやすいのは同じ場所で開催された他団体の観客数を見て、それよりもちょっとだけ多く発表するパターン。ウチのほうが入っていた、というアピールだが、よくよく考えたら他団体も適当な数字を並べている可能性が高いので、もうめちゃくちゃである。

「そもそも実数で発表できるわけがないんですよ」

そう語る畑山和寛は、前述したように高校卒業後、世界格闘技連合に「就職」。その後はW☆INGプロモーションの立ち上げから、あらゆる業務に関わっていた。三重県から上京してきて住む家がなかったので、金村ゆきひろのアパートのロフト部分に寝泊まりする生活。そんな一時しのぎのような日々がW☆ING崩壊まで続いてしまった理由はおいおい書いていくが、彼が実数発表できない、と断言する裏には衝撃の事実があった。

「だってW☆INGでは誰ひとりとして、その日、何人のお客さんが来ているのか把握できていなかったんですよ。実数を出せるはずがないじゃないですか。お客さんが会場に入るときにチケットをもぎりますよね？　あの半券の数を普通はカウントするんですよ。前売り券が何枚売れたけど、当日は何人しか来なかったとかわかるじゃないですか？

でも、W☆INGではそれをやっていなかった。だから、本当に感覚的に『今日は入っているな』『ちょっと厳しいな』と言っているだけで、どれだけ儲かったのか、どれだけ損をしたのかは茨城さんもわかっていなかった。僕は全女の地方興行を手伝ったこともあるんですけど、どんぶり勘定と言われていた全女ですら、ちゃんと数えてましたよ。優待券で入場したお客さんが何人で、そこから追加料金を払って指定席に切り替えたお客さんが何人、と。当たり前のことですけど、その当たり前のことがまったくできていなかったんです」

件のインタビューで松永は「W☆INGには危機感がない」と嘆いていたが、ここまで本音を話していて、それを僕がそのまま活字にしていたことにもびっくりした。だが、それ以上にいちインディー団体の取材で「いますぐ名古屋でインタビューしてこい！」と指示が出て、そのまま新幹線に飛び乗る機動力も、活字不況の昨今ではちょっと考えられないこと。90年代初頭、プロレスに関しては東スポを除けば、まだまだ最速のメディアだった週刊誌は、本当に元気だったのである。

マツナガ・バルコニーダイブ効果

松永光弘が「キップが売れていない」と話していた2・16後楽園も、蓋を開けてみれば、ほぼほぼ満員の観客で埋まった。

これはもう間違いなくバルコニーダイブ効果、である。

松永というとんでもない男がいる、という口コミ。そして「怖いもの見たさ」でチケットは売れた。もっといえば、この時期の後楽園大会はとにかく当日券の伸びが尋常ではなかった、という。

前売りを買うほどではないけれど、大会が近づくにつれ、だんだん気になってきて、当日には我慢できずに後楽園ホールに行ってしまう、という現象。当日券のほうが割高だけれども、そんなことはどうでもよくなってしまうほどの「魔力」が当時のW☆INGには間違いなくあった。

当然、この日は松永光弘に注目が集まったが、当の松永は「あっ、終わったな……」と絶望を感じていた、という。

「私はディック・マードックとのシングルマッチだったんですけど、これは自分で言うのもなんですけど、すごくしょっぱかったんですよね。自分はプロレスラーとして、けっして一流ではないとは自覚していましたけど、まったく観客からの手応えも感じない試合で『あぁ、バルコニーダイブの効果もここまでか』と。完全にお客さんから見放されてしまった、と思いこんでいたんですよね」（松永光弘）

だが、大会のエンディングでは、またしても「マツナガ」コールが大爆発する。

メインの金網デスマッチ終了後、ダウンしたジョーをパイプ椅子でいたぶるポーゴに対し、スルスルっと金網のてっぺんに昇った松永がそこからリング上の極悪人にダイブ。いわゆるプロレス流のダイビング・ボディーアタックのようなきれいなフォームではなかったが、それが逆にリアリティーに変換された。

試合中に何度もジョーが金網のてっぺんからのダイビング・ニードロップを試みようとしたが、悲しいかな、衰えの隠せないジョーはダイブするどころか、金網のてっぺんに立つことすらできなくなっていた。

そんなシーンを何度も見せられていたので、サッと登場し、スッと金網によじ登り、パッとダイブしてみせた松永の「ヒーロー感」はハンパなかった。

噂の松永が、また飛んだ！

そのシーンは惜しくも表紙には届かなかったが、週プロの巻頭カラーを飾った。

この驚きと感動が、「やっぱり会場に来ないとダメだな」とリピーターを作る。テレビ局からの放映権料がなければ団体の経営は成り立たない、といわれた時代。「そりゃ、放映権料は欲しいけど、あんな過激な試合、地上波で流せるわけがないじゃない」と笑い飛ばした茨城清志だったが、テレビ中継がなければ見に行くしかない、という逆説的な価値を、観客はW☆INGに見出しはじめていたのだ。

お客さんに見放された、と思いこんでいた松永は金網の向こう側から響いてくる大歓声に戸惑いながら、そして同時に、たしかな手応えを感じながら聞いていた。「噂の男」が「ピープルズチャンピオン」となり、W☆INGはイッキに上昇気流に乗る。

ホンモノのうさん臭さ

3月8日。

あの熱狂から1か月と経たないうちに、W☆INGは3月シリーズ『WHOS' THE DANGER』第2戦に、またまた後楽園ホール大会を敢行。短期間に3回は間違いなく供給過多だと思ったが、いまとなっては、この短期間に3回も後楽園ホールの予約が取れたことこそが、W☆INGという団体の運気を上昇へと導いてくれた、とわかる。

メインイベントは、ミスター・ポーゴと松永光弘のスクランブル・バンクハウス・デスマッチ。

史上初と銘打たれたこのルールは、まずリングの真ん中に公認凶器が置かれ、カウントダウンと同時に両サイドの花道から松永とポーゴがダッシュ。先に凶器を手にしたほうが使用することができる、という趣向。

前田日明が「こんなのプロレスじゃない、底抜け脱線ゲームだ」と苦言を呈するようになる、お宝争奪マッチの先鞭となったルール。だが、ある意味、後楽園ホールに集ったファンはプロレスの枠を飛び越えた底抜け脱線ゲームが見たかったのかもしれない。

このころになると大仁田厚が「涙のカリスマ」として絶大なる人気を誇り、ＦＭＷの会場は目玉カードなどなくても超満員の観客でぎっしり埋まるようになった。大仁田の人気だけで興行が成立するようになると、おもに前座戦線に漂っていた「うさん臭さ」が影をひそめるようになり、嘲笑の対象だった女子部からも工藤めぐみという絶対的なアイドルが誕生。初期から見てきたファンは「そうじゃない」という想いをＦＭＷに覚えるようになっていた。ぶっちゃけてしまえば、僕もそのひとりだった。

そこに「うさん臭さ」ＭＡＸのＷ☆ＩＮＧが出現したら、かつてのＦＭＷに熱狂していたファンが大量に流入してくるのは当然のこと。ただ、これが単なるイロモノだったら、すぐに愛想を尽かされてしまう。日本語としてはおかしいけれど「ホンモノのうさん臭さ」がそこには必要だった。

いまでは珍しくもなんともないが、当時は公認凶器として有刺鉄線バットが登場するだけでインパクトは絶大だったし、それをダッシュして取り合う、というルールもまた画期的。こうやって文字にするとバカバカしさしかないが、あの日、満員の観客がカウントダウンを一斉にコールしたときの熱狂は、それまで見たことがない種類のものだった。リング上には、まだレスラーが誰もいないのだ。有刺鉄線バットがゴロンと転がっているだけなのに、観衆がエクスタシーを感じてしまっている異様な光景だった。

うさん臭さでいえば、ルールも厳格ではなかった。いまだに後楽園ホールに行くたび、つい見てしまうが、あの日、松永が立っていた東側の通路奥と、ポーゴが立っていた西側の通路奥。厳密にいえば、リングまでは等距離でない。東側はそのまま地下の控室へと降りていく階段があるため、いささか奥行きと広めのスペースが存在する。廊下から直結する西側より、ちょっとだけ距離があるように見えるのだ。

つまりカウントダウンで同時にダッシュしても、まったくもって平等ではない。もっといえばポーゴは数秒前にフライングしている。それでもレフェリーは止めないし、観客も文句を言わない。これぞ「ホンモノのうさん臭さ」である！

結局、脚力でまさった松永が有刺鉄線バットを奪い、さらに館内の興奮はヒートアップするのだが、これまた冷静に考えればわかるように、別にあとから凶器を強奪すればいいだけの話。実際、キニョネスの介入でポーゴはなんなく有刺鉄線バットをゲットし、松永をボコボコにしてしまった。

だが、ふたたびミラクルが起きる。

ポーゴから再度、有刺鉄線バットを奪い取った松永はそれを真っ二つに折ると、向かってくるポーゴにハイキック。すると、偶然、有刺鉄線が松永の足に絡まり「有刺鉄線キック」のようになったのだ。

「あれはすごかったですよね！　たしかに試合前、松永さんに『空手家だからバット折りはできますよね？　有刺鉄線バットでも大丈夫ですか？』と確認はしました。できる、と言うので、だったらやってくださいよ！とも焚きつけましたけど、有刺鉄線キックになってしまったのは完全なるアクシデントだと思います」（大宝拓治）

自虐的に「しょっぱい」と語る松永がスターになった一因として、この「ミスターフォトジェニック」的な要素は確実にある。バルコニーダイブにせよ、有刺鉄線キックにせよ、一枚の写真として切り取ってみたとき、とんでもない破壊力を発揮する。いまでいうところの「映える」というやつだ。デスマッチ映えする松永の写真は週プロとめちゃくちゃ相性がよかったし、しっかりとした照明がある後楽園ホールだと、さらに映えた。

ここまでの要素だけでもすでにお腹いっぱいなのだが、クライマックスがまたとんでもなかった。

松永の頭から灯油をかけたポーゴは、そのままビッグファイアー。

これまでは相手の背中から噴きかけるのが定番で、それでもインパクトがあったのだが、この日は松永の顔を目がけて「前から」噴射。週プロ誌面に大きく載った、その瞬間の写真も衝撃的だったが、上半身が燃えたままリング外に落ちていく松永の姿を写した連続写真もまた強烈だった。いまではもう消防法が厳しくなって、こんなことはできない。平成初期だからこその「事故映像」がそこにはあった。

「あのポーゴさんとの一戦は、私にとって生涯のベストバウトでした。マードック戦の失敗でファンから見放されたと思っていましたが、私が最初にリングに上がって有刺鉄線バットを握った際の客席からの大声援で、それが大きな勘違いだと気づきました。この試合までは、私とポーゴさんの『W☆ＩＮＧを盛り上げたい』という気持ちは一致していたと思います」（松永光弘）

火だるまにされた松永はこのころから「ミスターデンジャー」と呼ばれるようになった。バルコニーダイブ、金網てっぺんからのダイブ、そして顔面への火炎噴射。

1か月間で3回の後楽園大会で見せたデンジャーな「三部作」。きっとどれが欠けてもダメだったのだろうし、短期間で立て続けに見せられたから観客も「これはすごい！」となった。バルコニーダイブでその名を知らしめ、金網ダイブでポーゴとの遺恨を作り、火炎噴射で遺恨がクライマックスを迎える……こんなものを見せら

週刊プロレス誌面を飾った、ビッグファイアー連続写真のうちの一枚（写真／ベースボール・マガジン社）

れたら、誰だって次の後楽園にも行きたくなる。

「W☆INGの後楽園大会では、とんでもないことが必ず起きる！」

この期待感と口コミで広がっていく評判でW☆INGは人気団体への足がかりを作った。旧W☆INGは3か月で崩壊してしまったが、わずか1か月でそのマイナスイメージを払拭してみせたのだ。

ミスターデンジャー誕生と並んで大きかったのは、ミスター・ポーゴに対する幻想が大きく膨らんでくれたことだった。

旗揚げ以来、ヒールながらも一枚看板としてトップを張ってきたポーゴだったが、格闘三兄弟ではライバルにはなれず、なかなか難しいポジションに立っていた。大仁田厚との抗争がそうだったように、ヒールは絶対的なヒーローと相対してこそ輝く。このままでは、本当にポーゴの〝無駄遣い〟になりかねなかった。

おそらくポーゴは、ほとんどキャリアのない松永ではライバルとして物足りなく感じていたはずだが、ファンは完全にこのふたりの物語にハマっていった。そして、ポーゴこそ、なにをやらかすかわからないデンジャーな鬼畜であり、背後にうごめくプエルトリコ軍団のきな臭さも相まって「極悪大王」としての立ち位置を確立した。

さぁ、ここからイッキに……といきたいところだったが、じつは3・8後楽園での試合中、場外へのプランチャを決めた松永が右足の踵(かかと)を骨折するアクシデントが発生。ポーゴに顔面火炎噴射を食らう直前のことで、じつはあのビッグファイアーは骨折で歩くことができず、逃げようにも逃げられなかったのだ。

一躍、ヒーローとなった松永だったが、これで長期欠場が確定。だが、幸か不幸か、この試合の前にファイアーデスマッチの開催が発表されていたのだ。ミスター・ポーゴのデビュー20周年記念試合であり、ポーゴの出場は無条件で決定。その対戦相手を4月シリーズから開催されるトーナメントで決める、ということになっていた。

つまり、次期シリーズから夏までの興行の軸はすでに決まっており、松永を欠いても、なんとか流れはつながる……不安いっぱいながらも松永抜きでの闘い模様が展開されようとしていた。

マニアの心をくすぐる企画

一連の流れから超過激なデスマッチだけがウリ、と思われがちなW☆INGだが、その一方でマニア心をくすぐる奇想天外な企画も同時進行していた。

3月シリーズの目玉商品は「スキャフォールドマッチ」。いわゆる「はしごデスマッチ」

で高いところで試合をし、そこから落ちたほうが負け、というルールだ。

かつて東京スポーツ新聞社から『プロレスおもしろマッチ50』（川野辺修著）なる書籍が出版されていて、海外で行なわれた変則ルールの試合を紹介していた。テリー・ファンクやタイガーマスクの引退本と並んで出されたので、おそらく1983年の刊行。国際プロレスも解散し、新日本と全日本しかプロレス団体がない時代だったから、「こんな試合形式は日本では見られない」という打ち出し方がされていた。僕は、その本ではじめて「はしごデスマッチ」という試合形式を見たような気がする。

試合を組んだ茨城清志も「実際に試合を見たわけではないけど、海外の雑誌で写真を見た記憶がある」程度の知識だったが、「史上初の試みを！」というW☆INGの方向性にぴったり合った試合形式ではある。

だが、ひとつ問題があった。

3月シリーズでやることは決まったが、首都圏の会場が空いていないのだ。さすがに地方での団体知名度はまだ低く、しかも対戦カードがジ・アイスマンvsミゲル・ペレスJr.。日本人が絡まない試合では集客はかなり難しい。

それでも少しでも東京に近いところで、と組まれたのは、静岡市にある静岡産業館（現・静岡産業支援センター）。この会場は「産業館」なので、展示会などに対応した設備がもともと整っており、シャッターを開ければ、そのままトラックなどを入れることができた。その特性を活かしてのデスマッチとなったのだが、結果的には「?」が並ぶ試合となってしまった。

リング上に高いはしごをかけて闘うのかと思いきや、結局、その段取りがうまくいかなかったようで、高所作業車をリング横に設置。電線作業などの際、クレーンによって作業員を乗せるゴンドラ部分が昇降するアレである。

ゴンドラにアイスマンとペレスJr.が乗り、リングの真上に7メートルほど上昇したところでゴング、となったのだが……鉄柵に囲まれた2メートル×6メートルほどの狭いスペースでは、殴る蹴るぐらいしかできない。そして、この会場には2階席がないので観客は下から見上げるしかなく、リングサイドからはほぼなにも見えないというおまけ付き。

最後はペレスJr.が落下KO負けを喫した。だが、7メートルの高さから叩き落とされるのではなく、ギリギリまで手すりに掴まって宙ぶらりん状態になっていたので、つま先の位置はトップロープの少し上あたりにあった。そのため、僕は正直、「おおっ、すげーっ!」とは思えなかった。

観客も高いところから放り投げられるイメージをしていたため、微妙な反応だった。いかに松永のバルコニーダイブがすごかったのかを再認識させられた一戦だったが、結果として会場が静岡産業館でよかった。これが都内の会場だったら、完全にどっちらけで、せっかく掴んだファンを手放すことにもなりかねなかった。これもある意味、団体が上昇気流に乗っているから起きた不幸中の幸いだったのかもしれない。

もうひとつ、マニアに訴求する企画がレトロ選手を毎シリーズ、ひとりは呼ぶ、というもの。

ミル・マスカラス招聘からスタートしている団体だけに、これはファンのニーズに応えたもの、といってもいいだろう。

2月がディック・マードック、3月はイワン・コロフ。4月にケビン・サリバンがやってきて、5月はワフー・マクダニエルとザ・グラップラー……たしかに懐かしいかもしれないけれど、この顔ぶれで昂（たかぶ）るのは、当時、アラフォー世代だった人たち。20代のファンからするとマードックは別として、他の顔ぶれはあまりピンと来なかった。

もちろん人選は茨城清志だが、5月にワフーを呼ぶとなったとき、大宝拓治は茨城にあるリクエストを出していた、という。

「ワフー・マクダニエルを呼ぶんだったら、たとえばニック・ボックウインクルが見たいです、と言ったんですよ。茨城さんも『ニックなら呼べるよ』と。後楽園でニックのシングルマッチを組んだら、それだけでチケットを買ってくれる人、絶対にいるじゃないですか？　ただ、茨城さんは『でもね、ニックはウチのカラーに合わない。だから、ワフーを呼ぶんだよ』と。まぁ、わかりますけど、ちょっと残念だったですね。呼べないっていうならあきらめるけど、呼べるけど呼ばない、だったので……」（大宝拓治）

たしかに茨城は全女に在籍しているころ、長与千種引退試合が行なわれた横浜アリーナ（89年5・6）に、特別レフェリーとしてニックを呼んでいるわけで、本当に招聘できるだけの人脈はあったのだ。

「たぶん君たちは『高いギャラを払って懐かしい外国人レスラーを呼んでも観客動員には結びつかないし、結果として赤字になる』と思っているんでしょ？　その点については、そんなにギャラは高くなかったんだよ。マスカラは別格として、他の選手はビッグネームだけど安く呼べたの。それで『あぁ、懐かしいな』と思って来てくれる人がいたらいいじゃない？」（茨城清志）

たしかにワフー・マクダニエルのインディアン・ストラップ・マッチ（両者の手首を革製のひもでつないだまま闘う）を生で見られたことは、貴重な体験だったと思う。だが、この路線は徐々に縮小されていくこととなる。

「僕としてはですね、もっとマニアックな外国人レスラーを呼びたかったんですよ。たとえばタズマニアック（当時はタスマニアックとも表記。のちにタズとしてＷＷＦ、ＷＷＥで大ブレイク）とか来ているし、この年の６月にジュニア王座決定リーグ戦をやったじゃないですか？　あのときメキシコ代表はグラン・シークでしたけど、本当はエディ・ゲレロを呼ぶつもりだったんですよね。あと旧Ｗ☆ＩＮＧでいい仕事をしてくれたダニー・デービスも呼びたかったんですけど、それも実現しなくて残念だったなぁ〜。そういう顔ぶれのほうが日本のプロレスマニアも喜ぶでしょ？　えっ、俺だけですか、それって」（大宝拓治）

茨城と大宝のそんなマニアックな会話がきっかけとなり、ビクター・キニョネスにブッキングを依頼する、というのが当時のＷ☆ＩＮＧではよくある光景だった、という。茨城の肝入り企画だと思っていたレトロ招聘も「自分で交渉までしたのはマスカラだけ。あとは人選だけして、ビクターに『呼べないかな？』とお願いした」という。

となると、茨城の仕事はなんだったのか？

「基本的に対戦カードは茨城さんが決めてましたよ。そこに僕が『こういうカード、どうですか？』と意見をしたりもしましたけどね」（大宝拓治）

当時、不思議に思っていたことがあった。

Ｗ☆ＩＮＧでは次期シリーズの告知をするときに、どんな地方会場であっても、ほぼ全カードを事前に発表していた。まだ、新日本や全日本では地方大会になると、会場に行って、パンフレットに押されたスタンプを見るまでメインイベントのカードすらわからない、という時代。なぜ、そんな面倒なことをやっていたのだろうか。

「それはもう週プロさんやゴングさんに対する戦略ですよ。主要カードだけ発表しても活版（文字）ページに小さく掲載されて終わりじゃないですか？　でも1週間分の全カードを出せば、もうそれだけで1ページぐらいになっちゃう。初来日の外国人レスラーの紹介とかも入れたら、うまくいけば2ページになるかもしれないでしょ？　そういうことですよ。小さなインディーが少しでもページを割いてもらうための戦略です！」（大宝拓治）

なるほど、まったく意識していなかったが、たしかにその戦略にまんまとハマっていたような気がする。

当時は原稿用紙に手書きで入稿していた時代だったので、全カードを書き写すのは面倒な作業だったことを覚えている。それが、1円も金をかけずに告知スペースを確保する、という持たざる者の知恵だったとは。ただ、本当に問題なのは、それだけ大々的に発表しておいて、いざ会場に行ってみたらカードがなんの説明もなしに変更になっている、というケースが多々あったこと。これすらも「W☆INGらしさ」とファンに認められてしまうのだから、なんとも平和な時代だったと思う。

金村ゆきひろの急成長

４月シリーズ『ＤＥＳＩＲＥ ｆｏｒ ＢＬＯＯＤ』に来日したケビン・サリバンだが、じつはどこにも報じられていないトラブルが舞台裏では起こっていた。

サリバンは「アラビアの怪人」ザ・シークが率いるシーク軍団の一員として、この年の正月にＦＭＷに参戦。その流れを受けて、サリバンは「シーク軍団別働隊」を名乗り、Ｗ☆ＩＮＧマットに登場した。

つまりボスとしてシークが君臨し、そのシークの指令でＷ☆ＩＮＧマットにやってきた、という「設定」。それを開幕戦でサリバンがアピールし、メディアが報じてしまったことで大問題が発生してしまったのだ。

「週プロの発売日にＦＭＷの高橋（英樹）営業部長から電話がありまして。『どういうことだ？』と。『ウチのリングでやっていることを勝手に商売に利用して許されると思っているのか？』と怒られちゃいました。

そもそもＷ☆ＩＮＧにシークを呼びたかったんですよね。でも、それは難しい、ということになって……そんな想いがあったから、まぁ、そういう『設定』だったら許してもらえるかな、と思ったんですけど、やっぱりダメでした（苦笑）。
高橋部長とはFMWで一緒だったし、業界のことをいろいろ教えていただいて、本当に尊敬している方なんですよ。だから、もうそれ以上は逆らえないですよね。開幕戦で『シーク軍団別働隊だ！』とアピールしたのに、それ以降、完全に『なかったこと』になりました。面白いと思ったんだけどなぁ～」（大宝拓治）
ただ、FMWではシークの手下でしかなかったサリバンが、W☆INGではトップ外国人としての輝きを見せたのは思わぬ副産物だった。ポーゴとの対戦相手を決めるファイアートーナメントの箔付けとしてビッグネームは必要だったが、さすがにライバル団体のサイドストーリーまで「引用」してしまうのはやりすぎ。だが、ここでガツーンと怒られたことは、いつの間にかW☆INGはFMWにとって「気になる存在」になっていることが裏付けされた出来事だった。

松永不在のW☆INGマットだが、後楽園には必ず松永が来場。「シンポジウム」（プロレス業界において、90年代初頭、リング上でのトークショーがなぜかこう表されることが多かった）を開いたり、試合を本部席で観戦したりして、「なにかやらかすかもしれない」というオーラを放っていた。

一方、リング上で注目を集めたのが金村ゆきひろ、だった。
後楽園でも地方大会でもメインどころを任せられたのだが、実質、キャリアは1年ちょっとだというのに、見事に「主役」を務めてみせた。まったく格闘技経験がないため、旧W☆INGでは主流にはなれなかったが、デスマッチがメインになったことで、金村の存在感はグッと大きくなった。新人離れしたレスリングセンスは後楽園に集まるマニアをも唸らせるものだった。
「そうなんですよ、なぜかできてしまったんですよね。嘘ですよ、嘘。先生がよかったんです。リッキー・サンタナ（アイスマンの正体）、ミゲル・ペレスJr.このふたりは本当に『プロレスの天才』ですから。そのふたりに基礎から叩きこまれるでしょ？　旧W☆INGのときにはダニー・デービスにも教えてもらったし、やっぱり先生がいいと成長も早いんじゃないですかね？」（金村ゆきひろ）
道場も合宿所もないW☆INGは「そんなのプロレス団体じゃない」と煙たがられることも多かったが、じつは開場前のリングでは、世界に通用するレスリングマスターたちが日本のヤングボーイたちに稽古をつけていた。まさに「実践！プロレス塾」。すぐに試合で使える動きやテクニックを教えてもらったあとには、ポーゴやサリバンといった大物と試合をするわけで、たしかに日々、成長できる条件は整っていた。インディーだと侮るなかれ、その指導環境は世界レベルだったのだ。

とはいえ、誰もが成長できるわけではない。そこはやはり金村のセンス、天性の才能を感じずにはいられない。「W☆INGの爆弾男」と呼ばれ、デスマッチでの弾けっぷりで会場を熱くさせた日々について、30年が経ったいま、あらためて聞くと、本人は意外なことを口にした。

「俺、そもそもデスマッチ、大嫌いなんですよ。できることならやりたくなかった。なぜって？ そりゃ、痛いからに決まっているじゃないですか（笑）。誰だって痛いことはやりたくないでしょう。

子供のころからプロレスは好きでしたけど、憧れていたのはテリー・ファンクですから。全日本プロレスで最初に引退したころのテリーですよ？ いや、復帰してからのテリーも好きだな。あれっ、結局、ハードコアレスリングが好きだったのかな（苦笑）。

でもね、あのときのW☆INGの状況を考えたら、俺がデスマッチをやるしかなかったじゃないですか。松永さんが何か月も出られない。それでも後楽園にはたくさんお客さんが集まってくる。もうね、W☆INGのために、そして社長のために体を張って、嫌いなデスマッチに臨みましたね。

忘れられないのは、3月シリーズ（『WHO'S THE DANGER』第4戦&最終戦）

でやったポーゴさんとのシングル2連戦ですね。なんにもできなかったですけど、あのポーゴさんとシングルでやれたことで、プロレスラーとして、ひとつ大きくなれたかな、と」（金村ゆきひろ）

ちなみに「社長」とは茨城清志のこと。あれから30年が経ち、とっくに団体はなくなってしまったというのに、いまだに金村は「恩人ですから」と敬意を込めて「社長」と呼ぶ。当時、社長のために体を張ってデスマッチをやってきた、という言葉にも説得力が増すではないか。ちなみにこの時期に着用していたコスチュームはかねてから交流があった邪道&外道から贈られたもの。こうした人間模様も、のちのW☆ING史において複雑に絡み合っていくこととなる。

そんな漢気あふれる男に、フロントもチャンスを与えた。

「金ちゃん（金村）は天才だと思いますよ。旧W☆INGでやったダニー・デービスとのシングルマッチなんて、僕、いまだに忘れられない名勝負でしたから！

5月シリーズ（5・5『DEAD or ALIVE・OSAKA』、5・7『同TOKYO』）にザ・グラップラーが来日したんですけど、PNWヘビー級のベルトを巻いていたんですね。これ、僕たちの世代ならピン！とくるでしょ？　そう、藤波（辰爾）さんが巻いていたことがあって、日本のリングでも防衛戦をやっているんですよ、グラップラーと。その試合をまだ子供だった金ちゃんが愛知県体育館で見ていたと聞いて、これはグラップラーのベルトに挑戦させてあげたいな、と。もし、勝ったらエモいじゃないですか。子供のころ、生で見たタイトルマッチ。その試合に出ていた選手からベルトを獲るなんて……ね！」（大宝拓治）

結果、金村は見事に5・5泉佐野（いずみさの）大会でベルトを奪取。これで誰の目から見ても堂々たる主力選手となり、その後、W☆INGの歴史を引っ張っていく存在となる。

ジェイソンの大ブレイク

松永不在の不安を吹き飛ばすように、リングでは新しいスターが続々と飛び出していった。

5月シリーズ『DEAD or ALIVE』の5・7後楽園では、初登場のジェイソン・ザ・テリブルがまさに一夜にしてスーパースターになってしまった。

「ラフィ（ジェイソンの本名、ラファエル・ロドリゲスからついた呼び名）はプエルトリコのグリーンボーイだったんだよね。別にウチであのキャラクターやマスクを用意したわけじゃないよ。向こうでもあのスタイルでやっていて、ウチはそのまま呼んだだけだからね。

ただね、後楽園の2日前に大阪の泉佐野で試合があったんだけど、まぁ、とにかくしょっぱくてねぇ〜（苦笑）。タッグで当たった関川も『おいっ、あんなヤツと後楽園のメインでやんなきゃいけねえのかよ！』と怒っちゃってさ。さすがにラフィも真っ青になって、大阪から東京への移動中にずーっと日本のプロレスのビデオを見て勉強していたよ。だからね、あんな人気者になるとは思ってもいなかったね」（茨城清志）

社長からも、対戦相手からも「しょっぱい」と断罪されていたジェイソン。彼はけっしてスター候補生ではなかったのだ。

後楽園でポーゴと一騎打ち、となると、この時点でW☆INGに参戦していた選手の誰であれ、荷が重い試合。それならば、ラフィはまったく無名の選手だけれども、人気ホラー映画『13日の金曜日』のおかげで、ジェイソンという名前とホッケーマスクは広く認知されている。さらに、そのキャラクターが本邦初の「アンダーテイカー・デスマッチ」という舞台装置にマッチする。当時のメンバーの中では、ポーゴの相手として適任だったのである。

ちなみにアンダーテイカー・デスマッチとは相手をKOし、棺桶に閉じこめたら勝ち、という完全決着ルール。常にリング上に真っ黒な棺桶が鎮座している、という異様な光景の中、試合が進むことになる。

ちなみにこの棺桶は当時、リング屋を手伝っていて、のちにプロレス業界にさまざまな仕事で携わることになる296(ニグロ)氏が葬儀屋でも働いていたため、調達することができたホンモノ。ただ、会場に運びこまれた棺桶は純白のもので「なんかデスマッチのイメージに合わないね」ということで、試合前に後楽園ホールの裏口につながる階段で、リングスタッフが総出で真っ黒く塗り潰したそう。手作り感満載だが、バレないどころか、リングの上に置かれた黒い棺桶は異様な雰囲気を醸し出していた。

そして、試合は意外な展開となった。ジェイソンはこれといった攻撃を見せたわけではないのだが、ポーゴの大技をどんなに食らっても、上半身だけでむっくりと起き上がってくるムーブが観客にバカうけ。いわゆる不死身のゾンビキャラなのだが、やられてもやられても立ち上がっていく姿は非常に日本人好みするスタイルであり、かつ、エース不在で奮闘するW☆INGの現状にもダブるものがあった。そのため、ファンはジェイソンにどっぷりと感情移入したのだ。

最終的にジェイソンは棺桶に押しこまれてKO負けを喫してしまった。さらにその棺桶にポーゴが灯油をかけはじめたことから、会場は大パニックとなった。

ジェイソンが、ビッグファイアーで火葬されてしまう——。間一髪のところで松永が救出に入って事なきを得たが、ジェイソンは棺桶に閉じこめられたまま退場。これからどうなる？という余韻を残したことで、彼は一夜限りのヒーローで終わることなく、この先、W☆INGの救世主としてファンから絶大な支持を得ていくことになる。

一度だけ声を荒げた茨城清志

ジェイソンが手薄な日本陣営に加わり、なんとか体裁が整ったかと思った矢先、6月シリーズ『CLIMBING UP』では金村ゆきひろが腰椎圧迫骨折で第2戦以降を欠場する。これは6月4日、埼玉・大宮スケートセンターでの開幕戦で、金網デスマッチの最中、ヘッドハンターAに金網てっぺんからのダイビング・ボディープレスを食らったことによる負傷だった。いまだに畑山和寛が「あれはヤバかった。金村が引退後に歩けなくなってしまうほどの後遺症が残ってしまったのは、絶対にあの試合の影響だ」と熱弁するほどの危険なシーンだった（ただし、金村自身は「いろんな試合で負ったダメージの蓄積が原因」と否定している）。

それだけにジェイソンの存在は大きかった。

6・11後楽園のメインでは徳田光輝、戸井マサル、島田宏というメンバーにジェイソンが加わったチームで、プエルトリコ軍団とイリミネーションマッチで激突。だが、この試合で新たなヒーローとなったのはジェイソンではなく島田。なんと徳田とふたりがかりによるオーバー・ザ・トップロープながら、ポーゴから勝利を収めてしまったのだ。

島田がヒーローになったのも突発的なものではなく、ここ数か月、後楽園でファンの支持を集めるファイトを展開してきた、という前フリがあった。月イチで後楽園ホール大会を開催し、そこにリピーターが多数、集まるようになったことで、こうした「連続ドラマ」が成立するようになった。もし、松永がケガをしていなかったら、金村、ジェイソン、島田がここまでの活躍を見せることはなかったはず。そう考えると、松永が欠場した3か月は、3人のメインイベンターを生み出したという意味で、けっしてムダではなかったのだ。

苦肉の策の連続ながら、8月2日に行なわれるポーゴと松永のファイアーデスマッチまでの3回の後楽園大会を、すべて上々の観客動員で乗り切ってみせたW☆ING。この時期について、茨城清志はこう振り返る。

「まぁ、いまとなってみれば金銭的にはちょっと余裕があった時期だったのかもしれないね。なにかあったときのために、1本(1000万円?)は常にストックしてあったし、予定になかった外国人選手をひょいっと呼んだりもしていたから、そのときはわからなかったけど、そこまでキツい状況ではなかったんだろうね。

でもさ、まったく先が見えないんだよね。本当になりゆきで動き出してしまった団体じゃない？　だから、会社としてこうなりたい、ああなりたい、という目標がなかったんだよね。とにかく次のシリーズを、次の後楽園ホールをどうするかで精いっぱいだったし、このころから『世界で最も危険な団体』みたいなことを言われるようになってきたでしょ？　本来だったら、そう呼ばれることを目指すんだろうけど、目指す前に到達しちゃっているんだよね（苦笑）。なかなか難しいけど、そういう状況だった」

当時、後楽園ホールの特別リングサイドは５０００円。これだけコアなファンがついてきたのだから、７０００円ぐらいに値上げしても動員は減らなかっただろうし、特別リングサイドのエリアを広げることによって収益をアップさせる、という手段もあった。ある意味、ここが最大の稼ぎどころだったのだが、Ｗ☆ＩＮＧはそれをしなかった。当時はファンを大事にしているんだな、と思っていたのだが、今回の取材でその実情はまったく違うものだったことが発覚する。

「あの価格設定とか、後楽園の席割りって自分たちで決めたものじゃなかったんだよ。それこそＦＭＷで高橋英樹が作った座席表をそのまま持ち出して流用していただけだったから、どこをどういじればいいのかわからなかったの（笑）。そもそも値上げしようという発想自体がなかったよね。いま、そう言われて、あぁ、そうかと思ったぐらい」（茨城清志）

ガンガン儲けて会社を大きくしよう、という発想は最初からなく、とにかく「存続させる」ことだけを考えてきた。おそらく、その〝利益を追求しない姿勢〟がファンの共感を呼ぶ独特の緩い空気を生んだといえるが、ここで経営を見直しておけば、W☆INGはもっと長く続いたのではないか？　そんな疑問が湧いてくるが、あくまでもそれは30年目の結果論。茨城が言った「なりゆきで動き出した」という言葉が、この団体のすべてなのかもしれない。

ちなみに長時間にわたる取材の中で、一度だけ茨城が声を荒げたことがあった。

それは団体の運営について、あれやこれやと質問をしているときで、こちらが「こうすればよかったのでは？」という理想論をいくつか重ねたときだった。

「そんなこと言われてもさ、俺だって別に好きこのんでデスマッチやインディー団体をやっていたんじゃないんだよ。俺だって、本当はさ、プロレス団体をやるんだったら新日本や全日本みたいなプロレスをやりたかったよ！」

まさに30年目の激白。

実際、この30年間で茨城清志がここまで感情を露わにしたところを見た記憶がない。心の底から飛び出した本音中の本音だったのだろう（大宝拓治にこの言葉を伝えたら、ショックのあまり、しばらくフリーズした……）。お茶をすすって、ひと息ついた茨城は落ち着いた口調でこう続けた。

「でもさ、できるはずがないじゃない。外国人レスラーを集めることはできても、いきなりメジャー級の日本人レスラーを何人も揃えることはできない。道場すらないから育てられないしね。だから、いろいろ工夫をしなくちゃいけないんだけど、そこでたどり着いたのがデスマッチ路線だっただけの話でね。まぁ、たしかにかつての国際プロレスへの郷愁みたいなものはあったのかもしれないし、それが金網デスマッチだったり、外国人選手の人選につながっていったりした部分はあるんだろうけど、そこを目指しているわけでもなかったからね……」

それでもファイアーデスマッチという団体初にして最大のビッグマッチに向けて、たくさんのファンがついてきてくれていた。

7月シリーズ『CAUTION!!〜危険な警告〜』には松永光弘が復帰を果たす。松永はファイアーデスマッチ第2次出場者決定トーナメントを制し、同第1次トーナメント覇者のケビン・サリバンを撃破。これで、ポーゴと松永のファイアーデスマッチが正式決定した。ちょっとびっくりしてしまうのが、松永がサリバンを破った愛知・名古屋国際会議場大会が開催されたのは7月25日のことで、これはファイアーデスマッチ本番のわずか8日前だった、ということ。ビッグマッチのチケットを捌くには、あまりにも短すぎる告知期間だったが、多くのファンは松永の完全復活を信じて、トーナメントの結果が出る前に前売り券を買ってくれた。

事実上の再出発から、およそ7か月。

波乱万丈なれど、爆発的なブレイク。

W☆INGは束の間の「黄金時代」に突入しようとしていた。

第4章
炎と五寸釘の小惑星

W☆INGとFMWの狭間で

ファイアーデスマッチの話を書く前に、ここで触れておきたいことがある。

当時、僕は週プロ編集部でFMWの担当記者をやっていた。もっとハッキリ書いてしまえば「大仁田番」である。

それはもう、表に出ないところで、何度となく大仁田厚と週プロ（＝ターザン山本編集長）が揉めて、その狭間で苦しむ、という展開が起きた。何度となく、どころではない。2シリーズに1回ぐらいのハイペースで面倒くさい案件が発生していたのだ。よくも5年近くも大仁田番をやっていられたものだ、といまさらながら呆れてしまう。若いからできただけの話で、いまだったら、絶対にギブアップしていたと思う。大仁田厚とターザン山本の主張はよく聞けば、どちらも正論だけれども、ガツーンとぶつかると、ふたりとも折れないから、どちらも「理不尽な話」に化けてしまう。

サラリーマンとしては編集長を擁護しなくてはいけないのはわかっていた。だが、大仁田厚を怒らせれば現場での取材に支障が出てしまうから、そこはうまいことやらなくてはいけない。20代前半でこんなにも精神的にハードな経験、なかなかできるものではない。

そして、大仁田厚の怒りをより根深いものにしたのは、僕がFMWとW☆INGの担当を兼任していたことにもあった。

普通だったらありえない、と思う。

ある意味、両団体はケンカをしている仲である。もし、大仁田が「W☆INGの担当を降りてくれないか？」と言ってきたら、僕が嫌だと言っても編集部としてはFMWとの関係を良好に保つために、飲むしかないだろう。一応、「人手不足で僕がやるしかないんです」と説明はしていたが、そんな理屈が通用するような〝大将〟ではないのだ。

だが、直接、そういうことを言われたことは当初、一度もなかった。

いや、少なくとも僕の前ではW☆INGなんて眼中にない、というスタンスを大仁田厚は取り続けてきた。

それが松永光弘のバルコニーダイブあたりから、ちょっと状況が変わってくる。

「ねぇ、W☆INGってそんなに面白いの？」

週プロのカラーページをパラパラめくりながら、大仁田はそう聞いてきた。ヘタしたらFMWよりもページを割いていることもあったから、そう思うのは当然のことだ。

最初は本当に素朴な疑問だったが、それがどんどん苛立ちに変わり、1ページずつめくりながら「W☆ING」「W☆ING」「W☆ING」「W☆ING」と内容を確認しながら「週プロはW☆INGだらけじゃあ！」と怒鳴られたときには、いよいよ、担当を降りろと言われる日がやってきた、と観念した。

実際に、それからほどなくして「お前はＦＭＷとＷ☆ＩＮＧのどっちが好きなんじゃ！」と大仁田から究極の選択を迫られたが、僕は驚くほど冷静に「どっちも好きです。同じデスマッチでも種類が違う。大仁田さんのデスマッチにはヒューマニズムがあるけど、Ｗ☆ＩＮＧにはそんなものはこれっぽっちもない。だから、どちらが好きとは決められない」と答えた。

ただ、本心はちょっと違っていた。

もちろんＦＭＷにも大仁田厚にも愛着はある。仕事として考えたら、いちばん大事な団体だ。でも、Ｗ☆ＩＮＧに関しては、もう仕事抜きで熱狂している自分がいた。だから「どっちが好きなんじゃ！」に対する本当の解答は「仕事抜きならＷ☆ＩＮＧです！」だったのだ。そこはもう大仁田に忖度（そんたく）しまくっての前述の発言になったわけだが、それっきり大仁田は僕の前でＷ☆ＩＮＧの名前を出さなくなった。

もうひとつ不安に思っていたことがある。

それは担当記者として知っているＷ☆ＩＮＧの情報を横流ししろ、と強要されるのでは、ということ。だが、これに関してはハッキリ言えるが、皆無だった。

のちのち主力選手がＦＭＷに続々と引き抜かれていくことになるが、どのケースもあいだにメディアの人間が介在していた。引き抜きに協力することで、その媒体がスクープ記事を書ける、という絶大なるメリットがあったから、ある意味、ＷＩＮ－ＷＩＮになるのだが、週プロがそうした案件に絡むことはまずなかった。

別に週プロだけが清廉潔白なビジネスをしていた、ということではない。別の団体を舞台に、移籍や引き抜きに関係していたケースは実際にあった。

ただ、ＦＭＷに関してはタイガー・ジェット・シンの電撃参戦を週プロが表紙でスッパ抜く、という事件をやらかしていた。そのため、「ターザン山本に知られたら、全部、書かれてしまう」と危機感を抱かれており、そういう重要な案件からはハブられていたのだ。

だからこそ、僕は2年半にわたってＦＭＷとＷ☆ＩＮＧのダブル担当を続けることができたのだが（それは同僚の鈴木健記者も同じである）、Ｗ☆ＩＮＧがブレイクすればするほど、ＦＭＷは水面下で叩き潰しに取りかかったのだった。

売れに売れた船橋ファイアー

第3章で書いたように、Ｗ☆ＩＮＧでは4月から7月にかけてファイアートーナメントを開催。このトーナメントの覇者が8月にミスター・ポーゴとファイアーデスマッチで激突する、と3月の時点で発表していた。

この戦略自体は間違えていないし、結果論ではあるが、松永光弘が負傷欠場しているあいだも興行の柱ができた。

しかし、大きな落とし穴があった。

それは、FMWに対してかなり早い段階で「手の内」を明かしてしまったことである。

案の定、FMWはW☆INGから「日本初」の冠を奪うべく、5月にファイアーデスマッチを敢行してしまう（92年5・6ニチイ三田店駐車場特設リング、大仁田厚&ターザン後藤vsザ・シーク&サブゥー）。

とにかくW☆INGよりも先にやることが最優先だったのだろう。会場は兵庫県の三田市にあるスーパーの駐車場。もうどこでもいいからやってしまえ、という姿勢がありありと感じ取れた。

結論からいってしまえば、こういうえげつない仕掛けができるかどうかが「大きくなる団体」と「崩壊してしまう団体」の大きな差だった、と思う。

当然、僕も取材に行っているが、あれはもう試合ではなく「事故」だった。いや、そのものズバリの「火事」だった。

あまりの火力にリング上は酸欠状態となり、とてもじゃないが試合ができる状態ではない。リングから逃げ出そうにもロープ代わりの有刺鉄線に巻きつけられた、油を染みこませた布が、キャンプファイアーのごとく燃え盛っている。完全に四方を炎で囲まれてしまっていて、迫力という意味ではあれ以上のデスマッチは見たことがなかった。それはそうだろう。火事の一部始終を至近距離で見たようなものだったのだから。試合としてはほとんど成立していないので評価はできないが、あの日見たとんでもない光景は、いまだに脳裏に焼き付いている。

関西圏での興行でテレビ中継もなかったので、W☆INGのファイアーデスマッチには直接、影響を与えることはなかった。だが、もしあれが首都圏で開催されていたら、かなりダメージを食らっていたと思う。「日本初」という打ち出しが消滅するだけでなく、あれ以上の衝撃的なシーンを見せることはほぼ不可能だからだ。

実際問題として、両方のファイアーデスマッチを見てしまった僕は、W☆INGの試合を見て、ちょっと「う〜ん……」となってしまった。メインイベントの担当でなかったからよかったようなものの、当時、ファイアーデスマッチの記事を書け、と言われていたら、相当、頭を悩ませていたと思う。

そういう感情を抱くようなお客さんが首都圏にはほとんどいない（つまりFMW版のファイアーデスマッチを見ている人がいない）ことで、W☆INGは救われた。そして、この試合がまさにＷ☆ＩＮＧの歴史における、早すぎるクライマックスとなる。

「基本的にウチの前売り券はそんなに売れないんですよ、後楽園でも当日券の枚数のほうが多かったりするぐらい。だから、ファイアーデスマッチの前売り券の伸びにはびっくりしましたね。月曜日にチケットぴあから週報が届くんですけど、思わず二度見しましたもん。茨城さんも『いやぁ〜、これはすごいなぁ〜』とニコニコしてましたから。

しかも、8月2日にファイアーデスマッチがあって、14日に後楽園、15日に川崎市体育館とビッグマッチが続いたんですけど、すべての大会のチケットが売れていたんですよ。収益という意味では、間違いなくここがＷ☆ＩＮＧのピークだと思います。個人的なピークはここじゃないと思っているので、それはあとで話しますけど、このときの勢いはものすごかったですね」（大宝拓治）

会場は船橋オートレース駐車場。当時はすぐ近くにある室内スキー場の「ららぽーとスキードームＳＳＡＷＳ（ザウス）」が有名で、その昔は複合健康ランド施設の「船橋ヘルスセンター」があったあたり、である。

要はなんにもない平らな土地なのだが、ファイアーデスマッチはこうした場所でないと行なえない。逆に最寄りの南船橋駅から徒歩10分という好アクセスを考えたら、よくぞこんなに立地がよく、なおかつ５０００人クラスの動員が見こめる場所を見つけてきたな、と感心する。

前売り券が売れただけでなく、いつものように当日券も飛ぶように売れて、文字通りの札止め興行となったが、空模様は微妙で全女提供試合をやっているころにはザーザー降り。これじゃ、炎が雨で消えてしまうのでは？　そう危惧する声もあったが、メインに向けて、どんどん天気は回復していった。勢いのある団体は、天をも味方につけるのだ。

試合形式はかなり変則的なもので、四方を炎で囲むのではなく、二面にガスバーナーからの炎が立ち上がっている。消防からの指導でこうするしかなかったのだが、東スポなどはこの仕組みを逆手に取って「人間焼肉デスマッチ」と煽った。

もちろん、これだけではファイアーデスマッチとして弱いので、追加ルールとして試合開始から10分経過まで2分に1回、リングの四方から炎（ロケット花火の強烈なものを想像していただきたい）が噴出される、という仕掛けも作られた。これにより定期的に見せ場がやってくることになる。炎というものは計算ができない。風向きや風力によって火の大きさが変わってしまったりするからだ。その点、この仕掛けは少なくとも時間だけは計算通りにコントロールできるので、大きな「保険」になる。ビッグマッチの成功に向け、できるだけの準備はなされていた。

ポーゴが狙った「大凡戦」

だが、試合内容はけっして「名勝負」といえるものではなかった。

「仕方ないですよね。もちろん私はいい試合をしようと思っていましたよ。ただ、ポーゴさんにはそういう意志がまったくなかった。プロレスの難しいところですよね。どちらかひとりがいい試合をやろうという気がなかったら、もう試合内容はロクなものにはならないってことですよね」（松永光弘）

ポーゴとしてはキャリア3年弱のグリーンボーイである松永が、自分よりも上の立場になることがどうしても納得できなかったようだ。気持ちはわかるが、それはヒールの宿命でもある。リング上では炎とは正反対の冷たい闘いが繰り広げられていた。

「ポーゴさんは私の評価を下げたかったんだと思います。それだったらボコボコにするとか、これまで以上に残忍なビッグファイアーとかを出せばいいじゃないですか？　でも、ポーゴさんが選んだのは『この試合を大凡戦にすること』だったんですよ。私が必死になんとかしようとしても、それはどうにも変えることができなかった。

正直、当時は許せなかったですよ。たしかにそうすることで私の評価は下がるかもしれ

札止め大会となりながら、ちくはぐした試合となったファイアーデスマッチ（92年8・2船橋）

ないですけど、ポーゴさんの評価だって下がる。もっといえばW☆INGの評価も下がってしまうわけですよね？　せっかくのビッグマッチで、なんでそんな誰も得をしないことをやるんだ、と……」（松永光弘）

試合は松永の勝利に終わったが、デスマッチなのにスモールパッケージホールドという地味なフィニッシュ。ポーゴが狙った「大凡戦」という名の落とし穴に、まんまとハマってしまったのだ。

この試合の裏側を掘っていけば、まだまだ面白いエピソードが出てきそうだが、松永光弘と闘ったミスター・ポーゴも、メインレフェリーを務めたテッド・タナベも、サブレフェリーを担当したウォーリー山口も、みんなすでにこの世を去ってしまった……。

試合後にキニョネスと仲間割れする、というサプライズを仕掛けたポーゴが結果的に主役となり、その後の流れの真ん中に立つこととなるのだが、この時点では誰も評価が大きく下がることはなく、週プロの表紙も飾った。齋藤彰俊が表紙をゲットしてから、ちょうど半年。ついに松永はジェラシーの標的に追いついたのだ。

このままファイアーデスマッチ大成功の余韻でW☆INGはますます勢いづいていくこととなる……はずだったのだが、2週間と経たずにファンのあいだで悪評が流れてしまうのだった。

8月15日、川崎市体育館。

この日はダブルメインイベントが組まれ、ファイアーデスマッチでキニョネスと仲間割れしたポーゴがなんと松永光弘と奇跡のタッグを結成する、という衝撃的なマッチメークが大トリ。さらにミル・マスカラスvsカネックという夢のシングルマッチまで組まれた。ファイアーデスマッチ特需で観客動員はもちろんのこと、ファンや業界の注目度もこれまでになく高まっており、これがさらなるジャンプアップへの契機となるはずだった。

ところが、この大会でのちのちまで語り継がれることになる、W☆INGのグダグダぶりが露呈してしまうのだ。

ダブルメインイベントを前に10分間の休憩時間が設けられたのだが、これがなぜか終わらない。つまり、観客のお目当てであるマスカラスがいつまで経っても入場してこない、という状況が延々、続いたのだ。

いまでは全面的に建て替えられて快適な会場となった川崎市体育館だが、当時は冷房の効かない灼熱の会場として有名だった。ただ試合を見ていても暑いのに、なにも起こらない状況では体感温度は上がっていくばかり。10分間の休憩とアナウンスされてしまったら、1分でも伸びたら観客はイライラする。それが20分以上も続いたら……2月からの後楽園

3連発でリピーターを掴み、ファイアーデスマッチでそれがさらに加速しようとしていたタイミングだけに、この凡ミスはあまりにも痛かった。

「あれは仕方なかったんだよ。マスカラがさ、映画だかドキュメンタリーの撮影をするというのでメキシコからカメラクルーを連れてきたんだよね。その撮影が終わるまでは、試合はできないっていうからさぁ〜。

このときは最初からこんな調子だったんだよ。こちらで飛行機のチケットを渡したんだけど、その便に乗っていない。ファーストクラスで予約していたから、自分でもっと安い便に切り替えたのかもしれないね。それに日本でのホテルも勝手に手配していた。会場への移動もあるから、それは困るって言ったんだけど、まったく言うことを聞いてくれないんだよ。あれには参ったね」（茨城清志）

マスカラスはＷ☆ＩＮＧを救ってくれた大恩人である。だが、まるっきりコントロールできないとなると、試合以外ではマイナス面が多すぎた。

さらにメインの松永&ポーゴ組の入場の前にも、またまた謎のインターバルが発生してしまう。こちらは休憩時間のアナウンスすらなく、余計に性質が悪かった。

「もう時効だと思うので話しますけど、ポーゴさんと控室で揉めていたんですよ。本当に他愛のないことですよ。どっちが先に入場するのかとか、どっちのコールが先なのかとか、そういう話です。私は別にこだわりはなかったんですけど、ファイアーデスマッチで私が勝っているんだから、常識で考えたら、私があとにコールされないとおかしいじゃないですか？ それをポーゴさんが極端に嫌がって、いつまでも入場しようとしなかった、というのがあのときの真相です」（松永光弘）

ファイアーデスマッチで捩れて、拗れてしまった松永とポーゴの関係性がいちばん悪い形で露呈しまったのだ。リング上で揉めたり、トラブルになったりするのであれば、そこから強引に次なるストーリーを作れるため、まだ救いがある。それがバックステージで発生し、こうして30年近くファンにその状況が伝えられない、というのは、本当に誰も得をしない最悪のパターンだろう。

一部のマニアたちには「このグダグダがW☆INGであり、茨城イズム」と面白がる風潮があったが、裏を返せば、一見さんには到底、受け入れられない興行上の失敗だ。もう一歩、団体としてステップアップできるチャンスの芽がこの日、摘まれてしまったのだ。

無給、ノーギャラ、500円

いくつか不安の種は生まれてしまったものの、観客動員的には絶好調をキープ。ファイアーデスマッチの前の段階で茨城清志は「余裕が出てきた」と語っており、本来であれば、ここで会社の資金面がイッキに建て直せるはずだった。だが、そこはW☆ING、このころから早くも各方面への未払いがはじまっていた、という。

畑山和寛は「月に15万円」という約束でW☆INGに加入した。当時の時代背景を考えたら、高卒の初任給としてはベラボウに安い金額ではない。ただ、それはあくまでも毎月、キチンと支払われていたら……の話だ。

「まぁ、その金額をもらえていた月は数えるほどしかないですね（苦笑）。金村の家に居候していたので、とりあえず家賃はかからないし、なんとか生活をしていくことはできた。会社にお金がないことはわかっていたので、仕方ないな、と思っていましたけど、さすがに営業に行くための経費も出なくなったときには参りましたね。

最初は自分で立て替えていたんですけど、給料が出ていないから、そのうちにそれもできなくなる。とりあえず東京でガソリンを満タンにして地方に向かうんですけど、ホテル代がないから、基本は車中泊ですよね。あとは現地で営業するためにかかるお金を自力でなんとかするしかない。

当時はまだ攻略要素のあるパチンコ台が結構、あったんですよ。朝イチでいい台を掴めれば、とりあえず勝てたので、前の日の晩に目星をつけておいて、次の日の朝、その台を取りに行く。もちろん宣伝はしなくちゃいけないから、パチンコ屋の近くに宣伝カーを停めて、告知用のテープを回しっぱなしにして（笑）。その勝ち分で現地でのガソリン代や食費はなんとか工面できましたね。毎回、勝てるとは限らないので、ホテル代でお金を遣ってしまうのは怖くて車中泊は続けていましたけど」（畑山和寛）

なんとパチンコで営業の経費を稼いでいた、というのだ。もし畑山にギャンブラーとしての素質がなかったら、W☆INGはもっと早く潰れていたかもしれない。

「僕はパチンコをやらないからよくわかっていなかったんですけど、たしかによく畑山と一緒に行きましたね。なにをどうすればいいのかわからない、と言うと『とにかく黙ってハンドルを握っていてくれ』と（笑）。で、当たったら、畑山に交代してもらう感じでしたね。あれで営業資金が回っていたんですねぇ～」（大宝拓治）

ちなみに、大宝拓治も給料はほとんどもらっていなかった。

「一度、あったかどうかですよね。だから額も覚えていないですよ（苦笑）。基本的にお金がなくなってしまったら『茨城さーん、お金ちょうだい！』と言ってお小遣いをもらうような感じでしたね。そうすると、茨城さんが『はい、お金』と500円玉を渡してくれる。本当にそんなレベルですよ、あのころは。

僕は部屋を借りていたので、もう何か月も家賃を滞納していて。電気やガスも止まってしまったので、深夜にこっそり部屋に帰って、ろうそくの灯りで生活していたんですけど、ついに大家さんに見つかってしまって。そのときは親からお金を借りて、家賃を払うことになったんだけど、そのお金が届いたタイミングで営業に行かなくちゃいけなくなった。悩みましたけど、営業の資金に回しました。大家さんにはあとで分割払いしますから、と。だって、営業に出ないわけにはいかないじゃないですか！」（大宝拓治）

ファイアーデスマッチの熱狂の裏で、スタッフは無給で働いていたのだ。

血を吐いて続けるゴールのないマラソン

「みんなはさ、それでも何か月分かはもらっていたんでしょ？　じゃあ、まだマシじゃない。俺なんか旗揚げから一度も給料なんか取れてないからさ」

本気なのか、冗談なのか。茨城清志は飄々とそう語る。

「後楽園大会のたびにビデオを出していたから、まぁ、わずかながらその収益はあったし、あとはグッズの売り上げの中からちょっとお金をいただいていたぐらいだよね。正直、団体の経営状況はよくわからないんだよ、税理士さんにおまかせだったので」

もっと驚いたのは金村ゆきひろも、ほぼノーギャラだったというのだ。

「僕の場合、他の生え抜きの選手と違って、旗揚げ戦当日まで試合があるかどうかわからない状況だったし、別に契約書を交わしているわけでもないから、もらえなくてもしょうがないのかな、と思っていました。

だって修行期間みたいなもんじゃないですか？　他の団体だったら、入門してから1年から2年はデビューすらできないわけで、お金をもらうという発想すらなかったし、きっと20代後半になってからプロレスで食っていけるようになるんだろうな、と思っていました（旗揚げ戦の段階ではまだ20歳）。まぁ、プロレスラーはなんとか食っていけますからね、金がなくても。家庭がある人は別として、会社に金がないんだから、それを求めるのはちょっとどうなの？って思ってました」（金村ゆきひろ）

じつは旗揚げからの3か月、つまり旧W☆ING時代、金村は茨城のマンションに居候していた、という。

「僕は東中野にアパートを借りていたので、住むところがなかったわけじゃないんですけど、社長のマンションにいれば『衣食住』のうち『食住』はなんとかなるし、とにかく居心地がよかったんですよ。

のちにビクターも池袋にマンションを借りて住み出したじゃないですか？　そうなると、毎日、ビクターが『飯を食いに行こう』と誘ってくれるから、食費は1円もかからなかっ

たんですよ。そういう意味でもビクターは恩人ですよね」（金村ゆきひろ）
もっと驚いたのは、金村が居候していたことを茨城がまったく覚えていない、という事実だ。
「えっ、本当？　だって、あのころはデブちゃんズ（ヘッドハンターズ）もいたし、ジプシー（・ジョー）もウチにいたでしょ？　金村がいられるようなスペース、あったかなぁ～。ちょっと記憶にないけど、本人がそうだと言うなら何か月間かいたんだろうねぇ～」（茨城清志）
合宿所はなかったけれど、スタッフもレスラーもとりあえず池袋に出れば、なんとかなった。ノーギャラでも日々の生活をエンジョイできたのは、若さゆえだったのか、それともプロレス者たちのマイナスをプラスに捉える適応能力の高さだったのか……。

しかしながら、彼らの証言を聞いていると、いかにあのころのW☆INGが異常な状況だったのか、ということがよくわかる。

彼らの団体に対する「無償の愛」がなかったら、運営できていなかった。

もっとも、これは現在のプロレス界とはかなり事情が違うことを説明しなければ、いまのファンにはちょっと理解できないかもしれない。

当時も「多団体時代」とはいわれていたが、それでも団体の数は限られており、レスラーがプロレスを続けていきたいのならば、いまいる団体にしがみつくしかなかった。現在のように、フリーとしてさまざまな団体をかけもちして上がれるような環境ではなかったのだ。こうした状況は1993年ごろから崩れ出し、皮肉にもW☆INGはその波に飲みこまれていくのだが……この段階ではまだまだW☆INGは「インディー界のメジャー」的な存在だった。

「儲かるはずがないんですよ。興行に限らず、どの商売でも、どれぐらい売れて、いくらぐらいお金が入ってくるのかを把握して、うまいこと黒字が出るように計算していくじゃないですか？　でも、あのころのW☆INGはさっきも言ったように、誰も正確な収益を知らなかったし、どう考えても、外国人選手をあれだけ呼んでしまう段階で赤（字）になる。だってファイトマネーの他に往復の飛行機代もかかれば、シリーズ中はホテル代もかかる。それらは絶対に支払うしかないじゃないですか？　その時点でいくら残っているんだ、という話ですから。首都圏と大阪、名古屋あたりではやっと認知されてきましたけど、一歩、地方に出たら、この時点ではもう全然でしたから」（畑山和寛）

これは旗揚げから崩壊まで抱え続けた根本的な問題だったが、茨城清志は次のように反論する。

「それはわかっているけど、あのやり方は変えられなかったんだよ。実数ベースでいえばね、後楽園ホールでは少なくとも1100〜1200人以上は確実に入っていたの。それがさ、一度、日本人だけで興行をやったら、700人を切るぐらいの客入りになっちゃった。これではどうにもならないじゃない？　だから、外国人選手はある程度のボリュームで呼ぶ必要がある、となった。ウチのお客さんはそれを望んでいる、ということがこうやって数字で出ちゃっているわけだから、そこは変えられないよね」（茨城清志）

外国人がたくさんいるから華やかだし、後楽園ホールにはお客さんがたくさん入っている。外からはものすごくうまくいっているように見えていたが、内実はもう「血を吐きながら続けるゴールのないマラソン」そのものだった。

そんな中でも若いスタッフたちはなんとか状況を好転させよう、と頭と足を使って奔走した。

そこで閃いたのが、「使用料が安い会場を見つけ出せば、その差額分だけ利益が出る」。もちろん、そんな都合のいい会場があったら、とっくに他団体が使っている。だが、まだプロレスに貸し出していない「穴場」を探していくうちに、畑山和寛は思わぬ会場を発見した。

それが三重県にある「四日市市オーストラリア記念館」。

なぜ四日市でオーストラリア？

最初にW☆INGの日程表で発見したときには「？」がいくつも頭に浮かんだが、実際に行ってみると、大阪万博のオーストラリア館をここに移転させてきたものだった。シドニー港と四日市港が姉妹港、という関係性から招致されたというが、ほどよい大きさの会場はW☆INGにぴったり。しかも三重県出身の金村ゆきひろの地元に近いということで、興行も打ちやすかった。チケットが売りやすく、使用料が安い。最高の会場ではないか。

本書の取材で三重県を訪れていた際、この話になり、「あの会場、その後もいろんなプロレス団体が使ってきたんですけど、何年か前に解体されちゃったんですよね」と畑山は口にした。じゃあ、どうなっているのか行ってみよう、となったのだが、なんにもなくなってしまった敷地には、過去に存在した記念館について記したモニュメントが建てられていた。

「さすがにここでW☆INGが試合をやった、とは書いてないですよね。アハハハ！」

笑いながら、モニュメントに刻まれた文字を追っていた畑山の動きが止まった。最後の一行に、「プロレスリングの興行会場としても利用された」とあるではないか！

「これって……W☆INGのこと、ですよね？」

たしかにW☆INGとはひとことも書かれていないが、プロレスリング興行の会場として発掘したのも、積極的に使ってきたのもW☆INGなのだ。もう僕たちの目には、そのモニュメントがW☆INGの記念碑にしか見えなくなっていた。

レスラーは血を流し、スタッフは汗を流す。

その結晶ともいうべき四日市市の会場跡地には、30年前の苦闘の日々をねぎらうかのようなモニュメントが鎮座していた。

レザーが「オリジナル」でなかった理由

8月シリーズ『W☆ING BE AMBITIOUS』の主役はミル・マスカラスで、9月はジプシー・ジョーが引退をかけてポーゴにふたたび挑む単発興行『10年ロマンス ONCE MORE』。

ファイアーデスマッチのあとは、つまり、過去のヒット興行をもう1ターン開催することで手堅く勝負した。その陰に隠れていたが、着々と新戦力が揃いつつあった。

ジェイソンで火がついた「怪奇派路線」では7月シリーズ『CAUTION!!～危険な警告～』にレザー・フェイスが初来日。のちに諸事情により2代目が登場したことで「オリジナル・レザー」と呼ばれるようになったが、じつをいうと「オリジナル」ではなかったのだ。

「海外の雑誌でレザーの試合写真を見たときにも『これ、呼びたい！』って直感的に思ったんですけど、いろいろな人に『コイツは手癖が悪い。この男が出場する大会では控室から財布が消えたりするので、レスラーの評判もよくないし、呼ばないほうがいい』と止められたんですよ。

じゃあ、中身を別の人間に替えればいいんじゃないの？と（笑）。あのキャラクターが欲しいわけだし、日本のファンはまだ誰もレザーの試合を見たことがないんだから、誰が中身だろうと関係ないんですよ。ただ、まさか、あの実力者がやってくるとは……」（大宝拓治）

来日したレザー・フェイスの正体はコーポラル・マイク・カーシュナー。日本では1990年3月の「坂口征二引退シリーズ」に参戦したばかりだったので、プロレスファンであれば、みんな名前を知っている存在だった。

だから、なんで素顔で呼ばなかったんだろう、とずっと不思議に思っていたのだが、あくまでもレザー・フェイスのキャラクターありきの招聘で、しかもカーシュナーは替玉としての来日だった、と聞いて合点がいった。

前述したように松永光弘とミスター・ポーゴが感情的にもつれていったタイミングでの

登場となったため、のちにレザーは松永の好敵手としてW☆INGにはなくてはならない存在となっていく。

そしてファイアーデスマッチの日に日本マットデビューを果たしたジ・ウインガー。団体の名前を冠されたマスクマン、というのは過去に例のない売り出し方だが、その正体は岡野隆史。といっても、この時点では素顔で試合をしたことがないので、誰もその素性を知らない存在だった（レフェリーとしてはリングに上がっている）。

日本に戻ってくる前にメキシコでの試合の模様が週プロに掲載されたのだが、その記事の内容がかなり〝香ばしい〟。

〈アイスマンが「3年かかることを3週間でマスターした」と絶賛！〉

〈メキシコでは「ライガーの弟」と噂された〉

いわゆる「飛ばし記事」である。

ちょっと記憶にはないのだが、読めば読むほど、僕が書いたような気がしてきて、なんとも恥ずかしくなった。とはいえ、ネット環境もない時代、海外の特派員から送られてきた写真と走り書きのメモだけを頼りに記事を作るのもプロレス記者の仕事、だったのである。

当時、初来日した外国人レスラーがしょっぱかったりすると「とんだ一杯食わせもの」

と評された。ほとんどの場合、我々メディアが写真だけで勝手に前評判を煽ってきたわけだから、選手が叩かれるのは少々、気の毒だったが、それが日本人選手となると「ハードルを上げまくって申し訳ない」という気分にさせられた。

「覚えてますよ、エル・オキャノンという名のマスクマンとして試合をした、という記事ですよね。きっと、そんなリングネームすら名乗っていないと思いますよ（笑）。ビクターが目にかけていて『マイ赤ちゃん』と呼んでましたけど、彼はもっと評価されるべきレスラーだと思うんですね。飄々としているから、なかなかファンが感情移入できなかったりしましたけど、どんなレスラーが相手でもしっかりスタイルを合わせて試合ができるんですよ。もっとW☆INGが長く続いていたら、彼の評価も変わったかもしれない」（大宝拓治）

ファイアーデスマッチの日は、ウインガーのデビュー戦がセミファイナルで組まれ、しかもヘッドハンターズが持つW☆ING認定世界タッグ王座に挑戦（パートナーは3か月かかるところを3週間で教えた師匠のアイスマン）。日本マット史上、類を見ない抜擢だったが、ジュニアヘビー級の体格で、キャリアわずか2か月の彼にはあまりにも荷が重く、なにもできないまま惨敗してしまった。

今回、このときの話をぜひウインガー本人に聞きたいところだったが、誰も連絡先を知らず、取材を申しこむことすらできなかった。

だが、電話番号を聞いた関係者はみんな口を揃えて、こう言った。

「こうやって、みんなが揃う場に出てこないところも、いかにも岡野らしくないですか？それでいいんだと思いますよ」

たしかに取材できたとしても、飄々とした受け答えで、のらりくらりと核心をかわされてしまったのではないか、と思う。永遠の風来坊(ふうらいぼう)はたしかにＷ☆ＩＮＧの歴史に名を刻んでいる、ということだけはここに記しておきたい。

入門テストと練習生の生活

新戦力、といえば、この時期に新弟子オーディションも開催されている。

第１回新人入門テストが行なわれたのは５・７後楽園大会の試合前のことだった。

昭和の時代、プロレスラーになるための門はあまりにも高く、そして狭かった。だが、インディー団体が林立したことで〝規制緩和〟の動きが顕著になってきていた。

その象徴的な存在が１９９０年３月に旗揚げしたユニバーサル・プロレスリング。基本は「ルチャ専科」としてメキシコから大量にルチャドールを招聘して、年に数回、シリーズを組むというスタイルだった。その中から、日本人所属選手としてモンキーマジック・ワキタ（のちのスペル・デルフィン）、クーリー〝クラッシュ〟SZ（のちの邪道）、ブルドッグ〝パニッシュ〟KT（のちの外道）というTPG（たけしプロレス軍団）出身の若手、さらにMASAみちのく（のちのザ・グレート・サスケ）、巌鉄魁（のちのディック東郷）、TAKAみちのく、モンゴリアン勇牙（のちの新崎人生）など、数多くのレスラーが続々とデビュー。多少、体が小さくてもプロレスラーに、そしてスター選手になれる、という道筋を作った。

だから、まだ再始動して間もないW☆INGの入門テストにも、多くの若者たちが夢を抱いて応募してきた。

そのときの合格者のひとりが菊澤光信、である。

インディー史を語る上では欠かすことのできない人物であり、いまでも現役バリバリ。それもそのはず、第1回新人入門テストの時点でまだ15歳だったから、30年近く経ったいまもまだ40代前半だ。

「いや、本当はね、キク（菊澤）は合格者じゃないんですよ。あのときは高山（秀男。のちの非道）と小坪弘良（のちに藤原組へ移籍）のふたりが正式な合格者。キクは身長も足りないし、まだ若いから、事務所の電話番とかしながら、プロレスラーを目指してくれ、という話をしたつもりなんですけど、なんか合格したような空気になっていた（笑）。高山も小坪も『あいつは同期じゃない！』と憤ってましたから」（大宝拓治）

そんな不思議な経緯でＷ☆ＩＮＧと関わりを持った菊澤光信本人に、話を聞いた。

「はい、そう言われていることはのちに耳にしました。ただね、最初から僕は落としにくい存在だったんですよ。実は入門テストを受けたとき、新日本のリング設営も請け負うリング屋の社長からの紹介状が添えられているから、Ｗ☆ＩＮＧとしても無碍にはできなかったはずなんです。

僕はデスマッチが好きだったので本当はＦＭＷに入りたかったんですけど、わざわざ紹介状まで書いてくれるというし、Ｗ☆ＩＮＧもデスマッチ路線だったので、ここでプロレスラーになって、いつかはＦＭＷに上がれれば、という感じでしたね。

当時、僕はいろいろな団体でバイトをしていましたが、じつはＷ☆ＩＮＧでもやっていたんですよ。この年の４月に大阪（府立）臨海スポーツセンターで興行があったんですけど、そのとき、リング屋さんに『なにか仕事ありませんか？』と聞いたら、５０００円を渡されて『じゃあ、手伝え』と。５月５日、つまり新人テストの２日前にも大阪の泉佐野で試合があったんですけど、そこでも手伝いをして、そのままリング屋さんの車で後楽園ホールまで送ってもらっているんですよ」（菊澤光信）

なんとW☆INGに半分、足を突っこんだ形で受けていた新人テストだったというのだ。

当時、公表されていたW☆INGのテスト内容は次の通り。

・スクワット　500回
・ブリッジ　5分間
・腹筋　200回
・腕立て伏せ　200回

団体のハチャメチャさを考えると、嘘のような王道メニュー……疑いたくはないが、本当にこのレベルのテストが行なわれたのだろうか？

「本当にこのままですよ。ただ、スクワットとブリッジは規定通りやったんですけど、腹筋はなんか途中で『もういいです』みたいに言われて、200回もやっていないうちになし崩しで終わりましたね。最後の腕立て伏せは誰も規定回数をクリアできていないです(苦笑)。僕もスクワットは800回以上やっているんですよ。他の人が遅れているのを待っていたら、そんな回数になっちゃって。ただ、腕立ては128回でタイムアップ。それでも合格扱いになったのは、やっぱり紹介状効果なんですかねぇ～(笑)。

ただ、このテストを見ていたポーゴさんが『あの小さいヤツ、根性あるな』と褒めてくださったんですよね。逆に徳田選手と金村選手は『あんなチビ、いらない！』と。のちのち金村選手とは仲良くなって、いろいろ理解してもらえましたけどね」（菊澤光信）

じつはこのときの映像が残っている。それを見ると、松永光弘を筆頭にほぼ全選手がリングサイドに集まり、レフェリーのウォーリー山口やテッド・タナベまで審査に加わっているのがわかる。まさに全社を挙げての新人発掘。それだけ人材確保は重要なテーマだった。

ちなみに、この92年5・7後楽園は、前述したようにジェイソン・ザ・テリブル聖地初登場の日だった。ジェイソンが入場するとき、棺桶に入れられたままリングまで運ばれてきたのだが、その「運び人」のひとりとして菊澤も参加している。試合に出場したわけではないのに、入門当日、もうメインイベントの登場人物のひとりになった、というのはインディーならではの話、である。

このときに落ちてしまった受験生の中には、のちに闘龍門のリングでデビューし、現在も活躍中の新井健一郎、さまざまなインディー団体で活動しているクラッシャー高橋の姿もあった。つまり、誰でも彼でも採用していたわけではない、ということ。30年経ってから振り返ると、なんとも趣（おもむき）深いものがある。

ここでひとつの疑問が浮上する。

合格者は練習生となるわけだが、W☆INGには道場も合宿所もない。いったい、なにをしていたのだろうか？

「高山と小坪は、群馬に会社を持っている島田宏さんのところに行ったんですよ。そこで働きながら、アマレスの練習とかを積んでいました。僕はW☆INGで『営業を手伝え』と。まぁ、要するに小間使い要員ですよ。一応、営業をやりながらレスラーを目指す、という話だったんですけど、誰にもレスリングは教えてもらってないです（笑）。試合前、リングを組み終わったあとに受け身を取ったりはしましたけど、これもそのときに教えてもらったわけじゃないです（菊澤は大阪の栗栖正伸トレーニングジムでプロレスの基礎を学んでいた）。

最初はとりあえず茨城さんのマンションに寝泊まりしました。5月で蒸し暑かったんですけど、あの部屋、エアコンがないんですよ。扇風機が1台だけあって、それを茨城さんが使っている。だから、夜中にそーっと扇風機を奪ってきて、あぁ、涼しいなぁ～、と思っていたんですけど、やっと眠れたと思ったら、また寝苦しくなって起きてしまう。ハッと気づいたら、茨城さんが扇風機を取り返していたんですよ（笑）。そんなバカなことが僕のW☆INGでのはじまりでしたね。

結局、テッド・タナベさんに怒られながら電柱への宣伝ポスターの貼り方を教わっただけですよ（苦笑）。結局、5月に練習生になって、7月シリーズで僕はW☆INGを辞めてしまった。自分の意志で辞めたわけじゃなくて、7月の大阪（府立）臨海スポーツセンター大会にウチの親が見に来ていまして、茨城さんの会場での風体を見て『あんないい加減な社長には預けられない！』と連れ戻された（笑）。だから僕はW☆INGでデビューできないまま終わっているんですよ、茨城さんのせいで、ワハハハ！」（菊澤光信）

そして、もうひとつ浮かんでくる疑問が待遇面である。

若手レスラーは10万円、フロントは15万円という月給制をとっていた当時のW☆INGだが、練習生にして営業の手伝い（といいつつ、かなり最前線で働かされていた）もこなしていた菊澤光信は、どんな条件を提示されていたのか？

「なるほど、その金額を聞いて、30年来の謎が解けましたよ。僕は12万円と言われました。要は若手レスラーとフロントのあいだを取って、12万円だったんですね（苦笑）。ただ、ちゃんともらえていません。茨城さんから最初にもらうときに『まだ子供だから、あんまり大きな額を渡してもなぁ～』と言われて、半額の6万円だけ渡されたんですよ。めちゃくちゃな理由というか、だったら最初から6万円って言えばよかったのに……まぁ、すべ

ては後付けなんでしょうけど」（菊澤光信）

しかし、これでW☆INGとの関係が完全に切れたわけではなく、リング屋のアルバイトとしてふたたび戻ってくることとなる。

「9月に九州ツアーがあったんですけど、あのときはフェリーで移動だったんですよ。時間があるので甲板（かんぱん）で合同練習をやることになって『お前も入れよ』と言われたんですけど、そのときミゲル・ペレスJr.にロックアップを教えてもらっています」（菊澤光信）

このあと菊澤はユニバーサル・プロレスリングに移り、ユニバーサルが改称したFULLのリングでデビュー。その後、フリーとしてさまざまな団体に上がりまくることになる。

「もともとの希望だったFMWのリングで試合をすることもできたし、大仁田厚と電流爆破デスマッチもできた。すべてはW☆INGでデビューすることができなかった悔しさから始まっているわけで、自分の歴史の中では欠かせない時期だと思っています。

その悔しさも2001年のW☆ING同窓会（4・22ディファ有明）に呼んでもらえて、W☆INGデビューも果たせたことで成仏できました。当時のお客さんからしたら、そういう事情を知らないから『なんでアイツが出ているんだ？』と思われたでしょうけど、僕にとっては9年越しのデビュー戦だったんですよ。しかも第2試合に加え、メインイベントの8人タッグマッチにも出ていますからね。いい思い出ですね」（菊澤光信）

W☆INGに関わってきたレスラーの多くがリタイアしていく中、第1回新人テストの合格者が世界を股にかけて、まだ活躍している。これもまた30年目の答え、なのである。

肩すかしで終わったポーゴvsドク戦

ファイアーデスマッチ以降、迷走を繰り返してきたミスター・ポーゴ。

金網デスマッチでのジプシー・ジョーとの再戦では見事に完勝し、ジョーを引退に追いやったが、後楽園ホールのファンは明らかにポーゴのベビーフェイス転向を望んでいるような空気感だった。

そして、ポーゴへの刺客としてキニョネスが投入したのがキム・ドク（タイガー戸口）、である。

「唐突な感じがしたかもしれないですけど、じつは旧W☆INGが旗揚げするときにも戸口さんの名前はリストアップされていたんですよ。だからポーゴさんと戸口さんの揃い踏みは1年越しの実現になるんですよね」（大宝拓治）

宙ぶらりん状態になっていたポーゴは徳田光輝とタッグを組む、と宣言。エースとして呼ばれながらも、ほとんど活躍することもなく、なぜか選手からも敬遠されていた徳田だったが、ポーゴは彼を買っていたのか、このあとも何度となく抜擢しようとしていた。

ところがポーゴ＆徳田組で後楽園のメインカードを組まれていたのに、徳田は負傷欠場する、という運の悪さ。なし崩し的にジェイソンとタッグを組んだポーゴだったが、もちろん、それは本意ではなかった。

そこで発表されたドクの電撃参戦。9月シリーズ『WEST END STORY』は九州サーキットがメインとなったが、その目玉商品がミスター・ポーゴとキム・ドクの抗争だった。

9・18博多スターレーンにおける開幕戦で、早くも3対3のイリミネーションマッチながら両者が激突する、というので僕は博多へと飛んだ。

W☆ING取材のために遠出をすることは特段珍しくなかったが、このときは連休の関係上、普通に入稿していたら発売日に間に合わないので、緊急入稿体制が敷かれた。試合前にリポートページのレイアウトを組んでしまい、あとから写真をハメこんで印刷所に突っこむという速報扱い。本来は、どうしても次号に載せたいビッグマッチや注目の試合で使うイレギュラーな手法だ。ただ、この号でポーゴとドクの対決を掲載しておかなければ、最終戦の27日後楽園ホールに間に合わない。最終戦でポーゴとドクの一騎打ちが組まれていたので（開幕戦の段階では正式発表されておらず、この博多で電撃決定するという流れあった。

だった)、どうしてもその前に開幕戦の記事を載せて「煽り」にしたいという、目論見が

とりあえず扉(見開きの左ページ)から3ページを用意する。

こういうときは頭の中で試合を夢想してページを仮組みするしかない。両者大流血でもつれあうポーゴとドクの姿を思い浮かべて、ドーンと扉を空けておき、カメラマンにも「とにかくふたりの絡みを狙ってくれ」と指示を出していた。

だが、思いもよらぬ展開が待ち受けていた。

なんと、ふたりが一度も対戦しないまま試合は終わってしまったのだ。

苦肉の策でにらみあう両雄の写真を扉にブチこんだが、それすらも結構な距離を挟んでの遭遇だったから、扉の写真としてはなんとも迫力に欠ける。これじゃ一騎打ちの煽りにもならないし、なによりも大事な九州初上陸マッチで、なんでこんな試合をやったのか……。理解に苦しむ速報記事になってしまった。

入居する建物の老朽化により、2019年3月いっぱいをもって閉館した博多スターレーン。「西の聖地」としてプロレスファンにはおなじみの会場だが、元をただせばボウリング場で、けっして広い箱ではない。

それまでも何度となく取材で訪れていたが、まず満員になった光景しか見たことがなか

った。だが、この日の客席はかなり寂しいものだった。大都市圏では人気が浸透しはじめてきた時期だったとはいえ、まだまだ博多まではその評判が届いていなかった。

それだけでも寂しいのに、ポーゴとドクがまさかの絡みゼロ……まったくもってワクワクしない展開に、僕は会場の片隅で空けてあるページの写真をどうするか、そしてリング上のストーリーは大丈夫なのか、もう不安しかなかった。唯一の救いはポーゴが新パートナーとして連れてきたクラッシュ・ザ・ターミネーターが、なかなかの掘り出し物だったこと。レジェンドでも怪奇派でもない優良外国人の登場は新しい時代をうっすらと感じさせてくれた。

中牧昭二に対する拒絶反応

それでも、福岡からはじまり、宮崎、佐賀、鹿児島、長崎、熊本の九州各県を回り、東京に戻ってきたW☆ING一行を待っていたのは後楽園ホールに集まった満員の観客だった。

ポーゴvsドクという目新しいカードがあったことはもちろん、9月にして、早くも年内最後の後楽園大会となるため、これは見ておかなければ、とファンが詰めかけたのだ（ちなみにポーゴとドクは会場のどこでもフォールを奪うことができるエニウェアマッチで対戦。なんとドクが北側ステージ席で3カウントを奪う、という日本初の珍事が起きている)。

後楽園ホールは「格闘技の聖地」と呼ばれるだけあって、1年先まで予約で埋まっている人気会場だ。W☆INGはひたすらキャンセルを待つしかない新興団体ゆえ、非常に短いスパンで開催できることもあれば、こうして何か月間も空白ができてしまうこともある。確実に利益を出せる会場だけに、まるまる3か月、後楽園で興行ができないのは実に痛いことだった。

その代替案として年末に組まれていたのが、埼玉県の戸田市スポーツセンターでのビッグマッチだった。下半期の集大成として松永光弘vsレザー・フェイス、ミスター・ポーゴvsキム・ドクのシングル対決。そして12月シリーズ『WE LOVE W☆ING』に初来日したフレディ・クルーガーがジェイソン・ザ・テリブルと激突するという、いまだったら著作権的な問題でトラブル必至のシングルマッチも実現するのだが、もうひとつの注目カードが金村ゆきひろvs中牧昭二だった。

スポーツ用具会社の社員だった中牧は当時、担当していた巨人の桑田真澄投手についての暴露本『さらば桑田真澄、さらばプロ野球』(リム出版刊)を出版し、一躍、有名になる。その後、一念発起してプロレスラーに転向。もともとはFMWでファイトしていたのだが、この年の9月に横浜スタジアム大会で引退していた。

ただ、その引退自体、なにやら裏で揉めていたようで、中牧は「引退じゃない。FMWとは契約が切れただけ」と主張し、W☆INGへの参戦を直訴していた。だが、プロレス入りから引退に至る経過でダーティーイメージがついてしまっており、W☆INGフリークスたちは中牧に徹底的な拒絶反応を示した。

ならば試合でケジメをつけて、ファンに認めてもらおう、と戸田大会で組まれたのが金村との査定試合。ところが、これが荒れに荒れた。

何度倒れても向かってくる中牧の姿に金村もついに入団を認めるのだが、観客は大きなブーイングでそれを拒絶しようとする。延長、再延長と試合は続くがブーイングは鳴りやまず、金村も「どうやったら認めてくれるんですか？」と困り果てるしかなかった。

「あの日、珍しくゴングの竹内（宏介）さんが会場にいらしていて、記者席でこの試合を見ていたんですけど、収拾がつかなくなって、どうしよう？と困っているときに竹内さんが顔の前で大きなバツマークを作ったんですよ。もうやめろ、ということなんでしょうね。よっぽどひどかったんでしょう」（大宝拓治）

「僕はそんなに中牧さんのことを悪くは思っていないんですよ。世渡りがうますぎるから嫌っている人もいるんでしょうけど。若手選手たちにとっては頼れる兄貴分で、どれだけ

の選手が中牧さんのクレジットカードのおかげで飯を食わしてもらったことか……」（金村ゆきひろ）

あくまでも前座試合だったので後味の悪さを残す程度で済んだが、これがメインならば、暴動モノの不穏な空気が会場に充満した。結局、この中牧に対するファンのアレルギーは根深く、W☆ING末期までゼロになることはなかった。ただ、ちょっとずつ選手層が厚くなってきたとはいえ、常に誰かがケガで休んでいるような状態の中、頑丈な肉体を持ち、前座からメインまでこなせる中牧の存在は大きく、団体にとって絶対に必要なレスラーだったと思っている。

不穏といえば、この日のジェイソンvsフレディ戦は、「腕折り制裁事件」が起きた試合としていまだに語り継がれている。

W☆INGフリークスのあいだでは、「ジェイソンがタニマチが経営するフィリピンパブの、店の女の子に手を出したことでトラブルに発展し、その落としどころとして試合中に腕を折られた」ということになっている。ポーゴの著書『ある悪役レスラーの懺悔』（講談社刊）でもそのように記されているのだが……。僕の目には普通のプロレスの試合にしか見えなかったし、乱闘を止めに来たアイスマンが折れているはずの腕の上に乗っかって

会場に異様な空気が流れた中牧の査定試合(92年12・20戸田)

いるのに、ジェイソンは痛そうなそぶりは見せなかった。のちのち話が大きくなったのは、正直、「?」でしかなかった。

関係者に話を聞くと、女性絡みのトラブルがあったことは事実で、なんらかの罰を与えようとなった、というのも事実。そもそも、この試合は「ルーザー・リーブ・タウン（敗者追放）」ルールで、負けた選手は3か月間の出場停止処分となることが決まっていた。つまり、この出場停止自体が罰だったのではないか?

「結論からいうとラフィは外国人たちから嫌われていたんですよ。誰とでも仲良くなるヘッドハンターズは別として、ビクターを筆頭にみんな嫌っていた。なんとなくわかるんですよ。アイツ、お調子者なんですよ。空気を読まないで騒いでいたりするから、地方会場の控室でもしょっちゅう『いい加減にしろ!』と怒られていましたから。

そこでトラブルが発生したのでビクターが『あいつは追放だ!』と煽りはじめたんですけど、ラフィは日本人とは仲良くやっていたんですよね。それで『どうしよう?』と言われたから、みんなで『じゃあ、3か月だけ謹慎処分を食らいなよ。そのあと、うまいこと復帰できるように、こっちで筋道は作ってあげるからさ』と。僕たちはしょうがねーな、と笑いながら、ラフィと話してましたから」（大宝拓治）

実際、試合ではフレディが完勝。ジェイソンの追放が決まったところで、リング下に隠れていた偽ジェイソンが乱入。キニョネスが「腕を折っちまえ！」と命じると、イスを叩きつけるのだが、実際に腕を折る本気度はなく、偽ジェイソンはエプロンから場外に向かってイスを持ったままダイブする、というアクションだった。要するに次期シリーズからいままでのジェイソンは欠場するけれども、新しいジェイソンが登場しますよ、という「予告編」である。

ここは制裁事件が発生した、ということにしておいたほうがW☆INGらしくて面白いのかもしれないが……少なくとも、あの日はそんなに不穏な空気を感じなかったことだけは書き記しておきたい。

五寸釘とファンの欲求

この日は歳末セール並みの豪華なマッチメイクで、セミファイナルで金網デスマッチが組まれている。設営に時間がかかるので、通常はメインでしか行なわれないのだが、今日ばかりは最後にさらなる過激なデスマッチが用意されているので、セミでもやるしかなかった。

ここでポーゴがドクにレフェリーストップ勝ちを収める。後楽園でのリベンジを果たし、松永光弘に「男と男の一線を超えたデスマッチをやろう！」とアピールする。このひとことが翌年の大きなテーマとなってくるのだが、その前に松永は早々と一線を超えそうになっていた。

メインは松永vsレザーの1万5000本釘板デスマッチ。

基本的に、松永光弘も、そして松永をプッシュしてきた大宝拓治も、大仁田厚へのリスペクトが心の中にある。大仁田を超えようとか、FMWを潰そうといった考えはまったく持っていなかったのだが、松永にはこの時点で焦りがあった。

「大仁田さんを超えることができないのはいいとして、似たようなことをやって、大仁田さんの二番煎じだ、と思われるのは嫌だったんですよね。レザーとだったら熱い試合ができる、という確信があったので、なにかすごいルールでやりたかった」（松永光弘）

そこで浮上したのが釘板デスマッチだった。これは史上初ではなく、およそ15年前の1978年にアントニオ猪木と上田馬之助がこのルールで闘っている。

とはいえ、そのときは猪木も上田も釘板には落ちていない。そもそも場外乱闘ができないように釘板をリング下に敷き詰めたわけで、最初から落とすことを想定した試合ではなかったのだ。

つまり、ここで釘板デスマッチをやって、五寸釘の上に落ちたならば「あのアントニオ猪木ですら落ちなかったのに！」と、間接的にではあるが「猪木超え」が達成できてしまう。大仁田厚は超えられなくても、猪木は超えられる、というプロレスならではの不思議な論理がここに成立した。

しかし「落ちるかもしれない」で埼玉県戸田市まで人が殺到するほど、プロレスファンは甘くはない。この年は暮れにもビッグマッチが連発され、同じ日にUWFインターナショナルが両国国技館にバルセロナオリンピックの銀メダリストだったデニス・カズラスキーを招聘し、高田延彦との特別試合を組んでいた（この日、高田は佐野直喜ともシングルで闘い、U系では異例のダブルヘッダーを2連勝で飾っている）。いまではちょっと想像がつかないかもしれないが、当時はUインターも見れば、W☆INGも見る、というファンが一定数、存在した。つまり、これはまるで別ジャンルの格闘技にも思えるUインターとW☆INGによる、ちょっとした興行戦争。どちらも、猪木へのオマージュを捧げるような「設定」で勝負を懸けており、一周回って平成のファンに新鮮味を与えたのだ。

僕も年齢的に猪木と上田の釘板デスマッチはリアルタイムでは見ていない。だから、この時代にまだ20代前半だったプロレスファンにとって、釘板は「見たいけど、見たことがない」試合だった。まったく新しいデスマッチを考案しなくても、見たい気持ちをくすぐる、というやり方は間違いなくあり、だ。

それでも最初はさほどチケットは動かなかった、という。

そこで、W☆INGはルールの詳細を発表した。

なんと3カウントでもギブアップでも勝敗はつかず「釘板の上に落ちたら負け」の一択。しかも「手や足など体の一部が触れただけでは転落とはみなさず、試合続行」の但し書き付き！　そう「落ちるかもしれない」ではなく「絶対にどちらかが落ちる」と明文化したのだ。すでに試合まで1か月を切っていたが、この発表でチケットは爆発的に売れた。ファンというのは、なんとわかりやすいものだろうか！

試合は、松永光弘が五寸釘地獄に沈んだ。

当時、膝を痛めていてニーブレスを着用しないと思うように歩けなかった松永光弘。レザーはそのニーブレスを強引に外すと、凶器として使用。その一撃で松永はエプロンから転落してしまったのだ。ミスターデンジャー史に残る名場面、である。

「たしかにすごかったんですけど、僕としてはちょっと違うって感じちゃったんですよね。これまでの松永さんのデスマッチって、ミスターデンジャーが身をもってやってきたというか、松永さんが自分でわかっている、耐えられるギリギリのところでやってきたじゃないですか？　それが五寸釘となると、舞台装置が大きくて……あの試合は遠藤信也が関わ

五寸釘地獄に落ちた松永をさらに踏みつけるレザー。右手に握っているのはニーブレス（92年12・20戸田）

っているんですけど、遠ちゃんがプロデュースして、松永さんが主演するデンジャラスショーに見えちゃった。いや、興行的にも大成功だったたし、団体が大きくなっていくって、そういうことなんでしょうけどねぇ～」（大宝拓治）

たしかにバルコニーから飛び降りたり、顔面から燃やされたり、というストレートな見せ方と比べたら、1万5000本の五寸釘、というのはずいぶん大がかりに思える。デスマッチの仕掛けという面で、確実にこれまでとは次元が違った。

それは、ファンの無意識の要求に応じた結果でもあった。一度、見てしまえば、次はさらに刺激が強いものを求める。いつの時代も、観客はどん欲だ。「見せ方」を常に考えなければ、すぐに刺激に慣れて、飽きていってしまう。

そのあたりを敏感に察知していた松永光弘は翌年、予算ゼロ、危険度は低い、だが後楽園ホールが超満員となる「逆転の発想」のデスマッチを考案してみせた。その話は次章で詳しく書くが、五寸釘デスマッチの翌日、松永は自分が想像している以上にW☆INGが認知されていることに驚かされた、という。

「基本的に私はデスマッチの翌日とかは家で寝ているんですよ。精神的におかしくなるというか、極限状態まで追い詰められた状態でリングに上がるから、終わったあとは、本当に普通じゃなくなるし、休まなくちゃダメだった。

五寸釘デスマッチの翌日もそうだったんですけど、当時、つき合っていた彼女が出かけたい、というので嫌々、外出したんですよ。本当はダメじゃないですか？ 背中に五寸釘が刺さったばかりの男が外を歩いていたら。プロとして、そこは厳しく律しようという気持ちがあった反面、どうせ俺のことなんて誰も知らないだろうな、という気持ちもあったので、フラッと外に出たんですよ。

そうしたら小学校の前を通ったときに子供たちが校庭からワーッと駆け寄ってきて『ミスターデンジャーだ！』『松永だ！』と。そんなバカなって思うじゃないですか？ W☆INGはテレビ中継もないし、小学生が見ているはずがない。そうしたら『お父さんが週プロを読んでいるから、すぐにわかった』『ファイアーデスマッチが表紙になっている週プロをコンビニで見た』と。あぁ、そういうことか……会場の外でこんなに騒がれたのははじめてだったので、いろいろ考えさせられましたね。

そんなこともあって、たとえば後楽園ホールで試合が終わったあとも、水道橋駅に向かわずにファンの目の前でタクシーに乗るようになりました。当時は月に18万円でしたかね？ 途中から22万5０００円に上がるんですけど、それしかもらえていなかったので、車は買えないし、タクシーに乗る金もなかったけれども、さすがに電車に乗って帰ったらファンの夢を壊すじゃないですか？

もちろん自宅まで帰るわけじゃなくて、御茶ノ水とか秋葉原でタクシーを降りて、そこからは電車でしたけど、そうやって世間の目を気にするようにはなりました」（松永光弘）

松永光弘のバルコニーダイブで幕を開けたW☆INGの1992年は、松永光弘の釘板転落で幕を閉じた。プロレス界という宇宙において、不思議な引力で観客を惹きつける「小さな惑星」へと成長した年だった。

そして、1993年。W☆INGはリアルなデンジャーゾーンへと突入する。残念ながらリング上ではなくリング外へと話題の中心は移行し、団体が存続できるか否かのブラックホールへと堕ちていくのだが……。

第5章
窮地を救う彗星

タイトル戦線の活況

1993年は「年越しプロレス」で幕を開けた。

いまでは大晦日＝格闘技、というイメージが定着しているが、この時代はまだまだ年末のビッグマッチは珍しい時代。新日本も全日本も12月前半にはシリーズを終えていたし、多忙を極めていた週プロ編集部も、さすがに年末の数日間と元旦だけは休みだった。

そこにW☆INGは試合をブチこんできた。正確には1992年の大晦日23時40分から、年をまたいでの全4試合からなる大会を決行。京都大学の年越しイベントに招聘されての開催だったが、かなり尖ったカウントダウンイベントに呼ばれるほど、W☆INGの「ヤバさ」はプロレスの枠を超え、かなり広い層に認知されはじめていた。

しかも、元旦を挟んで1月2日からはもう新春シリーズ『ARE YOU READY⁉～TO GET NEW BLOOD～』が開幕。それも開幕戦が後楽園ホールでの試合と聞いて、ちょっとびっくりした。

コアなプロレスファンならご承知のように、例年、日本のプロレス業界のお正月は1月2日の全日本プロレスの後楽園ホール大会で幕を開ける。12時半スタートの〝デーゲーム〟だが、これはもう「伝統」といっていいぐらいに定着していた。それに伴い、プロレスマスコミも1月2日のお昼が「仕事始め」となっていた。

その日の夜に、W☆INGの興行がある。

旗揚げ戦のときにはどうしても後楽園の予約が取れず、運よくキャンセルが出たために試合ができた底辺の団体。1年半を経ずして、ついにこんないい日取りで会場を押さえることができるようになったのか、とちょっと胸が熱くなったのだが……。

「いやいやいやいや、それ、違うんですよ。1月2日の後楽園もまさにキャンセル待ちをしていたらポコッと空いたから、じゃあ、やります！と（笑）。ウチはもともと7日に予約していましたからね（その日はジプシー・ジョーの引退試合が組まれていた）。そんな簡単にW☆INGみたいな団体が信用してもらえるわけないじゃないですか」（大宝拓治）

大宝拓治の必殺技である、しつこいまでの「キャンセル出ていませんか？」の問い合わせ電話攻撃が実を結んだ形だが、年末の戸田市スポーツセンター大会でたくさんの遺恨やドラマが動いたので、年明けに後楽園ホールでその「つづき」を見せることは、さらなる飛躍のためには重要だった。

戸田で突然、出現した偽ジェイソンが正式参戦し、その正体が新日本プロレスに上がった経験のあるトレイシー・スマザーズであることが発覚すると、ファンは驚いた。レザー以降、怪奇派レスラーの中身はちゃんとしている、というのがW☆INGブランドの誇り。

それを知っているから金村ゆきひろは「いまだにインディー団体にレザーやフレディがたくさん出ているじゃないですか？　中身が誰だかわからないですけど、プロ意識の欠片もないようなヤツもいる。あれを見ると、本当に悲しくなりますよ。茨城さんがあのとき、ちゃんと権利を取っておけば、こんなにニセモノがはびこることもなかったのに、と思うとホンマ、腹が立つ！」と激しく憤っていたが、そもそもレザー・フェイスもフレディ・クルーガーもジェイソン・ザ・テリブルも、ハリウッド映画から無許可で〝拝借〟しているキャラクターだ。悲しいけれども、どんなに茨城清志ががんばっても権利を取得することはできなかっただろう。

とにもかくにも、１９９３年のＷ☆ＩＮＧは華やかに幕を開けた。

リング上の物語はミスター・ポーゴの去就問題がひとつのテーマになっていた。

このころから、やたらと「引退」の二文字を口にしていたポーゴ。

ビクター・キニョネスと仲間割れをし、宙ぶらりん状態が続いたあと、プエルトリコ軍団に対抗するために日本陣営と共闘する。クラッシュ・ザ・ターミネーターとのコンビでＷＩＮＧ認定世界タッグ王座も獲得した。デビューから20年が経過していたが、日本でのタイトル戴冠はこれがはじめてのことだった。

第1章で述べたように、この「WING」とは「レスリング・インターナショナル・ニュー・ジェネレーション」の略称でW☆INGとは別モノ、である。30年経ったいまでも「W☆ING世界タッグ選手権」といった表記が散見されるが、タイトルに関しては「☆」がないほうが正しい。

WINGは世界中のインディー団体のネットワーク、という枠組みで作られた組織だったが、もちろん実体などない。ただし、加盟団体はすべてW☆INGに選手を送り出しているオフィスばかりだったので、大宝拓治は「そこはちゃんと考えて作りましたから。みんなウチの団体と関係はあるわけで、まんざらインチキではないんですよ！」と胸を張る。

早々とタッグとジュニア王座だけ認定して、肝心の世界ヘビー級チャンピオンがこの時点でも決まっていないところは、いかにも「らしい」話であるが、その代わり、プエルトリコからWWC認定カリビアン王座のベルトを〝輸入〟。前年暮れの12・18福島で金村ゆきひろが師匠であるミゲル・ペレスJr.を破って同ヘビー級王座を奪取し、1・7後楽園では会場人気が高まっていた茂木正淑が王者のレイ・ゴンザレスから同ジュニア王座を獲得（のちにオリエンタルプロレスの板倉広に奪われる）した。タイトル戦線はイッキに活気づくことになる。

忘れることができないのは、金村が王座を奪取した日のこと。

取材のため、会場の福島市体育館に入ると本部席から大宝拓治がすっ飛んできて「小島さんの腕時計、デジタルですか？」と聞いてきた。

なんでも試合タイムを計るためのストップウォッチを忘れてきてしまった、とのこと。何百、何千とプロレスの取材をしてきたが、こんなとんでもない状況に立ち会ったのは最初で最後である。

運よくというかなんというか、僕はずっとG－SHOCKを愛用してきた。50歳を超えたいまでもG－SHOCKなので「もうちょっと大人な時計をしたらどうか？」とよく言われる。だが、ライブやイベントを取材するとき、パッと見て、時間がすぐわかるデジタルのほうが「何時何分になにが起きた」と書くときにミスもなくすごく便利なので、この仕事をしているあいだはきっと他の時計には切り替えないと思う。

結局、その日は1日、大宝拓治に時計を預けた。WWC認定のタイトルマッチの記録を僕の時計で刻んでいいのか、という疑問はあったが、さすがにテキトーにアナウンスするわけにもいかない。

「いやぁ～、あの日のことは僕も忘れないですよ。ただね、よく場外乱闘から試合がはじまることがあったじゃないですか？　逃げながら『お気をつけください！』とアナウンスをしてゴングを鳴らしていると、うっかりストップウォッチを押し忘れることはたびたび

カリビアンヘビー級王者として金村は国内外を回った(93年6・18後楽園、vsカスティーヨJr.)

ありました（苦笑）。そういうときは『なんとなく5分経ったかな……』と思ったら、シレッと『5分経過！』とアナウンスをして、そこからストップウォッチを押していたので、試合タイムはけっして正確ではなかったですね」（大宝拓治）

リングアナウンサーというのは「なんでも屋さん」だ。

いまではちょっと考えられないが、地方興行では本部席にカセットデッキを置いて、リングアナが入場のタイミングで再生ボタンを押し、マイクで音を拾って流していることも当たり前の光景だった。大宝同様、レフェリーとして団体を表裏から支えた畑山和寛も、似たような失敗をずいぶんしたという。

「リング屋をやっているとき、グッズ売り場にカセットデッキを置いて『今日、テーマ曲を担当してくれ』と頼まれることもありましたね。ただ、カセットテープじゃないですか？裏と表がよくわからないときもあって、一度、三宅綾の入場時にB面の曲をかけてしまったんですよね。すごく恨めしそうな顔でこっちを睨（にら）みながら入場していきましたよ（笑）。

あと大阪（府立）臨海スポーツセンターだったかな？　全選手入場式のときに急に音がスローになっちゃったんですよ。あのころのカセットデッキは乾電池式で、しかも、電池の残りがどれだけあるのかも表示されなかったから、電池切れに気がつかないで入場式をはじめちゃったんですよね。せっかくの盛り上がりに水を差したら嫌だなぁ～、と思ったんですけど、もう曲が止まりかけている。そのとき『そういえば乾電池、持っていたな』と思い出して、瞬時に電池を入れ替えて、なんとか復旧させました」（畑山和寛）

いまでは、それこそ音響専門のスタッフがついている団体もあるし、カセットテープなんてアナログなものを使う機会はゼロに等しいだろうが、当時はこれがインディー団体の「常識」。そもそも、ようやくCDが普及しはじめた時代である。プロレス興行はどこまでもアナログで作られていて、観客もそれが当たり前だと思っていた。まさに「平成レトロ」の世界がそこにはあった。

FMWより高かった外国人選手のギャラ

いささか話が逸れてしまった。

WWCのベルトを日本人が保持することには、ある意味合いがあった。

そのベルトを巻いて、W☆ING勢がオフのあいだ、プエルトリコ遠征をして、現地でタイトルマッチを行なう。これで日本では試合がないときでもリング上でのストーリー展開ができるし、次のシリーズの煽りもできる。

金村ゆきひろと板倉広はベルトを持ってプエルトリコ、そしてアメリカ遠征へと繰り出した。

「すべてビクターが手配してくれたので、楽でしたよ。このときじゃないですけど、プエルトリコの空港で入国するときって、すごく並ぶじゃないですか？　そこでビクターの名前を出したら、急に態度が変わって『君たちはこっちだ』とＶＩＰルートに通されて、すぐに外に出られた。さすがは顔役だな、と」（金村ゆきひろ）

「ビクターは何度も日本とプエルトリコを行き来していたから、マイルがものすごく貯まっていた。こういう遠征のときには、そのマイルを使って、無料で選手を連れていったんじゃないかな？」（茨城清志）

「なんかビクターはすごくピンハネしていたって話を聞きますけど、そこまでひどいことはしていないと思いますよ。もちろんブッキングフィーは取るだろうけど、適正価格だったんじゃないですか」（大宝拓治）

「わかりやすくいえば、ビクターって、日本でサーキットするときの外国人選手団の『団長』みたいな感じだったんですよね。日本のしきたりをわからない初来日の選手に対しては、日本ではこういうことをしたらダメだ、と教えていたし、あれだけの個性派集団を束ねて、日本中をサーキットするなんて、本当にビクターがいなかったら不可能だったと思いますよ。みんなホテルを出発する集合時間をちゃんと守って、行動をしていたんですから。メジャー団体だったら外国人係のスタッフがいるけど、インディーではそんな余裕、ないですし、そういう役割もすべてビクターが担ってくれた」（畑山和寛）

当時は悪役マネージャーだったため、そういった面が語られることは少なかったが、畑山の言う「団長」というのは非常にわかりやすい。リング上では悪のマネージャーだったが、リング外で日本のルールを守って生活するようにコントロールしていた、という二面性はなかなか面白い指摘だ。

外国人選手のファイトマネーについても、金村ゆきひろが面白い話を教えてくれた。のちに金村がＦＭＷに移籍したとき、当時のエース外国人だったザ・グラジエーターやホーレス・ボウダーに「Ｗ☆ＩＮＧのギャラって激安なんだろう？　サーキットもホテルには泊まらず、健康ランドめぐりだったんだってな」と言われて、びっくりしたという。

「そういう悪い噂が流れていたんでしょうね。ちゃんとホテルに泊まる、と説明しても、みんな笑いながら『またまた～』みたいなリアクションで。ただ、選手たちのファイトマネーを教えたら『そんなにもらっているのか？』とびっくりしてました。条件的にはＷ☆ＩＮＧのほうがよかったんですよ」（金村ゆきひろ）

その金村はケンタッキー遠征中、ケビン・サリバンに襲撃され、58針も縫う大ケガを負う。これは今後、Ｗ☆ＩＮＧマットでサリバン軍団との抗争が加速していく契機となった。

93年5・27後楽園で金村がサリバンに眼球を凶器で刺される、という大惨事が起きたのは、このケンタッキーでの出来事が大いなる序曲となっていたのだ。

なぜ、サリバン軍団との抗争が加速したのか。そこに至る流れは、ポーゴと日本陣営が結束し、さらにミゲル・ペレスJr.の裏切り、というサプライズもあり、2月5日の後楽園ホールでプエルトリコ軍団を殲滅したから、である。

W☆INGが負けたらポーゴが引退、プエルトリコ軍団が負けたら半年間の出場停止処分、という大きなペナルティが課せられた全面対抗戦。結果、プエルトリコ軍団はしばらく姿を消すことになるのだが、キニョネスはちゃっかりサリバン軍団のマネージャーとして継続参戦していく(しかもプレイングマネージャーとして、自身も4・5大和でキラー・カイル&ビクター・キニョネスvsクラッシュ・ザ・ターミネーター&中牧昭二というカードで1試合だけリングに上がっている)。

さて、問題はポーゴの引退発言だ。

本来であれば時系列で追っていくべきなのだろうが、とにかく発言が二転三転してややこしいので、ここでまとめて書いておこう。

引退を回避したポーゴは松永と「首がちょん切れるかもしれない」、一線を超えたデスマッチで闘うことをあらためて表明。それを受けて徳田光輝、中牧昭二と「ポーゴ軍団」を結成することをブチ上げた。

ところが3月シリーズ『ROSE－COLORED FUTURE』で早くも状況が一変する。

3・22大阪・府立臨海スポーツセンター大会でレザーに敗れると「やだよ、俺。やだよ、こんなの、俺……もう、いいよ」と弱音を吐きまくり、失踪。その後のシリーズを全休する。

シリーズ最終戦の4・5大和にはペイントなしの「関川哲夫」として会場を訪れて、茨城清志と密談。とりあえず5月シリーズ『W☆ING DANGER ROAD』には参加するが、5・9本庄での松永戦を最後に引退する、と弱気なコメントを残した。

そして運命の松永戦。ポーゴは有刺鉄線バットを使ったスリーパーホールドで失神してしまうが、控室で意識を取り戻すと「昔、スパーリングで猪木さんに落とされたときのことを思い出したよ。ありがとう、松永！」と現役続行を表明した。

じつは2017年に、ポーゴと一緒に当時の試合映像を見ながら解説をする、というお話をいただいたことがあった。この一連の流れ、そして、本当に猪木さんにスリーパーで落とされたことがあったのか、を本人に確認するチャンスがやってきた、と楽しみにしていたのだが、ポーゴが体調不良により入院し、流れてしまう。そして、それからほどなくしてポーゴは入院中の病床で亡くなってしまった……。事の真相は聞けずじまいだったが、あの不可解な流れは話題作りというにはあまりにもわかりにくかった。

「まぁ、正直なことをいえば、関川とは実際に揉めていたんだよね。辞める、辞めないという話もした気がするんだけど、最終的には関川が『俺を副社長にしてくれ』と。なんでそんなことを主張したのかよくわからないし、副社長になったら、儲けが出なかったら、給料も出ないよ、と説明したけれど、それでもいい、と。それで引退を撤回して、継続参戦が決まったんだよ」（茨城清志）

やはりリング上のドラマと、リング下での人間関係が複雑にリンクしていたのだ。

そして、その流れはW☆INGにとって最悪の結末へと突き進んでいく。

伸びていった地方の客入り

このころ一枚のCDがリリースされた。

『プロレス　インディペンデントファイターズ』。

W☆INGをはじめとして、オリエンタルプロレス、NOWといったインディー団体選手のテーマ曲を集めたもので、新日本プロレスのテーマ曲集をリリースしてきたキングレコードの作品。全13曲のうち6曲がW☆ING関連（松永、ポーゴ、徳田、ジェイソン、ハンターズ、キニョネスの曲）というあたりにも当時のインディー界のパワーバランスを感じる、と言いたいところだが、実情はまったく違うものだった。

「前年の夏ぐらいから各団体と交渉をスタートしたんですけど、最初はユニバーサル・プロレス（リング）も入る予定で、実際に事務所で打ち合わせも済ませてきました。ただ、事務所を出ようとしたら、当時の広報担当者が『すいません。ウチの経営状況、ホントにヤバいんですよ。CDが出るころには団体がなくなっているかもしれないので、今回はウチを外してもらったほうが……』と言われて、じゃあ、残りの3団体でやろう、と。

NOWもまだ高野ブラザーズ（ジョージ高野&高野俊二）がいたときで、当然、そのふたりのテーマ曲も入れようということで進めていたんですけど、あのころNOWにいた登坂（栄児。現・大日本プロレス社長）君が『じつは高野ブラザーズ、もうすぐ辞めます』と教えてくれて（苦笑）。だから、W☆INGの楽曲が多くなったのは苦肉の策だったんですよね。

曲数も足りないので、ビクターが『ヒロブレアー！』と謎の歌詞を絶唱しているプエルトリコ軍団のテーマとかを作って。ただ、この作品が予想を上回る売り上げをマークしたので『W☆INGの曲が多かったから売れた』という評価につながったのは事実ですね」（キングレコード・大槻淳プロデューサー）

インディー団体が続々と旗揚げされては、そこからさらに分裂していく、という悪循環で団体数はとんでもなく増えてしまったが、どこもかしこも経営は火の車。月イチで後楽園大会を打てるW☆INGはやはり特別な存在だった。

ちなみに3月シリーズでは福岡、熊本、宮崎、鹿児島を回る九州サーキットも含まれていたのだが、これが連日、かなりの大入りとなった。

「あのときはちゃんと給料も出ました（笑）。しかも、たくさんお客さんが入った、ということで3万円のボーナス付きで」

そう振り返る畑山和寛だが、ここから夏にかけて地方での客入りがどんどん伸びていった、という。

「なんでもそうなんですけど、東京で流行（はや）ったものが地方でも人気になるのって、あのころは半年から1年はかかったんですよね。つまり、ファイアーデスマッチ効果がここにきて、ようやく地方にも波及してきた、ということです。

あんまり茨城さんが営業目標を伝えてくれないので『だいだい、どれぐらい売れればいいんですか？』と聞くと、ひとつの興行で100万円は利益が欲しい、と。このころはがんばれば120万円ぐらいは儲かるようになっていました。

前売り券の売れ行きもそうですけど、手ごたえを感じたのは、やっぱり会場でお客様の声を聴いたときですね。みんな満足気な顔で帰っていくんですよ。耳をそばだてると『怖かったね。でも、面白かったね！　また来ようね‼』と。僕たちがW☆INGで見せたいものと、ちゃんと合致しているんですよ。明らかにリピーターも増えているし、その人たちが友達を連れてきてくれるから、チケットの売り上げも伸びる。このころがいちばんいい時代だったんじゃないですかね？」（畑山和寛）

ちなみに盛況だった九州サーキット前、FMWの大仁田厚が病に倒れ、鹿児島の病院に入院している、というニュースが駆け巡った。

「それを聞いてさ、俺と大宝で『ニタのお見舞いに行こうか？』って話していたんだよ。せっかく九州に行くんだからって」（茨城清志）

じつはそのとき大仁田は危篤状態にあり面会謝絶だったので、お見舞いに行っても門前払いを食らっていたはず（当時、大仁田の病状は大きなニュースとなったのに、ふたりはいまになってその事実を知り、絶句していた）。結局、病院に足は運ばなかったものの、冗談半分でもそういう話ができたということは、地方興行も絶好調で精神的に余裕があったからに違いない。

ちなみに3月シリーズのタイトル『ROSE－COLORED FUTURE』には、こんな裏話がある。

W☆INGでは全選手入場式のとき、大宝拓治が各選手のキャッチフレーズをつけて呼びこむのだが、三宅綾には「バラ色の未来」という文言が添えられていた。

完全な楽屋ネタだが、みんなからかわいがられていた三宅のおふざけコールを、さらに悪ふざけでシリーズ名にしてしまったのだ。いつもはそれなりにリング上の内容に沿ったシリーズ名がつけられていたが、このときは「バラ色の未来」を直訳しただけ。ただ、年越しプロレスでも三宅をメインイベントに抜擢し、主役扱いするなど、フロント勢は三宅に日が当たるように腐心（ふしん）していたうえでの〝かわいがり〟だった。

そんな遊びができたのも、団体運営が安定していたからだろう。だが、こうした「イジリ」も受け入れて仲間から愛された三宅とは違い、旗揚げから団体の中で浮いていたひとりの男がひっそりとリングから姿を消すことになる。

大田区体育館に来なかった徳田光輝

3月18日、大田区体育館。

この日、徳田光輝は「空飛ぶボクサー」として話題を集めていた木川田潤と異種格闘技戦で対戦する予定だった。

もともとFMWでは柔道着のままファイトする姿が受けた徳田だけに、迷走を打破するために組まれた異種格闘技戦でもあったのだが、結局、出場しなかった。

対戦カードを発表する記者会見も徳田はドタキャン。その席上で中牧昭二が「じゃあ、俺がやってやるよ！」と乱闘騒ぎを起こしていた。つまり、団体サイドは記者会見の段階で徳田が会場に来ないことは織りこみ済みだったのだろう（結局、3・18大田区では三浦博文が木川田と闘っている）。

「当日、一応、徳田さんの入場テーマ曲を流したんですよね。それこそ『プロレス　インディペンデントファイターズ』の音源ですよ。あれをフルで流したのに現れなかったので欠場扱いになって、その日のうちに解雇を発表しているはずです。あの曲があんなに長く流れたのは、あれが最初で最後になっちゃいましたね」（大宝拓治）

とにかく徳田光輝は浮いていた。

本書でも第3章以降はほとんど名前が出てこないほど、活躍ができていなかったのだが、バックステージでは嘲笑の対象にすらなっていた。

徳田を絡めてなにかリング上で面白いことができないだろうか、という話になったとき、

「徳田さん、いつも会場に彼女を連れてきているじゃないですか？　彼女も巻きこみましょうよ」「ビクターが彼女を人質に取ったりしたら面白いですよね？」というネタで大いに盛り上がったのだが、結局は「徳田さんがやってくれるわけないよね」で終わってしまったという。

旧W☆ING崩壊とともに離れていった齋藤彰俊と木村浩一郎が新天地で活躍している姿を見ているので、格闘三兄弟が新体制のW☆INGになじまなかったのは事実だろう。だが、せっかくポーゴ軍団入り、そして異種格闘技戦という団体からのプッシュを受けていながらのフェードアウトでは、なんとももったいない話である。

「のちのち僕と茨城さんでECWを呼んでW☆INGを再興しようとしたじゃないですか？　じつはあのとき、徳田さんから電話がかかってきて『またリングに上げてもらえないか』と言われたんですよ。

正直な話、あのときは外国人だけで興行をしようと考えていたので、日本人選手を使うつもりはまったくなかったんですけど、せっかく徳田さんが連絡をくれたので、僕もいろいろ考えました。『新・巨人の星』って知ってます？　星飛雄馬がじつは右利きだった、という設定で、草野球の助っ人から巨人に戻ってくるって物語。あれをそのまんまプロレスバージョンにして、徳田がW☆INGに帰ってきた、というストーリーを第0試合とかでやれば面白いかなって。

そうはいっても茨城さんが反対するだろうな、と思っていたんですけど、意外にも『面白いね』と。結局、そのときは話が進まなかったんですよね。でも、機会があれば、とは思っていたけど……すぐに徳田さんが西日本プロレスとかに参戦するようになったので、あぁ、もういいやってなっちゃいました」（大宝拓治）

きっとW☆INGに関わっていた日本人レスラーが誰もいないと知って、徳田も参戦しようと思ったのだろう。ただ、プライドの高い彼が『プロレス版 新・巨人の星』を連日、前座でやらされることを納得するとも思えない……もし、参戦していたらW☆INGの命運も、徳田光輝のレスラー人生も、ちょっと違ったものになっていたかもしれない。柔道の実力はたしかだっただけに、徳田がW☆INGのリングで「星」になることなく、フェードアウトしたことは残念でしかなかった。

「見えない試合を見せる」デスマッチ

地方興行は上昇気流に乗ってきたが、逆に首都圏での興行は翳（かげ）りを見せはじめていた。
5月5日、小田原駅前旧市営球場。

この日は松永光弘とレザー・フェイスの釘板デスマッチの再戦が組まれていたが、正直、スタッフは「せっかくのドル箱カードをここでやるのはもったいない」とノリ気ではなかった、という。

なぜならば同日、ＦＭＷの川崎球場大会が行なわれるからだった。

大仁田厚が危篤状態から奇跡の復活を遂げ、なんとテリー・ファンクと時限爆弾デスマッチで激突する、というビッグマッチ。よっぽどＷ☆ＩＮＧが好きな人以外、プロレスファンは間違いなくＦＭＷを選択することは誰の目にも明らかだった。

「それでも『はしご観戦する人がいるかもしれない』と。こっちは15時開始だから釘板を見てから川崎球場に急げば時限爆弾マッチには間に合う。たしかに釘板と爆破を１日で見ることができたら贅沢ですけど、結局、ＦＭＷも15時開始となって、完全にはしごは不可能になった。痛手というか、やるべきではなかったですよね」（畑山和寛）

僕も川崎球場に行っていたので、残念ながら、この日の釘板デスマッチは見ていない。鈴木健記者も川崎球場へ向かい、普段は新日本を担当している佐藤正行記者が釘板デスマッチの記事を書く、という異例の取材フォーメーションが組まれた。

この日は松永がレザーに昨年のリベンジを果たし、「これでイーブン」と６月の後楽園での完全決着戦をブチ上げた。

その試合形式が「月光闇討ちデスマッチ」。

なんとも仰々しいタイトルだが、要は会場の照明をすべて落として闘う、という単純明快なルール。海外では実施例があるものの、日本ではこれが初開催……いや、これまで誰もやろうと思わなかった、というのが正解なのだと思う。

電気を消したら、なにも見えない。

見えない試合を見せる、とはなにやら禅問答のような話だが、強行してお客さんが入らなかったら大失敗である。見えない試合を、入場料を取って見てもらう、というのは興行として成立するのか？

ところが――。

チケットは爆発的に売れた。当日券もすべて売り切れる、超満員札止めになったのだ。

これがW☆INGらしいというか、W☆INGフリークスらしいというか……いつもよりもお客さんが集まったということはW☆INGフリークス以外も会場にやってきていることになる。

ある程度、集客を見こめるデスマッチをやろうと思ったら、少なからず予算がかかってしまうが、この月光闇討ちデスマッチに関しては経費ゼロ。むしろ、照明を使わない分、エコですらある。それで札止めになってしまうのだからコストパフォーマンスは最高だ。

ありとあらゆるデスマッチを経験してきた松永光弘にとっても、さすがにこの試合形式は未知の領域だったが、対戦相手がライバルのレザー。どんなルールであっても試合は面白くなる、という確固たる自信があった。

信頼できる選手同士で試合内容における不安はなく、チケットも売れていた「鉄板興行」だったのだが、当日、レザーが会場入りしない、というまさかのアクシデントが発生。結局、代打にフレディ・クルーガーを立てて試合は強行された。暗闇のため、はじまってしまえば、レザーだろうがフレディだろうが、観客的には関係ないのだ（ただ真っ暗闇の中でレザーがチェーンソーをぶん回すシーンは体感してみたかったが……）。

試合は想像以上に盛り上がった。

リングサイドにはメディアのカメラマンがいるから、断続的にフラッシュが焚かれる。その閃光により、観客には断片的に闘いの情報が入ってくる。わずかな情報から試合内容を妄想する知的遊戯。もはや文科系デスマッチの域に達している。この場の雰囲気を味わうだけでも、たしかに5000円は高くないかもしれない。これはもう発想の勝利である。

試合終了のゴングが鳴り、照明がついた瞬間、松永がバルコニーからチェーンで絞首刑にされているという衝撃のエンディングに超満員の観衆はどよめいた。見えないものが見えた瞬間、見たこともない光景が広がっていたのだ。もはや展開が早すぎて脳みそが追い

観客の度肝を抜いた月光闇討ちデスマッチでのバルコニー絞首刑(93年6・18後楽園)

ついていかない！

衝撃の連続に誰もがレザー欠場のことなど忘れてしまっていた。じつはこのとき、素顔のレザーは暴行の容疑で拘置所にブチこまれていたのだ。あくまでも正当防衛で、レザーに非はない、ということだったが、プロレスラーが手を上げた、となるとどうしても処分は厳しいものになる。レスラーたちはみんな、レザーの復帰を待っていたが、皮肉なことにその日を迎える前に、W☆INGのリングは消失してしまうこととなる——。

ポーゴFMW移籍の真相

そして、ついにミスター・ポーゴが消えた。

FMWの6・23新潟大会にW☆INGのユニフォーム（ビクター・キニョネスがプエルトリコで製作し、選手に配っていたレスリングウェア。キニョネスはこれを売店に置いて稼いでいた）を着て乱入したポーゴはかつてのライバルである大仁田厚を急襲。これをもってW☆INGを離脱し、FMWに戦場を移すことが明らかとなった。

これまでも書いてきたように、ポーゴとW☆INGの関係は長らく良好とはいえない状態だった。茨城清志によると「関川が副社長にしろ、というから副社長にしてあげた。会社の収益が上がらないから報酬も出ない。結果、関川は出ていってしまった」とのことだが、そもそも論でいえば、W☆INGの旗揚げ時にFMWから引き抜いたようなものだ。海外マットが長い一匹狼気質のレスラーだけに、待遇に不満が募れば、こうなることも致し方なく、文句は言えない部分もある。

ただ、ファンからしたら青天の霹靂だった。

月光闇討ちデスマッチが行なわれた後楽園大会にも普通に出場していたし、すでに9月上旬には松永光弘との一騎打ちも発表されていた。水面下で揉めていた事実を知らないファンにとって、わずか5日前まで出場していた主力選手が離脱するなど、考えられなかったのだ。

W☆ING側の対応は早かった。

FMWに乱入した2日後には記者会見を行ない、茨城清志が「ポーゴとのあいだに契約書はない。新天地でがんばってほしい」とコメント。キニョネスだけが「これで俺様の魔の手から逃れられたと思ったら大間違いだぜ！」と物騒なことを言った以外は、拍子抜けするぐらい冷静な内容だったが、これは「ポーゴが抜けてもW☆INGにダメージはない」ということをアピールする意味合いが大きかった。

このあと、ポーゴはFMWの首都圏興行を連続して襲撃。7・24北九州で早くも大仁田との電流爆破デスマッチが決定した。

これを受けてW☆INGは今後、予定されているデスマッチの図面を一挙に公開する、という手段に出た。ポーゴはこれらのデスマッチの概要を知っている。早々に発表しておかないと、ポーゴ発案のデスマッチとしてFMWマットで行なわれてしまう危険性があった。だから、その可能性を摘んでおかなくてはいけなかったのだ。

以前からW☆INGではデスマッチ王決定戦として『KING OF DANGER』を8月からスタートさせることをアナウンスしていた。8月に大阪、9月に関東、10月に名古屋、そして年末に九州で大型デスマッチを開催。トーナメント形式ではなく、松永は「4試合すべてに出場して、俺がデスマッチ王になる」と宣言していた。

事前のファン投票で参加希望選手を募ったところ1位が松永、2位がポーゴ、3位がレザーという結果になったが（この3人だけ票数が多く、かなり離れて4位にフレディ、5位にサリバンと続いた）、この時点でポーゴとレザーが出場できないという非常事態だ。もう松永が前面に出ていくしかなかった。

すでに8月の大阪では松永光弘vsフレディ・クルーガーの「プエルトリコスタイル・ファイアーデスマッチ」が決定しており、9月には「火炎流星デスマッチ」（金網の上部から火の玉が降ってくる！）、そして12月にはポーゴが「首がちょん切れるかもしれない」

と発言していた「ウインドウ・クラッシュデスマッチ」（リングを爆薬が仕掛けられたガラス板で囲み、選手が触れると爆発してガラスが砕け散る……）を敢行すると、詳細な図面をメディアに配布して発表。たしかにこれで真似をされてもW☆INGオリジナルであることは証明されるが、大宝拓治や畑山和寛によると「まったく実現のメドは立っていなかった。完全に見切り発車で発表した」とのこと。たしかにどのデスマッチも実施にはかなりの経費がかかる。そう簡単には実現できないものばかりだった。

それでも、そこに松永光弘さえいてくれれば、ファンは夢を見ることができた。だが……。

ポーゴ離脱で松永光弘はW☆INGの一枚看板となった。

今後、予定されている大型デスマッチにすべて参戦するとなると、肉体的にも精神的にもかなり負担がかかる。そこで浮上したのは、待遇面の問題だった。

すでに書いたようにこの時点で松永の月収は22万5000円だった。

ちなみに離脱するまでポーゴは月に40万円をもらっていた。

「ビクターは『マツナガに40万を払え』と言ってくれたんですよ。ポーゴさんがもらっていた額をそのまま渡せ、と。それでも会社的には私がもらっていた金額はまるまる浮くわけじゃないですか？　まぁ、そこまでは要求しなかったですけど、もう少し、アップしてくれ、という想いはありました。

そうしたら翌月に25万円が振りこまれていたんですよ。あぁ、少しは気持ちが伝わったのかな、と思っていたんですけど、ただ単に経理上のミスで多く振りこまれていただけで、次の月にはその2万5000円が差っ引かれて20万円しか支払われなかった。ちゃんと茨城さんが説明してくれれば、まだいいですよ。わざわざ中牧さんを介して『なんかミスがあったようで、先月、多く払ってしまった分は今回、差し引かれるらしい。ごめんな』と伝えてきた。正直、信頼関係は崩れましたよね」（松永光弘）

ただ、この時点でも松永にW☆ING離脱の意志はなかった。

ポーゴの自宅に押しかけて「またくる　ゆるさん」という貼り紙をしてきた事件が東スポで報じられ、話題になったが「あれはさすがにやりすぎたな、と思って、ポーゴさんの自宅の留守電に『すみませんでした』と吹きこみました」（松永光弘）。大仁田厚からは7・30名古屋に来い、という呼びかけがあり、松永もそれを受諾。大仁田vsポーゴの勝者とFMWのリングで闘うが、その見返りとして大仁田にはW☆INGの「火炎流星デスマッチ」に参戦しろ、という要求をぶつけていた。

このあとの展開を知ってしまっているいまとなっては、ポーゴ離脱から続く一連の流れは、すべてFMWと大仁田が描いた絵なんじゃないか、と思ってしまう。だが松永は「それはまったくないです。8月2日のファイアーデスマッチまではW☆INGを離脱しようという選択肢はなかった」と断言する。

たしかに松永にジェラシーを抱き、一時は大凡戦を仕掛けられるほど関係が悪化していたポーゴが抜けたことで、W☆INGは松永にとって「闘いやすいリング」になっていた。独創的なデスマッチも続々、決まっていて、自分が主役になれる可能性が高いのだから、金銭だけを理由に離脱する必要はないはずだ。しかし、人の心というのは、ちょっとしたボタンのかけ違いで、変わってしまうもの、なのだろうか――。

クリプト・キーパーを巡るズンドコ劇

7月シリーズから新たな怪奇派レスラーが登場する。

その名はクリプト・キーパー。

その誕生の経緯をキングレコードの大槻淳プロデューサーが詳細に語ってくれた。

「たまたまキングレコードで『新ハリウッド・ナイトメア』というアメリカのドラマシリーズをソフト化することになったんですけど、その担当者から『このドラマの登場人物をプロレスのリングに上げて話題作りをすることはできないだろうか?』という相談を受けたんですよ。

それがクリプト・キーパーでした。このドラマは日本でいえば『世にも奇妙な物語』のような感じで、キーパーはストーリーテラー役。つまりはタモリの役回りなんですよね。見た目もグロいし、たしかにこれはプロレス向き。いや、もはやW☆ING向きだな、と。これまでもスプラッター映画のキャラクターが参戦していましたけど、はっきり言って、みんな無許可だったじゃないですか(苦笑)。でも、ウチが仕掛けることでクリプト・キーパーに関してはビデオのプロモーションの枠内であれば、完全にオフィシャルなキャラとして動かせる。プロレスに関わる仕事をずっとやってきて、いつかはこういう形で役に立てることがあったら、とかねてから思っていたので、これはいい機会だ、と思って、すぐにW☆INGに話を持っていきました。もう、その場で『やりましょう!』となり、ビクターも『中身は任せておけ。ちょうどいい選手がいる。チャンピオンになってもおかしくない男だ』とノリノリでした」

6月23日と7月1日にビデオがリリースされる予定だったため、クリプト・キーパーのデビュー戦は7・7後楽園に決定。ジェイソン・ザ・テリブルを相手に、そのキャラクター(地下墓地の管理人)を活かして棺桶デスマッチを敢行することとなった。

その前日、マスコミを集めてのお披露目会見を行なっている。これはプロレスメディアを相手にしたものではない。これもまた令和の世ではちょっと想像がつかないかもしれないが、当時は「ビデオ情報誌」というジャンルの雑誌が山ほどあった。そういった媒体を中心に、会見には30社が出席。「あの人気ドラマのキャラクターが現実の存在としてプロレスラーに！」という煽りにたくさんのメディアが乗っかってくれたのだ。

翌日の試合はプロレスメディアが大きく扱ってくれるから、とにかく、この記者会見がパブリシティーとしては最重要だった。ここまではすべてがうまく回っていたが、状況は会見直前に一変する。

「いざ、会見がはじまるというときになって『飛行機が遅れていてクリプト・キーパー（の中身）が来られない』っていうんですよ。じゃあ、誰か別のレスラーにマスクを被せて、となったんですけど、それもできない、と。別に試合をやるわけじゃないんだから問題ないじゃないですか？　でも、なぜかできないの一点張りで、会見は中止になりました。あわてて大宝がやってきて、集まったメディアの方々に『すいません、明日の後楽園ホールには必ず参戦しますので、どうか見に来てください』と招待券を配ろうとしたんですけど、そんなもの、誰も受け取りませんよね。プロモーションとしては、もうグダグダでした」

（大槻淳）

さらに試合当日、グダグダはクライマックスを迎える。

「棺桶に入れられたまま入場してきて、お客さんもすごく盛り上がっていたので、『よし、これはいいぞ！』と思っていたんですけど、棺桶が開いた瞬間に言葉を失いました。みなさん、クリプト・キーパーといえばでっかいガイコツのマスク、つまり後楽園に初登場したときのマスクを思い起こすじゃないですか？　あれ、原作とはまったく関係ないんですよ！　ドラマを見ている人からしたら、『あれはクリプト・キーパーなんかじゃない！』ってなっちゃうようなシロモノだったんです。

前日、記者会見で誰か別のレスラーにマスクを被せて……という提案が無視された理由がわかりました。マスクの作成が間に合っていなかったから、そもそも代役を立てることなんて不可能だったんですよね。いやぁ、参りましたよ。私は洋画担当者と一緒に観戦していたので、試合中、ずっと冷や汗をかいていました。まぁ、プロレス業界だけの話だったら、なぁなぁで済ませられるかもしれないけれど、この案件についてはいろんな部署の人間が絡んでいるから本当にシャレにならない。笑えないですよ、これは」（大槻淳）

ちなみに、マスク以外のコスチュームは原作に沿ったものだった。入場テーマ曲もテレビドラマの主題歌をアレンジした楽曲をわざわざ作っていたのに、肝心の「顔」がまったくの別モノという衝撃の展開。ジェイソンやフレディほど知名度がないから、この「顔」

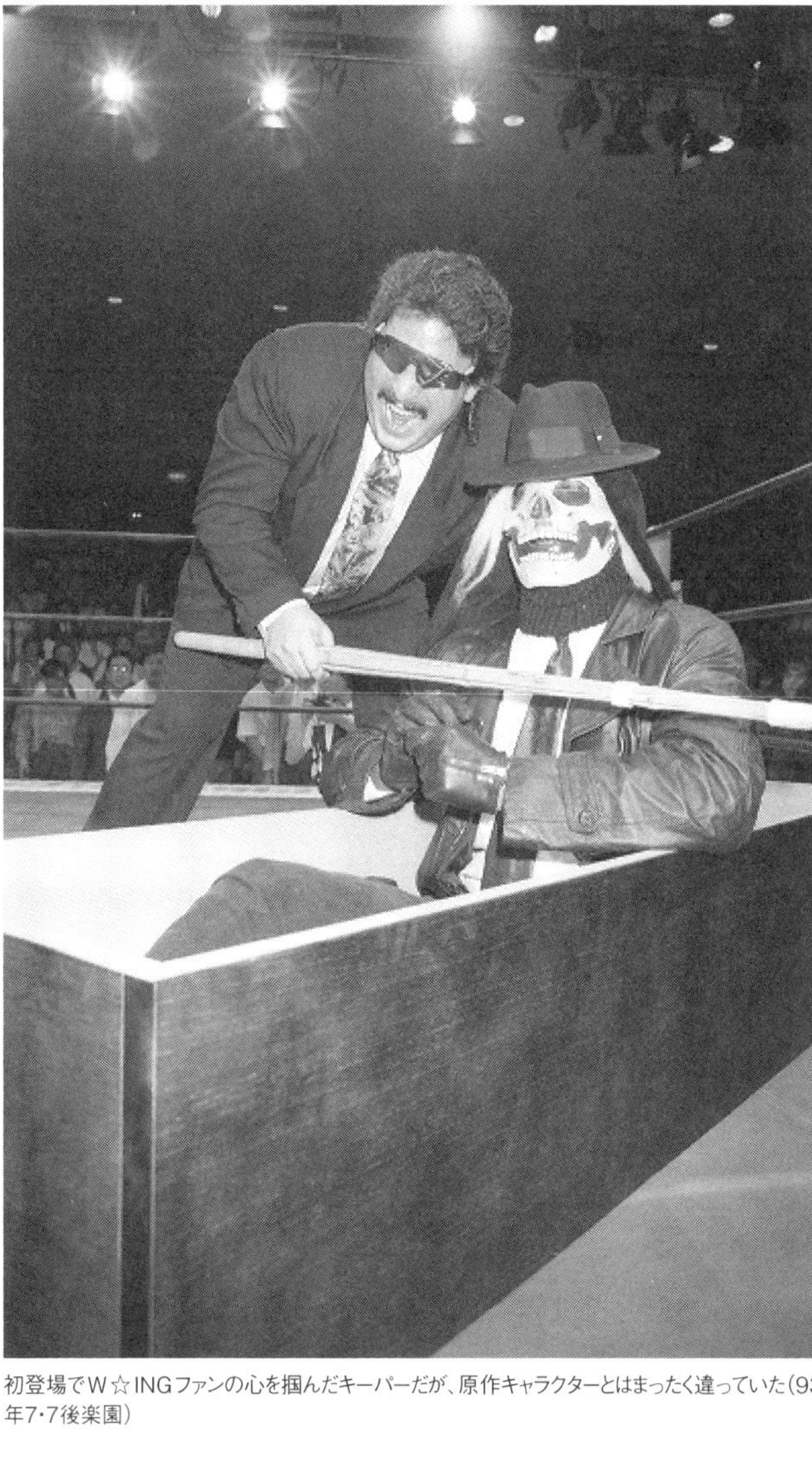

初登場でW☆INGファンの心を掴んだキーパーだが、原作キャラクターとはまったく違っていた(93年7・7後楽園)

がホンモノだと認知されてしまう、というマイナス面を考えたら、このコラボは「超」のつく大失敗だったことになる。

数か月後、ようやくマスクが完成したのか、テレビドラマに近いものを着用するようになったのだが、今度はなぜかコスチュームが一変。迷彩服にはじまり、ついにはベースボールシャツという謎のコスプレに走るようになり、もはや原作の世界観は完全崩壊。せっかく初のオフィシャルな怪奇派が誕生する絶好の機会だったのに、W☆INGは自らの顔に泥を塗りたくってしまったのだ。

ポーゴ離脱の穴を埋めた邪道&外道

そんな波乱もあった7月シリーズ『BEST CHAMP'93』だが、大宝拓治はこのシリーズの最終戦となった横浜文化体育館が「本当の意味でのW☆INGのピークだった」と断言する。

「とにかくお客さんがいっぱい入ったじゃないですか? それにマードックがいて、マスクド・スーパースターがいて、とにかく華やかだった。そして邪道、外道のサプライズ登場ですからね!」

この日のメインは金網手錠ウォーゲームだったが、シリーズ名が示すようにWING認定世界へビー級王座決定トーナメントが開催されていたため、当日まで対戦カードは未定となっていた（ちなみに初代王者には伏兵のクラッシュ・ザ・ターミネーターが就いた）。そしてキニョネス軍団のXとして、いきなり金網の中に飛びこんできたのが邪道＆外道だった。

このタイミングでの登場、しかも当日発表ということで、多くのファンはポーゴ離脱を受けての緊急テコ入れだと思ったようだが、じつはそうではなかった。

「もっと前から決まっていましたよ。ビクターがメキシコでふたりと会って、そこで話を決めてきたんですよ。そのときの写真をマスコミにも事前に配っていたので、なにげに週プロさんでも前フリとなる記事は載っているんですけどね。

参戦が決まった段階では、まだポーゴさんが離脱するとは思っていなかったので、僕としては横浜文体でポーゴさんと秋吉さん（邪道）のシングルマッチを組みたいな、と考えていたんですよ。ユニバーサル時代から、どうしてもタッグ屋のイメージが強かったじゃないですか？　だから、そうじゃないんだよ、シングルプレイヤーとしてもすごいんだよ、ということをアピールしたかったんですよね。結果的に、それは実現しなかったですけど、あのタイミングでの参戦でW☆INGは救われました」（大宝拓治）

畑山和寛も「救世主でしたね、あのふたりは」と振り返る。

主力選手の離脱が続くＷ☆ＩＮＧマットに彗星のごとく突如、現れた邪道＆外道。本当に勢いがあるときは、誰かが欠けても、すぐにニュースターが登場する。まだＷ☆ＩＮＧにはツキが残っている、とスタッフは思っていた。

ちなみに満員になったのは、この興行が『アルファ・ジャパンプロモーション』への売り興行だったため。同社はのちに闘龍門ＪＡＰＡＮの興行を手がけて、超満員を連発している。ついでにいえば、戸田での釘板デスマッチも、のちにＩＷＡ ＪＡＰＡＮ（実質的なＷ☆ＩＮＧの後継団体）のオーナーとして有名になる浅野起州氏の『浅野オフィス』への売り興行である。

どちらも満員と超満員となったが、１００万円程度の安値で卸している売り興行なので、Ｗ☆ＩＮＧの収益はどれだけ客が入っても１００万円を超えることはなかった。

「これは僕がタッチしていた案件ではないんですけど、要は確実に稼げる興行を安く売るから、それ以外のちょっと厳しい興行もお願いしますね、という戦略だったみたいですよ。ただ、その戦略が当たっているかどうかというと……こういうビッグマッチを手打ちでやって、しっかり収益を上げていくべきだったな、と思いますね」（畑山和寛）

邪道＆外道の電撃参戦と横浜文体を満員にしたインパクトで、少なくとも対外的にはポーゴショックを吹き飛ばしたように見えたが、ここから事態はさらに急変していくことになる。

悲しみの「W☆ING憎し」

1993年8月2日。

あの船橋で行なわれた悔恨のファイアーデスマッチからちょうど1年。またしても松永光弘は炎の海に身を投じていた。

今度は大阪・南港イベント広場決戦。相手はフレディ・クルーガー。つまりは月光闇討ちデスマッチのリベンジということになるのだが、前回のファイアーとはかなり形式が違っていた。

それは「トーチ式」。炎がついたトーチを20本、リングの周りに配置。それだけでもなかなか危険な状況なのだが、トーチは取り外し自由で、火がついたまま相手を殴打することも可能だ。火で殴る、という新しい要素が加わったことで緊迫感はよりアップ。しかもフィニッシュはトーチをリングの中央に置いての、炎の上へのフェイスクラッシャー、という過激な一撃だった。

この日は天気が悪く、雨が降ったりやんだりしたため、リング上の雨水が炎で熱せられて、水蒸気となって両雄を包みこむ悪条件だった。レスラーはまだ倒れこんだりして、新鮮な空気を吸うこともできたが、常に同じ体勢でいたレフェリーの畑山和寛は酸欠状態となり、試合後、救急搬送されている。

ここから「KING OF DANGER」ロードが年末まで続いていくはずだったのだが、結局はこの一戦で終了してしまう。

なぜなら、全戦参加を表明していた松永光弘が離脱してしまったからだ。

「この試合の時点では、まだ離脱しようとは考えていなかったです。ただ、茨城さんとは揉めていました。ファイアーデスマッチの数日後から海外遠征が入っていたんですけど、私は『無理です』と断ったんですよ。先ほども話しましたけど、大きなデスマッチのあとは休まないとダメだと自分でもわかっていたので。それもなしでの海外遠征はありえなかった。

でも、茨城さんは『できる』と。なぜなら『プロレスラーだから』。結局、海外遠征に出発したんですけど、現地で倒れてしまった。茨城さんに救いを求めて電話をしたんですけど『自分でなんとかしろ』と。現地で戸口さん（キム・ドク）がいろいろと世話を焼いてくださって、なんとか生きて帰ってこられましたけど、こうなるともう限界ですよね。

ハッキリ言いましょうか？　そんな人についていけるかってことですよ。どんどんW☆ING憎しの気持ちになっていくのはつらかったです」（松永光弘）

帰国後、松永はFMWと接触する。向こうから会いたいという連絡があったのは、W☆INGの8月シリーズ『HOLLYWOOD NIGHTMARE』の開幕前日。松永は「明日から巡業なので洗濯が終わってからでいいですか？」と返事をしているので、まだ完全に離脱することを決めていたわけではなかった。

「ただ、（FMWと）条件面を話していたら、それはもう納得のいくものだったし、引っ越すための資金も出してくれるし、新しい部屋を借りるときの保証人にもなってくれる、という。茨城さんは保証人になってくれなかったんですよ（苦笑）。これで風呂なしアパートから脱出できることになる。そもそも私は旧W☆INGに誘われたときも、それを断ってFMWに行こうとした人間ですからね。『KING OF DANGER』が残っているといっても、レザーがいない状況では先が見えないじゃないですか？

私の場合、貧しい家庭で育ったので金もないし、頼れる実家もない。それなのにW☆INGには社会保険がなかったので、まだ親の扶養に入っていたんですよ。性格上、タニマチを作ってサポートしてもらうことも、女に食わせてもらうこともできなかったですから、もう自分で稼ぐしかなかった」（松永光弘）

薄給に加え、団体への不信感が重なり、ＦＭＷへの移籍を決めた松永。ポーゴ同様、Ｗ☆ＩＮＧとは契約書を交わしていないので法的にはなんら問題はない。８月シリーズに２試合だけ出場し、８・25後楽園ホール大会を欠場。その日のリング上から金村が「松永さんはもうＷ☆ＩＮＧには上がりません」と離脱をファンに報告した。

「選手にはちゃんと話しました。ほとんどの選手が理解してくれました。なかには『おめでとうございます！』と言ってくれる選手もいた。これ以上、ここにいてもなにもないんだから、新天地で活躍したほうが絶対にいい、と。

ただ、金村だけはなかなか納得してくれませんでしたね。彼の気持ちもわかるけれども、そこは情で動くわけにはいかなかった。最後に自宅まで行って話したら、移籍に納得してくれましたけど」（松永光弘）

会社がこんな状況なのに金の話なんかしたくない、という金村には、松永の離脱はやはり納得できるものではなかったようだ。

そして茨城清志も許していなかった。

「なんかさ、Ｗ☆ＩＮＧのせいで風呂なしアパートに住んでいるみたいなことを言っていたけど、それは個人の自由じゃない？　関川のときはシリーズが終わってからの離脱だったから静観したけど、松永の場合、シリーズに穴を開けたでしょ？　たしかに契約書はなかったけれど、ポスターやチケットに名前や写真が入っているわけで、弁護士に相談したら、それなら損害賠償請求できるかもしれない、と。それで記者会見で訴訟するかもしれない、と言ったんだよ」

どちらの言い分もわかる。

ただ、本書を読んでいただければわかるように、最初から茨城清志の松永光弘に対する評価は高くなかった（大宝拓治とともに松永を推していたフロントの遠藤信也もこのころ退社している）。ポーゴと松永が揉めたときも、僕からは常にポーゴの肩を持っているように見えていたため、いずれはこうなるであろう、ということはなんとなく感じていた。とはいえ、ここで抜けたら、W☆INGの存続自体が危うくなる、というタイミングでの松永の離脱には正直、驚きもした。

「せっかく、こうやって一冊の本にまとまるのであれば、それこそ表紙に大きく書いてしまってもいいですよ。『W☆ING崩壊のA級戦犯は松永光弘だ！』と。実際、そうじゃないですか？　私がW☆INGを潰したんですよ！

でも、やっぱりW☆INGに対しては特別な想いはいまだにありますよ。昨年、東京スポーツさんに依頼されてデスマッチ人生を振り返る連載をやらせていただいたんですけど、バルコニーダイブの話なんて、気がついたら泣きながら書いていましたからね……。現在、プロレスを引退して12年近く経ちますが、今でもステーキ屋に毎日のようにプロレスファンが来てくれます。やっぱり、『W☆INGのころ、見ていました！』と言われるのが一番嬉しいんですよね」（松永光弘）

ポーゴが抜け、松永まで去った。

強い光を放つ星たちが、現れては消えていく。W☆INGという夜空に瞬（またた）いた星たちの物語は、いよいよ最終章へと突入する――。

第6章
六等星の流れ星

業界内に流れた絶望的な噂

松永光弘とミスター・ポーゴという「二枚看板」が、わずか2か月のあいだに離脱してしまったW☆ING。誰がどう考えても「存続の危機」だったが、これまでも幾多のミラクルを起こしてきた団体だけにファンは一縷の望みを捨てていなかった。

まだ、金村ゆきひろがいる。

反対側のコーナーには、邪道&外道が立っている。

そしてビクター・キニョネスは健在なので、豊富な外国人選手の招聘ルートも断たれてはいない。それどころか2月の全面対抗戦で敗れ、半年間の追放処分となっていたプエルトリコ軍団もリングに戻ってくる。

これまでのように、突如としてピンチを救うニュースターが誕生すれば、まだなんとかなるんじゃないか？　そう思わせてくれたのは、これまでW☆INGがファンに夢を見せ続けてきた「貯金」のようなものだった。

その一方で、業界内には絶望的な噂が流れていた。

「W☆INGは今後、大規模な仕掛けのデスマッチを開催することはできない」

どうやら、8・2大阪・南港イベント広場で開催された松永光弘vsフレディ・クルーガーのファイアーデスマッチにかかった経費を業者にまったく払っていなかったようだ。業者への発注が必須となる派手なデスマッチは、この未払いが解消されないことには、どこも請け負ってくれないだろう、という極めて信憑性の高そうな噂話を耳にするようになった。

今回の取材を通じて、どうやらこの噂は真実であった、ということがわかった。そして、なぜ支払いが滞ってしまったのか、という理由も……。

「大阪のファイアーデスマッチは売り興行だったんですけど、じつはそのお金を1円も回収できていないんですよ。W☆INGが各方面に未払いをしてきたことは事実ですけど、その前に未払いを散々、食らってきているんです。

そうなんですよ。こういうことはこれがはじめてではなくて、一部しか回収できていないもの、まったく支払ってもらえていないもの、それが売り興行では結構、あったんですよね。普通の興行会社であれば、こうなったときにしっかり回収できる人間がいたり、それなりのノウハウもあったりするんでしょうけど、W☆INGにはそういったものがまったくなかった。だから、どこかでナメられていた部分もあるんじゃないですか？　W☆INGだったら踏み倒しても大丈夫だ、みたいな」（畑山和寛）

どんなにお客さんが入っても、これではお金はまったく入ってこない。支払いをしたくても、手元にまとまった金がない、という状況に陥りはじめていたのだ。事実、畑山和寛は大阪でのファイアーデスマッチ以降、団体崩壊まで1円も給料をもらっていない、という。もはや経営は破綻寸前だった。

茨城清志も回収できていない興行代金については「数百万とかいう話じゃないし、1000万円ではとてもきかないよねぇ〜」と認めている。これがW☆ING崩壊の大きな要因となったのは間違いのないところだろう。

「一度ね、ここはちゃんとしたほうがいいだろうと、昔、全日本プロレスにいた米沢（良三）さんに手伝ってもらえないだろうか、と相談したことはあったんだよ。結局、話はうやむやになっちゃったんだけど、そういう人が入ってくれていたら、ずいぶん、状況は変わっていたんだろうけどね」（茨城清志）

手作り感、といえば聞こえはいいが、興行の素人が集まって走り続けた団体のもろさが経営面を直撃していた。茨城の中にも外部のプロパーを呼んで立て直す、という考えもあったわけだが、実行に移すには至らなかった。ちゃんとした興行会社になるチャンスを逃してしまったW☆INGはさらに失速を続けていくこととなる。

そして、なによりも痛かったのはニュースターが誕生しなかった、ということだ。

松永が離脱した8・25後楽園では対戦カードが大幅に変更となり、クリプト・キーパーと棺桶デスマッチを闘う選手はXのままだった（もともとは松永の予定だった）。

「金村はサリバンとのシングルマッチがあるし、ここはもう中牧さんしかいない、と思ったんですけどね。W☆INGに入団するときにはかなりヒートを買いましたけど、さすがにもう大丈夫だろう、と。だって、がんばっていたじゃないですか？　ファンの方も認めてくれていると信じていたんですけどね……」（大宝拓治）

中牧昭二がW☆INGの窮地を救う希望の星になる……だが、それは幻に終わってしまった。リング上でメイン出場を宣言した瞬間、観客は「えーっ……」という反応。大宝たちにすれば、いまだに中牧アレルギーが強く残っていることは誤算だった。

メインで中牧はキーパー相手に奮闘したものの、ファンの評価を覆すことはできなかった。どんなピンチにも必ず救世主が現れる、というW☆ING伝説はここで途絶えてしまうこととなる。

「たられればを言っても仕方ないとはわかっていますけど、あのとき、Xに名乗りを上げたのが三宅どんだったら、W☆INGの未来はちょっとだけ変わっていたんじゃないかなって僕は思うんですよね。会場人気は根強いものがあったじゃないですか？　そりゃ、クリプト・キーパーに勝てるはずないんですけど、それでもガッツを見せてくれたら、絶対にお客さんは沸いたと思うし、その流れで10月のファイアーデスマッチに三宅どんが出ていたら……起死回生にならなかったですかね？　あの日、三宅どんを強引にでもプッシュしなかったことをすごく悔やんでいますよ」（大宝拓治）

この「大宝プラン」を僕の口から伝え聞いた茨城清志も畑山和寛も「いやぁ～、それは……」と苦笑いするばかりだったが、旧W☆INGの旗揚げから苦楽を共にしてきた大宝拓治にとって、やはり三宅綾は特別な存在だった。

「のちに三宅どんがWARに移って、天龍さんと対戦したりしたじゃないですか？　それを聞いたときに僕、ちょっと泣きましたもん。でも、できればW☆INGのリングでそういうチャンスがあったらよかったですよねぇ……」（大宝拓治）

この時期、6月にデビューした二代目覆面太郎（初代はストロング小林。この二代目は初代公認だった）、第1回新人オーディションの合格者である高山秀男（のちの非道）、そしてオリエンタルプロレス所属ながらレギュラー参戦していた荒谷信孝など新戦力も増え、久々に女子プロレスも復活するなど、全体的にボリュームアップが施されたが、やはりインパクトには欠けた。6月から欠場していたレザー・フェイスが戻ってきたものの、じつはこちらも〝二代目〟。中身はリッキー・パターソンに入れ替わり、初代ほどの殺気は感じられなくなっていた。

リングに漂う手詰まり感。そして、ついにあの「悪夢」が起きてしまった――。

ファイアー前の嫌な予感

１９９３年10月31日。

小田原駅前旧市営球場で、邪道&外道vs金村ゆきひろ&中牧昭二によるスクランブル・ファイアーデスマッチが開催された。

だが、このデスマッチに関しては大宝拓治も畑山和寛も「寝耳に水だった」と当時を振り返る。

「ふたりで地方営業に出ているときに新聞かなにかで知ったんですよ。だから『えっ!? なんじゃこりゃーっ！』となりましたね。なんで、いま、ファイアー？って。急すぎるじゃないですか？　デスマッチに至るまでのプロセスは丁寧にやってきたのに、今回はそうじゃないでしょ。とても賛成できなかったし、納得できなかったです」（大宝拓治）

「それだけ切羽詰まっていたんでしょうね。あぁ、とにかく現金が必要なんだ、とは察しましたけど、ファイアーってW☆ＩＮＧの切り札ですから。それを慌てて出すのはさすがにどうかな、と。遺恨もドラマもなんにもない苦し紛れにやったデスマッチだったんです

よ、あれは」(畑山和寛)

資金繰りの悪化を受け、唐突に組まれたファイアーデスマッチ。

結果としてそれは準備不足につながり、日本マット史上に残る大惨事を引き起こしてしまうことになる。

試合の前日、僕が四谷のW☆INGオフィスに顔を出すと、スタッフの女の子がせっせと雑巾を縫っていた。ビッグマッチの前日になんともノンキだな、と思っていたら「なにを言っているんですか? これ、明日のファイアーデスマッチで使うんですよ!」。そう、ファイアーデスマッチに必要不可欠な「火種」を手作りでこしらえていたのだ。この雑巾に灯油を染みこませたものを、有刺鉄線にセッティングして点火するわけだ。

過去にW☆INGで行なわれたファイアーデスマッチでは、この形式は採用されていなかった。かつてFMWが兵庫で行なったファイアーデスマッチがこれに近いスタイルだったが、すでに書いたようにそのときは火の大きさをコントロールすることができず、ほとんど試合は成立しないまま終わっている。

過去に自分たちでやった経験がなく(ちなみにこの日はリングの二面がその仕掛けで、残りの二面にはファイアートーチが立てられていた)、しかも他団体で大失敗しているシステムをなぜ、導入しようとしているのか? それは、業者に発注する金も信用もなくなっていたから、である。

もう、嫌な予感しかしなかった。

同じ日、金村ゆきひろも「前兆」を感じていた、という。

「ファイアーデスマッチの前の日、鶴見五郎さんと食事をしたんですけど、なんとあの鶴見さんが焼肉をおごってくれたんですよ！　こんな珍しいこと、ありますか？　これはもう明日は雪でも降るんじゃないか、と笑っていたんですけど、まさか、あんなことになろうとは……」（金村ゆきひろ）

茨城清志を除くフロント陣は反対したファイアーデスマッチだが、金村は「組まれたらやるしかないでしょう」。ここでビッグマッチを打たなければ経営状態はヤバい、と知っていた。W☆INGを潰さないため、自分ができることは体を張ることだけ……。そんな気持ちだけで金村はリングに上がった。

会場入りして、嫌な予感は本格的に「これ、ヤバくない？」という直感に変わった。

とにかく天気がよくなかった。強風がビュービュー吹いている。ファイアーデスマッチでは、風は大敵だ。それに加え、その風に飛ばされたゴミや枯れ葉がリング上に舞いこむような状況。野外だから風を避けるものはなにもない。唯一、タダ見ができないように会場を囲むビニールシートが風除けだったが、それすら強風で崩れかけていた。

これから火をつけて試合をするのに、ゴミや枯れ葉に引火してしまったらどうするのか？　あまりにもデンジャーな状況なのに、リングサイドには消火器すら見当たらない。なにかアクシデントがあったら、この時点で対応不可能なことは確実だったのだ。

バックステージでもドタバタが続いていた。

「9月シリーズの開幕戦が静岡県の伊東青果市場であったんですけど、そのときに興行を手伝っていたおばちゃんが小田原もお手伝いしたい、と。まぁ、ありがたい話だし、チケットを捌いてくれれば御の字じゃないですか？　でも、そのおばちゃんが試合当日もなぜか張り切っちゃって（苦笑）。それが不幸のはじまりだったんですよね。

消火器はなかったんですけど、一応、火を消すための水はバケツに入れて用意してあったんですよ。ただ、野外じゃないですか？　薄暗くなってきたら、もうどっちが灯油でどっちが水なのかわからなくなるんですよ。そう、灯油もバケツに入れてあったんですよ。で、おばちゃんが間違ってファイアーデスマッチの火種になる雑巾を水が入っているバケツに浸しちゃった。当然、その雑巾は火をつけても燃えないし、雑巾からしたたり落ちた水が、灯油と混ざってマット全体に広がってしまった……これがあの大惨事を生んでしまった大きな要因。そういう細かい初歩的なミスが偶然にも重なりまくってしまったんですよ」（畑山和寛）

ちなみにリングに向かう直前に「水で顔を洗いたい」という金村に若手が差し出したのは、まさかの灯油入りのバケツ。つまり、金村の顔は試合前にすでに灯油まみれになっていた。あわてて水で流そうとしたが、その瞬間、入場テーマ曲が鳴り響いてしまったため、肌に灯油を浮かせたまま、リングに向かうしかなかった。

「あの日は音響設備がなかったので宣伝カーからテーマ曲を流してました。まったくビッグマッチ感がないですよね（苦笑）。音響係は西田（のちにアイアンマン西田として、あらゆるインディーでレフェリーを務めることになる）とサバイバル飛田（のちに埼玉プロレスを設立する稀代のカルトレスラー）だったんですけど、宣伝カーの中で必死にテーマ曲をかけているのにまったくスピーカーから流れてこない。どうやらスピーカーがオフになっていたみたいです。とにかく、そんなことばかりでした、あの日は」（畑山和寛）

試合は邪道がファイアーバットを持ちこめば、金村が自分の腕に火をつけてのラリアットを放つなど、過去のファイアーデスマッチと比べて、かなりアクティブなものとなった。

死ななかった、ということだけ

だが、エンディングは突然、訪れた。

10月シリーズの開幕戦で邪道&外道に引き抜かれ、セコンドについていた非道が、マットに灯油を撒いて火をつける。そこに邪道がパワーボムで金村を叩きつけた。

マットの上は灯油と水が入り混じった液体が広がっている。そこに、すでに全身が灯油まみれの金村が投げこまれたのだから、たまらない。

背中に引火して大きく燃える炎。金村も本能的に危険を察知し、マット上で回転して消そうとするが、火はいつまでも消えず、リング下へと落ちていく。オーバーではなく、20秒近くずっと燃え続けていたのだ。

「じつは試合前もドタバタしていて、あの試合ってルールがちゃんと決まっていなかったんですよ。デスマッチなのに3カウントで終わるのはどうなのか、という話になって、直前に3カウントのあとに10カウントを数えるテキサスデスマッチ方式にしましょう、となったんですけど、あのときはもう3カウントを入れることすらできず、即座にレフェリーストップにしました」(畑山和寛)

ゴングが鳴ったあとも、邪道、外道、非道の3人はリング上で中牧昭二をいたぶり、「俺たちがニュー・ミスターデンジャーだ!」と勝ち誇った。だが、観客の目は場外でうつぶせのまま、虫の息の金村に釘付けになったままだった。背中の皮はベロリと剥けて、重度の火傷を負っていることは明らか。すぐに救急車で病院に搬送しなければ、危険な状態だ。

灯油まみれの体のまま、金村は火の中に投げこまれた（写真／ベースボール・マガジン社）

そんな中にありながら、金村はリングに上がってファンに頭を下げたい、と言った。そして、パートナーの中牧の腕を取ると、共にリングに上がり、他のメンバーを呼び寄せた。

「今日は負けましたけど、W☆INGの伝説をこのメンバーで今日から作っていきます！」

信じられないことに、背中の激痛に耐えながら、金村はそう絶叫した。

暗闇の中、W☆ING正規軍メンバー全員がリング上で手をつなぎ、両手を高々と上げる。客席から悲鳴にも似た「W☆INGコール」が湧き起こる。そのリングに向かって、ゆっくりと赤いランプが回転しながら近づいてきた。救急車が到着したのだ。それを待っていたかのように、金村はがくりと崩れ、マットに膝と手をついた――。

後日、病院にお見舞いに行ったら、金村は焼けただれた背中を見せて「これを写真に撮って、週プロに載せてください！」と懇願してきた。あわてて主治医がストップをかけたが、こうなってしまった以上、なんでもW☆INGの宣伝に利用しよう、という爆弾男の健気なまでの姿勢には、もう涙が出そうになった。

「あの試合に関しては、僕は死ななかった、ということですよ。だったら生き続けるしかないし、僕が立ち止まったらW☆INGに明日は来ない。それだけのことですよ」（金村ゆきひろ）

金村の損得を抜きにしたまっすぐな姿勢が、ファンの心を鷲掴みにした。それがあったからこそ、W☆INGは主力が次々と離脱しながらも存続することができた。でも、これだけの火傷を負ってしまったら、もう長期欠場は確実。苦し紛れのファイアーデスマッチは、さらにW☆INGを断崖絶壁へと追いこんでしまったのだ。

ブギーマン&フレディ「正体暴露」の真相

この年の年末シリーズは『MOST DANGEROUS TAG WARS'93』と銘打たれたタッグリーグ戦が開催された。年末といえばタッグの祭典、というプロレス業界のしきたりにW☆INGも乗っかった形となる。

そのシリーズで初参戦した怪奇派が、ブギーマンだ。

10月シリーズの最終戦でメディア向けにタッグリーグの告知をするために、レザーが「俺の新しいパートナーはコイツだ!」と呼びこんでいる。だが、実際のところ、ブギーマン本人はまだ来日していない時期だった。

じつは、あの日、乱入したブギーマンの中身はレフェリーの畑山和寛だったのだ!

「畑山にはブギーマンっぽいコスチュームを近くのホームセンターで探してきて、とりあえず乱入してくれ、と(笑)。よくリングが組み終わったあとにプロレスごっこをしているのを見ていて、そのときに見たフライング・ネックブリーカードロップが華麗だったので（畑山いわく、工藤めぐみ式とのこと）、なんならやっちゃえば、とも言ったんですけど、さすがにケガをしたらシャレにならないので、ボーッと立っているだけでいい、と。そうしたら、中身がレスラーではないと察知した邪道さんと外道さんが、『なんか、コイツ、不気味すぎて近寄れねーぞ……』とその姿に怯えながら後ずさりして、リングを降りていったんですよ。あれはファインプレーでしたねぇ～」（大宝拓治）

そのブギーマンがお騒がせの張本人となってしまう。

タッグリーグの決勝戦は大阪で組まれていたが、それを前にしたシリーズ天王山は川崎市体育館で開催された。

そこで思わぬ大事件が発生する。

公式戦の目玉カードとして組まれたのはレザー・フェイス&ブギーマンvsフレディ・クルーガー&クリプト・キーパーの〝四凶対決〟。だが、試合はあっけなく終わる。ゴングと同時に回転エビ固めでフレディを丸めこんだブギーマン。そのまま3カウントが入る。わずかに13秒の出来事だった。

「この試合は僕が裁いたんじゃないんですけど、ブギーマンが戸惑うレフェリーに『いいから、カウントを入れろ！』と言っているんですよ。本当は3秒で試合を終わらせたかっ

たんじゃないですか？　レフェリーが躊躇しているあいだに13秒になっちゃっただけだと思います」（畑山和寛）

試合が終わるとフレディはすぐにマスクを脱いで、自分の正体がダグ・ギルバートであることを明かすと「ブギーマンは俺の兄貴だ！」とアピール。そう、ブギーマンの正体はエディ・ギルバートだった。つまり、兄弟で怪奇派に扮し、敵味方に分かれて抗争を繰り広げていたのだ。

マスクマンがリング上でマスクを脱いで正体を明かすことはあっても、このときのように敵味方なく、壮大な〝ネタバレ〟をさせてしまう光景は見たことがない。しかも無気力試合までやらかしている。なんでもあり、とはいえ、これはプロレスにおける暗黙のルールを完全に逸脱している。

ギルバート兄弟がこんな非常識な行動を起こした理由はすぐに判明した。「ファッキン・イバラギ！」と中指を立ててみせると、マイクを握って「W☆INGはクソ団体だ」「俺たちはババのオールジャパンに参戦する！」と言いたい放題。そのまま、ふたりはこの日を最後に帰国してしまった。

当時、茨城清志は「どうなっているのかって？　そんなの俺が聞きたいよ」と戸惑い、バックステージでキニョネスに話を聞くと「俺が持ち歩いている睡眠薬が不自然に減っているんだよ。あいつらがくすねていたんじゃないのか？　いや、睡眠薬だけじゃなくて、もっとヤバいドラッグに手を出しているのかも……」と推測した。

もはや言い分が三者三様すぎて、当時は「全員がウソをついているのでは？」と疑っていた。だが、今回の取材を通して、どうやら全員が本当のことをしゃべっていた可能性が高くなってきた。

あの事件の際、茨城清志が状況を把握していなかったのはもちろんのこと、このシリーズ中に全日本プロレスに近い関係者がギルバート兄弟と接触していた、という情報もキャッチした。

もっとも、これは直接的な引き抜き工作などではなく、食事中に「オールジャパンだったら、これぐらいギャラが出るよ」という関係者の話を聞いたギルバート兄弟が「なんだよ、それ。Ｗ☆ＩＮＧのギャラは安すぎるじゃないか。もうやってられねぇ！」となってしまった、というのが事の真相のようだ。

これがギルバート兄弟のマイクアピールにつながってくるのだが、引き抜くつもりもなかった全日本にとっても大迷惑。万が一、本当に交渉していたとしても、ルールを重んじるジャイアント馬場がこんな掟(おきて)破りをする連中を招聘するはずがない。

そしてドラッグ疑惑についても、大宝拓治は「ビクターの睡眠薬が盗まれている話は巡業中から聞いてたし、エディから『お前、クスリに興味はないか？』とニヤニヤしながら誘われたのも事実。ひょっとしたら正常な状態じゃなかったから、あんな行動に出たのかも……」と振り返る。

とにもかくにも、この騒動でシリーズの柱であるタッグリーグ戦はめちゃくちゃになってしまった。

フレディ組とブギーマン組が途中棄権となり、さらには、アメリカ国内でギルバート兄弟と同じテリトリーでファイトしているムーンドックスまでも一緒に帰国。全7チーム中3チームがいなくなってしまう、という前代未聞の大混乱ぶりだった。

結局、リーグ戦は邪道&外道がヘッドハンターズを撃破して優勝。すでに邪道が金村を破ってWWC認定カリビアン・ヘビー級王座を奪取しているので、これで完全に邪道&外道がW☆INGの「エース」となった。

優勝後、邪道&外道はキニョネスがハンターズに加勢したとして仲間割れ。プエルトリコ軍団から飛び出し、非道とのトリオで活動していくこととなった。ファンにとっては実質上のベビー転向、である。W☆ING正規軍があまりにも手薄になってしまったことを考えると、もう邪道&外道にすべてを託すしかなかったのだ。

W☆INGが発信できなかった「文化」

ブギーマンとフレディの問題で大きな迷惑を被ったのが、W☆ING選手テーマ曲集のCDを製作していたキングレコードだった。クリプト・キーパーの一件に続いて、またしても怪奇派にしてやられた格好となった。

「前作の『プロレス　インディペンデントファイターズ』がスマッシュヒットとなったので、今度はW☆INGだけのテーマ曲CDを出そう、と。まさにあの川崎大会の日が先行発売日だったので、あの騒動を見て、茨城さんに『どうなっているんですか？　こんなことでは商品も売れないですよ！』と猛抗議したことを覚えています。まぁ、茨城さんは『そんなこと、俺に言われても……』と誤魔化しましたけど、さすがにこれは契約違反モノじゃないですか？　CDにテーマ曲が収録されている選手が発売日前にいなくなってしまうわけですからね。

結論からいえば、このCD、まったく売れませんでした。こんな騒動もあって、観客動員も落ちましたからね。なんか中古CDがとんでもないプレミア値で取引されていた、という話も聞きましたけれど、それはそもそも世の中に流通している数が圧倒的に少ないから、ですよ」（キングレコード・大槻淳プロデューサー）

大槻が憤るのは、このCDには予算も手間もかけてきたからだ。
「9月シリーズの最終戦が新潟であったんですけど、その会場まで大きな機材とエンジニアを連れて、選手の声を収録しに行ったんですよ。『デンジャーゾーン』のイントロに入る選手たちの『We are W☆ING!』とか、邪道&外道の『We are Jado&Gedo! ワッハハハ!』とかを会場で録音しました。1泊2日でエンジニアと一緒に出張ですから、予算的にはいっぱいいっぱいですよ。ただ、全選手が揃うのはこの日しかないというので、仕方なく新潟に行ったんですけど、金村選手がケガで休んでいて。だから、彼のイメージが強い『デンジャーゾーン』のイントロで流れる『We are W☆ING!』の掛け声に金村選手の声は入っていないんですよ、意外でしょ?」(大槻淳)
ちなみにW☆INGの入場式のBGMとしてもおなじみの「デンジャーゾーン」だが、実は旧W☆INGの旗揚げ戦ではまだ採用されていなかった。もう誰も覚えていないかもしれないが、最初のシリーズでは「オーバー・ザ・トップ」が使用され、そのあとの『TAKE-OFF 2nd』シリーズから「デンジャーゾーン」が使われるようになった。
「ただ、一度だけ『オーバー・ザ・トップ』が流れたことがあるんですよ。旗揚げから1年経って、長野だったかな? 旗揚げシリーズと同じ会場で試合をすることになって。そうしたら金村ゆきひろが『1年ぶりに戻ってこられたんですから、あのときと同じ曲を流

しましょうよ』と提案してくれて。そういうところ、やっぱり熱い男ですよ」（大宝拓治）

という。

大槻はレコーディングのために訪れた新潟大会でちょっと寂しい現実を見せつけられた、

「お金をかけすぎたので、もうちょっとなにか録りましょう、となって、試合中に2階席からマイクを伸ばしてお客さんの歓声やコールを録音し、それを効果的に曲とミックスするための素材にしようとなったんですが……録れ高はゼロでした。

お客さんは入っていないし、熱気もまったくない。松永選手が離脱したばかりで金村選手も欠場だから、致し方ない部分もあるんですけど、これはちょっとマズいな、と。もう凋落ははじまっていたんですよね」（大槻淳）

そして大槻はW☆INGという団体の〝もったいなさ〟のひとつとして、団体サイドから「文化」を発信できなかったことだ、と語る。

「テーマ曲CDも私の持ちこみ企画だったし、人気になったTシャツもデザイナーの植地毅さんの持ちこみじゃないですか？　周りの人間が面白いと思って動いただけで、団体サイドからなにか発信したわけじゃない。そうなると周りの人間が引いた時点で、もうなにも残らないんですよね。

ちなみに植地さんはW☆INGにTシャツを預けて委託販売をしていたんですけど、まったくお金が入ってこないことに憤っていました。自衛策として後楽園ホールの試合では植地さんが自分でTシャツを手売りしていました。後楽園ホールのロビーで物販をやるときにはテーブル一脚につきいくら、でお金を払わなくちゃいけないんですよ。そこでウチと植地さんとで折半してテーブル代を出して、一緒に物販していました。で、終わったあとで茨城さんに売り上げの10％を手渡す、という形でしたね」（大槻淳）

「そうなんですよ。植地さんが最初に話を持ってきてくださったときには、『ありがたいけど、そんなもの売れますかね？』という感じだったんですけど、デザイン案を見せていただいたときに『コレだ！』と思いました。商品化するときにはメンバーを代えたんですけど、ビクターを中心にキューバン・アサシンとモハメッド・フセインが並んでいる『WE ARE THE LAW！』（商品化の際にはキニョネス、レザー、ジェイソンの3ショットに変更）。この人選には痺れました！」（大宝拓治）

植地殺デザインによる一連の「W☆ING Tシャツ」シリーズは、紛れもなくこの団体が生んだひとつの「文化」だった。「WE ARE THE LAW！」Tシャツ以外にも「BEST CHAMP 1993」「WE ARE JADOH&GEDOH」Tシャツなど、W☆INGという団体が持っていた過激さと緩さを見事に具現化した秀逸なデザインはファンのあいだで語りぐさになっている。

30年近く経ったいまになっても、僕がアイドル関係のイベントをやると「小島さん、これいいでしょ！」とわざわざW☆ING Tシャツを見せびらかしに来る元フリークスとおぼしき面々が一定数いるのだ。これって、とんでもない話ではないか。

その中でひとつ大きな謎が残っていた。小田原で松永とレザーが五寸釘デスマッチをやったときのTシャツで、背中にドーン！と五寸釘のイラストが入っていて、その釘の中に「男釘」と書かれた一枚。当時、大仁田厚が背中に「男樹」と書かれたTシャツを着用していたので、そのパロディであることは明白。いまになって欲しくなり、いろいろと検索してみたが、その存在すら見つけられなかった。

「なんで知ってるんですか？　たしかにそのデザインは存在しました。ただ、茨城さんがふざけすぎじゃないか、ということでボツにしちゃったんですよ。結局、文字を『男釘』から『VS』に差し替えて、それを商品化しました」（大宝拓治）

「そのデザイン、私が小島さんに見せたんですよ。一緒に売店に出ているとき『これ、もう使わないからあげますよ』と植地さんにもらって。そんな一瞬だけ見たものが30年近く経ってもいまだに脳裏に焼きついているって、本当にデザインの力ですよね」（大槻淳）

まさにW☆ING文化遺産、である。

満足なカードすら組めなかった2周年興行

12月2日、2周年記念興行が駒沢オリンピック公園体育館で開催された。

大会の発表がされたのは9月。まだ金村ゆきひろが元気なときだったが、体育館の前で記念撮影をするときには日本人レスラーだけでは人数的にあまりにも寂しい、ということで茨城清志、大宝拓治、畑山和寛の3名も加わって、なんとか「団体感」を出していた。

やはり、あの状況下でのビッグマッチは無謀ではなかったか?

「あれ、ただの2周年記念興行じゃなかったんですよ。じつはアメリカの大物フリーレスラーが集まってアジアをサーキットする、という計画があったんですね。結構なメンバーだったんですよ、元WWFの選手もいたりして。そのツアーで日本でも試合をしたい、ということになり、じゃあ、ウチとコラボしませんか?ということになったんですね。それで駒沢を押さえたんですけど、そのアジアツアーの話がなくなってしまって、ウチが単独で興行を打たなくちゃいけなくなっちゃった(苦笑)。だから最初の段階では勝算があったんですけど、結果、無謀な挑戦になっちゃいましたね」(大宝拓治)

ダメなときはとことんダメ、という典型的な例である。

メインは邪道&外道vs中牧昭二&荒谷信孝の有刺鉄線金網タッグ戦。とにかく日本陣営が手薄すぎて、せっかく邪道&外道がファンからエースとして支持を集めていたのに、これといったカードが組めない絶望的な状況だった。この対戦は現状で出せるベストのカードだったが、前述のタッグリーグ公式戦で実現したばかりで、新鮮味に欠けていた。

もうひとつの目玉であるヘッドハンターAとヘッドハンターBによる初の兄弟対決(タッグでの絡みは過去にもあり)も無効試合という不透明決着で、ファンの満足度は極めて低いものとなってしまった。

思い返してみてほしい。

W☆INGがファンに熱狂的な支持を受けたのは「会場に行けばなにかが起こる」という期待感と、実際に会場に行ってみたら予想していた以上の出来事が起きる満足感。この好循環で短期間のうちに団体はブレイクしていった。

それを支えていたのは、レスラーの勇気と決意だ。だが、人材不足に資金難が重なり、もはやその基軸すらも守れなくなってしまった。松永光弘は本書の取材で「W☆ING崩壊のA級戦犯は私です」と語ったが、けっしてそんな単純な理由だけでなかったことは明らかだ。

「タイミングもあったと思うんですよ。このころからいろんな団体ができたじゃないですか?　そちらに選手がどんどん動いていって日本人選手が圧倒的に足りなくなってしまっ

後期W☆INGは邪道&外道の存在なくして成り立たなかった(93年10·19後楽園)

たのが大きいですよね。松永さんが離脱したのと、ちょうど時期が重なるんですよ、そういう状況が広がってきたのが」（畑山和寛）

谷津嘉章と仲野信市が立ち上げた、社会人プロレスSPWFには島田宏が上がるようになり、青柳政司館長が旗揚げする新格闘プロレスには非道が参加することになる。互助会的に選手の貸し借りを行なってきたオリエンタルプロレスは1993年暮れに崩壊。ますます選手の確保が難しくなっていった。

このころの話になると、茨城清志の口は重くなる。なにか話しにくいことがあるわけではない。すでに金策に追われる日々が続いており、現場の記憶は混乱の中に消えてしまっていたのだ。

そして、またひとりの男が愛着あるW☆INGから離れようとしていた。旗揚げから、いや旗揚げ前からW☆INGに情熱を傾けてきた大宝拓治が、ついに団体を離れることを決意したのだ――。

1994年1月14日。

年明け早々に戸田市スポーツセンターにおける釘板デスマッチで勝負を懸けたW☆INGだったが、そのカードはジェイソン・ザ・テリブルvsクリプト・キーパー。ついに目玉商品のデスマッチから日本人選手の名前が消えた。たしかにジェイソンのファンの支持率は高く、準日本人的な扱いではあった。だが、やはり、生きるか死ぬかの試合には日本人選手が不可欠だ。感情移入の度合いがまったく違ってくるからだ。

そして、この日を最後に大宝拓治はW☆INGを退社した。

もう理由は書くまでもないだろう。むしろ、ほぼ無給でここまで団体運営に全力を傾けてきたことが異常だった。彼は最後までW☆INGにとどまらなかったことを恥じているようで、本書の取材にも当初は「僕なんかが出てはいけませんよ」と自虐的に拒絶していたほどだ。だが、彼の証言がなかったら、この本は存在していない。

すでに前年から「もう限界だ！」と茨城清志の自宅マンションに辞表を叩きつけに行っては、うまいこと懐柔(かいじゅう)されて帰ってくる、ということが続いていた。

かつてはレスラーのたまり場になっていた、茨城の池袋にあったマンションも、いよいよ家賃の滞納が続き、ライフラインすら危うくなっていた。

一度、大宝が直談判に行ったときには、茨城に「カレー、食べる？」と聞かれた。すでにガスが止まっており、電気ケトルで温めたレトルトカレーが出てきた。状況を察した大宝はなにも言えずに帰ってきた、という。なにひとつ引き留めの言葉を発せずして、相手を説得してしまう茨城清志の類(たぐい)まれなる人間力。ひょっとしたら、それがW☆INGに残された最後の武器だったのかもしれない。だが、もはや、その神通力すら届かなくなっていた。

「戸田大会では秋吉さん（邪道）、高山さん（外道）に『すいません、今日で辞めることになりました』と挨拶をしたんですけど、おふたりは笑って送り出してくれて。秋吉さんは『おう！　またどこかでな！』と言ってくれたんですよ。それがもう嬉しくて……」（大宝拓治）

この本でも書いてきたが、大宝拓治と邪道にはFMW時代から接点がある。そこから紆余曲折を経て、ふたたび同じ団体で仕事ができるようになった。大宝にとっては「やっと恩返しができた」という気持ちがあったのだ。そんな万感の想いを胸に、大宝はふたりにW☆INGを託した。

しかし、それから1週間も経たないうちに、今度は邪道&外道がW☆INGを離れることになる。大宝拓治に言った「まだどこかでな！」は「W☆ING以外のリングでな！」という意味合いだったのである。

突然、訪れたW☆INGの最期

W☆INGへの電撃参戦からちょうど半年。

邪道&外道は天龍源一郎率いるWARへの参戦をブチ上げた。天龍というよりも、ユニバーサル・プロレス時代から因縁浅からぬウルティモ・ドラゴン（浅井嘉浩）がWARにいることが参戦の大きな理由だった。ふたりは「W☆INGとはそもそも契約を交わしているわけではない。俺たちは完全にフリー。どのリングに上がろうと問題はない」とメディアに対してアピール。もうW☆INGには参戦しない、と断言した。

最終的にはラストマッチとしてW☆INGの2・11後楽園大会に出場することになり、会場は超満員札止めとなった。邪道&外道を送り出す、という思いと同じくして、「もうW☆INGも終わりかもしれない」という悪い予感を胸に足を運んだファンも少なくなかったはずだ。事実、これがW☆INGが後楽園ホールを満員の観衆で埋めた、最後の大会になってしまった。

そのわずか4日後、ふたたび開催された後楽園大会では金村ゆきひろが復帰。とはいえ、団体の危機に無理を押しての出場であることはひと目でわかった。まだ背中の火傷は癒えておらず、保護のために大きなスポンジで背中をガードしてのリングインとなった。

復帰戦の相手は非道。

金村が負けたら3か月間の出場停止、非道が負けたらW☆INGマット追放、という残酷なルールだ。前述の通り、すでに非道は本名の高山秀男として新格闘プロレスに参戦することを心に決めていた。つまり、これが事実上、非道のラストマッチだったのだ。

「タカ、お互い、ビッグになってまた会おうや」

惜別マッチを終え、金村はそう言って後輩・高山秀男を送り出した。センチメンタルな雰囲気が漂うリングにPWCの高野俊二が登場。マイクを握ると金村に対し、「お前はいいやつだ。さっきはいい言葉だったよ」と称賛の言葉をかけた。これまで何度かW☆INGマットに上がっていた大物だけに、新たな助っ人としてファンは期待を寄せたが、このストーリーが発展することはなかった。

さらに、3・9後楽園大会ではジュニア戦線をけん引してきた茂木正淑がSPWFへの移籍を表明。そのままSPWF代表として新日本プロレスが主催するジュニアヘビー級の祭典「J－CUP」に出場することも決まった。そんな大きな夢が広がっているのであれば、誰も止めることはできない。しかし、邪道&外道、非道、茂木。たった1か月で主力選手が4人も離脱……これはもう致命傷である。

それでも茨城清志はW☆INGの活動継続を宣言する。4・17後楽園開催を皮切りに、5月にはケビン・サリバン参戦、8月には金村が出場するファイアーデスマッチを開催するなど、半年先までのスケジュールを明かした。この時点でW☆INGに残留することを

団体の危機に、背中の火傷も癒えない中、復帰した金村と共に選手たちは手を合わせた（94年2・15後楽園）

決めていた日本人選手は金村ゆきひろ、中牧昭二、ジ・ウインガーの3選手のみ。選手不足のため、3・9後楽園でも5試合しかラインナップできなかった。

これからも興行を続けていくのであれば、離脱した選手たちの穴を埋めるためにさらなる外国人選手の招聘が不可欠となる。そのためには、さらなる経費がかかる……。もう存続は誰の目にも不可能な、「世界で最も〝経営が〟危険な団体」になっていたのだった。


1994年3月13日。

アメニティトライアル多摩21。

わずか4戦のミニシリーズの最終戦は、のどかな日曜日の昼下がりに行なわれた野外大会だった。

メインイベントは金村、中牧組が2月から参戦しているケンドー・ナガサキとタッグで激突（ナガサキのパートナーは荒谷）。インディーシーンでのナガサキといえば、強烈なイス攻撃が印象的だが、この日はオーソドックスなレスリングに終始。気がついてみれば、W☆INGのメインイベントとしては異例の場外乱闘が一度もない試合となった。

〝なんだかW☆INGっぽくない試合だったなぁ〜〟

僕が胸に抱いたその感想がすべてだった。

じつはすでに水面下では新団体・IWA JAPANの旗揚げ準備が進められていたのである。畑山和寛は「この時点でうっすら話を聞いていました」と語るが、金村ゆきひろは「僕たちレスラーはまったく聞かされていなかった」という。まさに混乱期。僕はシリーズの総括をしてもらおうと試合後、茨城清志の姿を探したが、結局、見つけることができないまま、会場をあとにすることとなった。

それがW☆INGの最期、だった。

給料制と茨城の優しさ

この数日後、僕はビクター・キニョネスとウォーリー山口に呼び出され、W☆INGの活動停止と、金村、中牧、ウインガーの活動の場として新団体・IWA JAPANを旗揚げすることを伝えられた。「それをうまいこと週プロの誌面を使ってW☆INGフリークスに届けてほしい」というのが、彼らのオーダーだった。

キニョネスはベビーフェイスに転向して、ファンが見たい外国人選手を招聘するブッカーとしての顔を前面に出すこと。団体をスムーズに発進させるためにもW☆INGフリークスを引きこみたいこと。そのために金村にはW☆ING魂を継承してもらうこと……。

W☆INGがなくなるという事実だけでもショックなのに、次なる展開がもう動きはじめている。突然、与えられた情報量が多すぎて、僕の頭は割れそうに痛くなった。

なによりもヘヴィーだったのは「これで終わりです」という興行があったわけではなく、じつはあれが最終回でした、とあとから告知されたこと。たしかにこれをファンが知ったら大きな衝撃を受けるに違いない。担当記者である僕にできることはW☆ING的なものはIWA JAPANに引き継がれる、ということをアピールして、ファンのショックを最小限に食い止めるぐらいしかなかった。

「じつはW☆INGの『最終回』をやりたい、ということは昔から遠ちゃん（遠藤信也）と話していたんですよ。どうせ、いつかは終わるんだから、ド派手に散りたいよね、と。まだポーゴさんがいるときだから、潰れることに現実味がなかったんですけど、僕たちが考えたのはUインターとの全面対抗戦ですよ！

当時、Uインターの若手選手だった人から『W☆INGに参戦したい』という申し出があったんですよね。実現はしなかったんですけど、たしかに対抗戦をやったら面白いな、と。メインイベントは高田延彦vsミスター・ポーゴ！　どうせ、これで最終回なんだから、こっちは負けようとどうなろうとダメージはないじゃないですか？　それで儲かったお金をみんなで山分けして解散しようって話していましたね。もちろん、UインターがOKするかどうかはわからないですけど、新日本との全面対抗戦のずっと前から僕たちはそんなことを真剣に考えていたんですよ。先見の明、あるじゃないですか、アハハハ！」（大宝拓治）

たしかに荒唐無稽だけれども、山崎一夫のキックを食らってムクッと起き上がるジェイソン・ザ・テリブルとか、ゲーリー・オブライトと肉弾戦を繰り広げるレザー・フェイスはちょっと見てみたいし、松永光弘と安生洋二が闘ったら、結構、スイングしたんじゃないかな、とも……。こういう最終回があったら、文字通り、W☆INGは「伝説」となったのだろう。

「最終的には茨城さんの優しさ、ですよね。給料が止まった時期はあったとはいえ、若手にも一律10万円を払ってきたわけじゃないですか？ 集客が落ちてきてからはあれが相当な重荷になっていたんですよ。月に7試合として、1試合5000円のギャラで若手選手を使っていれば3500円。半分以下の負担で済むんですよ。でも、茨城さんは『それだけはできない。彼らの生活が大変だから』と。あそこでシビアになれたらな、とは思っちゃいますけどね」（畑山和寛）

のちに畑山はIWA JAPANを離脱後、新日本、全日本、ノア、WAR、全女、アルシオン、JWP、FMW、大仁田興行、みちのく、バトラーツ、闘龍門、T2Pなどの地方興行に主に携わるようになる。さらにW☆ING同窓会、出身地別東西対抗戦、レインボーフェスティバルをプロデュースするなど、プロモーターとしての道を歩んだ。

苦しいとされる地方興行を支えることで、団体との信頼関係を構築し、自主興行では各団体の主力選手のブッキングを実現させている。

ドラゴンゲートでは辣腕を振るい、W☆INGとしては興行を打つことすら叶わなかった、収容人数8000人規模の愛知県体育館を札止めにしてみせた。

「それもすべてW☆INGでの経験があったからできたことです。正直、悔しいんですよ。いまの経験値とスキルがあのときにあったら、W☆INGをあんなに早く潰すようなことはなかったよなって。せめて、あと数年は延命できたと思います。

でも、茨城さんにちゃんとした右腕的な存在がいたとしても、会社としてはしっかりしたと思いますけど、あのちょっと頭がおかしいような空気感は出せなかったでしょうね。だから、好きなようにめちゃくちゃやって、結果、2年半ちょっとで終わってしまったのは当然のことでもあったのかな、と。

ただ、ひとつだけ悔やんでいるのは自分の若さですよ。みんな、わかっていたじゃないですか？　茨城さんが団体の経営に向いていないことを。それをわかっていながら、僕たちはすべての責任を茨城さんに押しつけてしまった……そこはもう本当に申し訳なかったですよね。あのころの茨城さんの年齢を追い越したいまだからわかることなんでしょうけ

ど、W☆INGを潰してしまったのは、そういう僕たちの若さ、青さも関係しているんだと思います」（畑山和寛）

旗揚げ戦からラストマッチまでわずか949日。デスマッチ団体の寿命が「苦・死・窮」とは奇遇でもあり、皮肉でもあり、リアルでもあった。

夜空にきらめく無数の星。そのうち、いちばん明るい一等星はわずか21個しかない。おおいぬ座のシリウス、こと座のベガなど、誰もがその名を一度は聞いたことがある星も多い。一方、人の肉眼で見えるギリギリの明るさで光を放つのが六等星だ。いわば、夜空の片隅に瞬く無名の星。W☆INGに集った者たちもまた、六等星の男たちだった。新日本プロレスや全日本プロレスの選手のように、体格や身体能力に恵まれたレスラーは誰ひとりいない。フロント組もまた、プロレスが好きという情熱だけが原動力だった。

リングも道場もない練習環境。興行を打つノウハウは手探り。踏み倒され、未回収だらけの売り興行。大金どころか、給料さえ出ない日々――。

それでも、男たちはプロレスを愛し、リングで輝きたいと願い、日々、血みどろの闘いを続けた。プロレス界に一瞬の強烈な輝きを放ち、夜空に消えていったW☆ING。こうして、「世界で最も危険な団体」は終焉を迎えた。多くのレスラーとスタッフ、そしてファンの「青春」とともに――。

終章 ～30年目の10カウントゴングに代えて～

ある日の朝8時のことだった。

「大宝が見つかったって本当か？　本当なのか？」

名乗ることもしないで、電話口から興奮気味に話しかけてきたのは茨城清志だった。

こんな時間に電話をかけてくることも珍しいし、いつもだったら、まったく関係のない話をダラダラと10分ぐらいしたあとに「それでさぁ～」と本題を切り出してくることが多いのに、この日の茨城清志は明らかにテンションが違った。

「大宝と会いたいなぁ～」

W☆ＩＮＧ旗揚げから30年。

結局、W☆ＩＮＧプロモーションが活動を停止したあとも、茨城清志と大宝拓治は何度か「W☆ＩＮＧ」を冠した興行を手がけてきたが、どれもこれもうまくはいかなかった。

僕もふたりが１９９５年に仕掛けたW☆ＩＮＧ（ＥＣＷとの提携路線）の取材には行っているのだが、正直、「なんかW☆ＩＮＧとは違う」というのが正直な感想。いま風にいえば、あまり刺さらなかった。まさに大仁田厚の引退ツアーの真っ只中だったこともあり、そちらの取材で忙殺されていた僕は、それっきりW☆INGとは疎遠となってしまい、２００１年にディファ有明で開催された同窓会興行までノータッチのままだった。

その後も「W☆ING」の名を冠する興行はあったが、本書ではあくまで１９９１年８月７日から１９９４年3月13日までの「純正W☆ING」の軌跡を描いた。

もちろんFMWのリングで展開されたW☆ING同盟の闘いは熱心に取材を続けていたし、１９９４年8月28日に大阪城ホールで実現したミスター・ポーゴと松永光弘の一戦が週プロの表紙を強奪したときには、なんともいえない達成感みたいなものを感じた。

いまとなってみれば、あれが自分の中で「W☆INGが燃え尽きた瞬間」だったのかもしれない。

あれから30年が経ち、僕はなぜかアイドルの取材をメインにするようになっていた。茨城清志からの〝モーニングコール〟を受けたときも、たまたまアイドルの撮影がある日で、その準備のため、まさにスタジオに入る瞬間だった。

それを理由に電話を切ってしまったのだが、別に大宝拓治の連絡先を教えるぐらいの時間はあった。だが、それすらせずに電話を切ったのは、大宝が茨城清志と「会いたくない」と話していたから、だった。

別に憎しみ合っているわけではないけれど、25年近く、電話連絡すら絶っているのだから、もうその時点で「会いたくない」気持ちになっているのは明白である。

現在、中京地区のコンビニで働いている大宝は、リングアナウンサーとして「顔出し」してきたことを、ちょっと後悔していた。

「コンビニで働いていても、工事現場でバイトをしていても、必ず『W☆INGでリングアナウンサーをされていた大宝さんですか？』と声をかけられる。もう、いいじゃん！ってなっちゃうんですよね。30年も経ってるのに？って」

そんなこともあって、表舞台に出ることも、プロレス業界と関わることも極力、避けてきた。いろいろな関係者が接触を試みたけれども、誰ひとりとして彼に到達することができず、いつしか「幻の男」といわれるようになっていた。

そんな大宝拓治と奇跡的に再会することができた。

せっかくだから、大宝は茨城清志とも会ったほうがいいよな、と思いつつも、本人が拒絶しているのに、強引にあいだに入って話をまとめるのはちょっと違うな、と逡巡（しゅんじゅん）していた。だが、事態は僕と関係のないところで大きく動く。

「こちらから連絡をして、茨城さんと会うことになりました。小島さんもいらっしゃいますか？」

畑山和寛から、そんな連絡があったのは、茨城から電話があった数日後だった。

「あのあと、いろいろ話したんですけど、このタイミングを逃したら、本当に一生、会えないじゃないですか？　それこそ誰かのお葬式で集合するときぐらいしかないし、それは避けたいね、と」

現在、中京地区でコンサルタント業を営む畑山は多忙なはずなのに、この本の取材に全面的に協力してくれた。

一度、彼のオフィスを訪ねた際、普通なら神棚が置かれているような位置に目が行った。すっかり色褪せてしまってはいたが、あの当時、グッズとして売られていたW☆INGのフラッグが飾られていてグッときてしまった。

「やっぱり僕のすべてはW☆INGからはじまっていますからね。ただ、ウチの従業員は僕がプロレスに関わっていたことも、レフェリーをやっていたことも誰ひとり知らないんですよ。この本が出て、はじめてバレちゃいますね。こんな異常なプロレス団体で働いていたということが。大丈夫かな？　アハハハ！」

30年経って、みんな違う立場で、違う世界で生きている。

でも、W☆INGの話をするときだけは、あのころに戻れるのだ。あの「おかしな季節」を共に過ごしてきた者たちだけの一体感。きっと、それは読者にも共感してもらえることだと思ったので、あえて、今回はこの３人の証言を基本的な軸にして、本を構成していくことになった。

物書きを生業(なりわい)としている人間であれば、誰でも「このテーマだけはなにがなんでも一冊の本にまとめたい！」という題材や取材対象があるものだ。

僕のキャリアは週刊プロレスの記者からスタートしているので、長らく「雑誌こそが最強の活字媒体」というこだわりがあり、ほとんどの仕事を雑誌やムックで展開していたが、２０１３年ごろから活動のフィールドを雑誌から書籍へとスライドさせた。これはもう雑誌不況で、かつてのようにたくさんの仕事を得られなくなってしまった、というシビアな現実を受けてのもの。だが、やっぱり「一冊の本にまとめる」という作業は物書きにとって最高のエクスタシー。雑誌のような瞬発力はないけれど、いつまでも遺(のこ)る、というのは物書きにとってじつにありがたい話。過去の作品が何冊か文庫化されて、そのありがたみはより深いものになっていった。

年に2、３冊のペースで、これまでに20冊を超える書籍を書いてきた。ありがたいことに、そのときどきで書きたいテーマをまとめることができてはいる。ただ、プロレスという〝出自〟のジャンルで「なにがなんでも一冊の本にまとめたい！」と熱望してきたテーマが、ずっと手つかずで残ってしまっていた。

それがW☆ING、である。

本音をいえば、けっして手つかずのまま放置していたわけではない。

2001年ごろから雑誌やムックの企画としてW☆ING特集をずっと提案してきたし、10年前には旗揚げ20周年記念として、書籍の企画をいくつかの出版社に提出もしている。絶対に面白いものになる、という自信はあったし、なによりもこれまで類似本が出ていない。そろそろ、ちゃんと一冊の本にまとめておいたほうがいい、それをやるなら自分で、という使命感すら覚えていた。

しかし、その情熱はずーっと空回りしていた。

ハッキリ言ってしまえば、どの出版社も相手にしてくれなかったのだ。

たしかにわずか2年7か月で消滅してしまったインディー団体をテーマにした本はマニアックすぎる。どの出版社も検討すらしてくれなかった。当て馬で送った他の企画には食いついてきたけれども、誰ひとりとしてW☆INGの「ウ」の字も口にしてくれない。それでもあきらめずに何度も何度も企画書を練ってきたが、W☆ING本の話は10年以上、1ミリたりとも進展しなかった。

それがこの数年で一気に潮目が変わってきた。

一時期、ＵＷＦ検証本が立て続けに出版され、ちょっとしたムーブメントを巻き起こした。僕はＵＷＦにはほとんどノータッチで生きてきたので、そういった流れはまったく無関係な話だと思っていた。ところが、いわゆる波及効果というやつで、平成初期のプロレスにスポットを当てた書籍が続々と出版されるようになり、僕のところにもオファーが届きはじめた。

２０１８年に新日本プロレスの映像ソフト戦略を掘り下げた『誰も知らなかった猪木と武藤　闘魂Ｖスペシャル伝説』（メディアックス刊）、そして２０１９年には女子プロレス対抗戦ブームの舞台裏を当時の関係者の証言で紡いでいく『憧夢超女大戦　25年目の真実』（彩図社刊）を上梓した。

どちらも出版社サイドからお話をいただいたもので、僕は書きながら「こんなにマニアックな本、売れるのかな？」と疑問視していたのだが、２冊とも反響が大きく、特に『憧夢超女大戦　25年目の真実』は出版記念イベントにたくさんのプロレスファンが押しかけ、発売初日に増刷が決まる、という想定外のスマッシュヒットとなった。

もちろん、その背景には複数の要因があるのだろうが、そのひとつに令和という新しい時代がスタートし、平成初期が「懐かしい」というカテゴリーに入ってきたことが大きいのだと思う。若者のあいだでも一周回って新しい「平成レトロ」として話題になっているようで、テレビなどでも平成初期のエピソードが「昔話」として取り上げられるようになった。事実、いま、この本を書きながら、プロレスとはまったく別ジャンルの平成初期にスポットを当てた書籍の取材を進めている真っ最中である。

この路線の本が売れるのであれば、W☆ＩＮＧ本もイケるんじゃないか？

しかも２０２１年はちょうどW☆ＩＮＧ旗揚げから30周年となるメモリアルイヤー。タイミングとしては、もう最高である。

実際問題、これまでW☆ＩＮＧ本にまったく興味を持ってくれなかった出版社も、少しは話を聞いてくれるようになった。そんな中で「ぜひ出しましょう！」と声をかけてくれたのが、この本の担当編集である双葉社の手塚祐一氏だった。

彼は学生時代にW☆ＩＮＧの試合会場に熱心に足を運んでいたという「W☆ＩＮＧフリークス」のひとり。それだけに熱量も高いし、なによりもこまごまと説明をしなくても、こちらの言わんとしていることを理解してくれるから、非常に話が早い。

彼が提案してくれたのは、かつて僕が書いた『ぼくの週プロ青春記』（朝日文庫）のテイストで、当時の週プロ編集部の様子をリンクさせながら、僕の目線でW☆ＩＮＧの誕生から崩壊までを描いてほしい、というものだった。

僕はW☆ING旗揚げ戦の取材もしているし、すべてのシリーズになんらかの形で会場に足を運んでいる。そして、結果として最終興行となってしまった大会にも立ち会っているから、週刊プロレスの記者が目撃したW☆INGの「はじめからおわりまで」という切り口のドキュメントであれば、もう取材ナシですぐに書けてしまう。

ただ、自分の中ではそれだけでは終わらせたくなかった。

なぜなら、30年経ったいまとなってもW☆INGという団体には「謎」があまりにも多すぎるからだ。これは大きな悔恨でもあるのだが、まさか、あんなに早く潰れてしまうとは思っていなかったから「まぁ、今度、聞いてみればいいや」と後回しにしていたら、あっという間にW☆INGは崩壊し、団体を支えたキーマンの多くがすでに鬼籍に入ってしまった。

その「謎」を少しでも解明すべく、関係者からの聞き取り取材はしたい。

当初はそれこそ在籍していたレスラー全員に取材をして、とも考えていた。だが、過去にプロレス本を作ってきた経験上、いまも現役を続けている選手は立場的にいろいろと話しにくい部分が出てくる（『憧夢超女大戦　25年目の真実』では、そういった理由から現役レスラーのコメントはいっさい使わない、というスタンスで編集している）。

そして、30年という長い月日が経過してしまったことで「もう表に出て語りたくない」という選手も少なからずいた。なかには「取材は受けられない」「やっぱり協力したい」「いや、でも、やはり無理です」と揺れ動く心中を明かしてくれた選手もいた。最終的に断ったとしても、そうやって悩みながら、今回の取材に真剣に向き合ってくれただけでもありがたかった。

そうした選手がひとりでもいて、コメントをコンプリートできないのであれば、ここは割り切って歴代エースに絞りこんで取材をしたほうがいい、と方向転換した。

★　格闘三兄弟　齋藤彰俊
★　ミスターデンジャー　松永光弘
★　爆弾男　金村ゆきひろ

選手に関してはこの3人へのロングインタビューを軸とし、そこに当時の関係者の証言を組み合わせていく構成。編集の手塚氏からは「今回は読みやすさとか気にしなくていいですから、ゴツゴツとした原稿を書いてください。だってW☆INGの本ですよ？　きれいに計算された構成なんて似合いませんよ！」とありがたい助言をいただいていたが、実際に書きはじめてみると、これ以上、登場人物が増えてしまうと、さすがに読み物として収拾がつかなくなる。この手の本で起こってしまいがちな反論合戦に終始してしまう危険性もあったので、あえて取材対象は厳選させていただいた。

もし、この本が売れてくれたら、今度はたくさんの選手や関係者が登場するムック本を作ってみたいな、という想いはある。こればっかりは反響次第なのでわからないが、この本がきっかけで、ほんの少しでもいいからW☆ING熱が再燃してくれれば幸いだ。

茨城清志と大宝拓治を会わせよう、という話は気がつけば、大きなものになっていった。

このプランを聞いた金村ゆきひろが「僕も立ち合いたい」と申し出てきたのだ。

現役時代のダメージで歩行も難しい状況にあった金村だが、火野裕士のジムで連日、リハビリを重ねることで飛躍的に回復。名古屋で合流しよう、という話になっても「東京駅から一緒に行ってくれたら大丈夫です！」と力強く参加を表明してくれた。彼も大宝拓治とは20年以上、会っていない。彼の存在はたくさんの人を集めるほど大きな力を持っていた。

みんなで集まる場所などの手配はすべて畑山和寛が仕切ってくれた。僕たちは指定された時間の新幹線に乗ればいいだけだったのだが、数日前になって「小島さん、30年経って、すっかり忘れていましたよ。イバラギタイムを……」との連絡が。どうやら、畑山が作ったタイムテーブルを見て「集合時間が早い」「ユーチューブの撮影をしたいから、取材をもっと早く切り上げて」と注文をつけてきたらしい。

僕たちは取材を通じて、間接的にしかタッチしてこなかったが、W☆INGの巡業中はきっと、連日、こんな感じだったのだろう。

「まさしくその通りです（笑）。よくW☆INGは進行が悪い、と叩かれましたけど、一度、なにかの用事で茨城さんが地方興行に来なかったことがあったんです。その日はオンタイムではじまって、本当にスムーズに興行が進んだんですよね。やっぱり、茨城さんのせいだったのかなぁ〜、アハハハ！」（畑山和寛）

結局、茨城清志を待ってイライラするのもムダなので、我々は早い時間に集まって、先に「同窓会」を開くことにした。

じつは今回の会合には、もうひとつの目的があった。

それは、大宝拓治には金村ゆきひろから預かっているものがあり、それを28年ぶりに見せたい、というのだ。

ポーゴが抜け、松永も離脱した1993年の夏。金村は「俺は絶対に残るから。俺を信じてくれませんか」と誓いの証として、当時、着用していたリングシューズにサインを入れて、大宝に渡したのだという。

金村はその約束を守り、最後の最後までW☆INGに残った。

そして、大宝拓治はプロレス業界を離れても、そのリングシューズだけは大事に、大事に保管し続けてきた。

そのシューズを「金ちゃん、これ、覚えてる？」と大宝拓治が差し出すと、金村は「えっ、俺のリングシューズ？　こんな色のシューズ、履いていたかなぁ〜」と首を傾げた。

「違うよ！　もともとは白かったんだけど、28年も経ったら変色しちゃっただけ！　昔は部屋に飾っていたけど、それからは仕舞いこんであって……」

色も形すらも変わってしまった一組のリングシューズ。でも、あのときに交わした約束は、まったく色褪せていなかった。この瞬間を目撃できただけでも、こうやって集まった甲斐があった。

そういえばW☆INGプロモーションが活動を休止する直前、金村からこんなことを言われたことがあった。

「僕はプロレスが好きなんじゃないです。W☆INGが好きなんです！」

その後、ありとあらゆるプロレス団体に上がりまくり、売れっ子レスラーになる金村だが、きっと、その想いだけはずっと胸にあり続けたはずだ。

そこに、茨城清志が合流する。

「おぉ、元気か？」と20数年ぶりとは思えないほど、軽い調子で声をかけた茨城清志に「それはこっちのセリフだよ！　元気そうじゃないですか」と切り返す大宝拓治。ほんの一瞬で20数年の時間は氷解し、あのころのふたりに戻っていた。

「茨城さん！　僕は老後の楽しみのために週プロやゴングの記事をすべてスクラップしていたんですよ。それを茨城さんに貸したまま返ってきてないんですよ！」

「えっ、そうだっけ？　どうだったかなぁ〜」

「ちょっと、いい加減にしてくださいよぉ〜。僕は老後、なにを楽しみに生きていけばいいんですかぁ〜」

そんなことをしゃべっているふたりの表情はとにかく笑顔、笑顔、笑顔。

みんな歳を取ったけど「永遠の青春」がそこにはあった。

よくよく考えたら、みんなで集まったこのタイミングは30年前に旗揚げ記者会見が行なわれた日と、かなり近い日取り。当時の写真を見たら、なぜか茨城は写っていない。

「いやぁ、表に出るのが苦手だったもので。それなのに、そっちがイバラギングウェアとか面白がって誌面に載せるから参ったよ！」

おそらく誌面でのイバラギングいじりのほとんどは同僚の鈴木健記者の仕業であるが、そういう遊びができたのも、W☆INGは週プロの記事に対して一切のクレームをつけてこなかったから。他団体では少なからず注文が入ったたし、それがエスカレートすると取材拒否へとつながっていくわけだが、W☆INGというか、茨城は「批判は批判として受けとめる」というスタンス。そこはメディアに身を置いていた人間ならではの感覚なのかもしれないが、自由に書かせてもらえたことで、記者として、物書きとして成長する機会をたくさんいただけた。ある意味、この本は僕にとってW☆INGへの恩返しの一冊でもあるのだ。

たぶん、もうW☆INGを冠した興行が行なわれることはないだろう。ほとんどの選手が引退してしまっているので、あのころの雰囲気を再現するのは不可能だからだ。

それでも旗揚げから30年が経っても、これだけ熱く語ることができる団体。W☆INGの名のもとに集まれば、一瞬であのころに戻れる……そんな不思議な人間関係が保たれているのも、明確な最終回もなく、突然、終わってしまった団体だからこその〝副産物〟なのだろう。きっと5年後も、10年後もこの関係性は変わらないと思う。

逆に5年前、10年前だったら、こうしてすべてを笑顔で水に流すことはできなかったかもしれない。それこそ殴り合いの喧嘩になってもおかしくはないし、茨城清志に対する大糾弾集会と化していたかもしれない。

30年という月日がすべてを水に流してくれた。

「未払いの給与も30年分の利息がついて『青春の思い出』となり、お金では買えない心の財産になりました！」

団体崩壊まで無給で働いてきた畑山和寛は、感無量の表情でそう言った。

この想い、ぜひ本書を通じて当時のファンと共有したいし、W☆INGを知らない若い読者の方にも、熱狂を呼び起こした日本のハードコア・レスリングの原点を知っていただければ、と思う。

文字数は気にしないで、好きなだけ書いてください、という担当編集の言葉に甘えて、ノープランで書き殴っていったら、過去に綴ってきたどの単行本よりもブ厚い一冊になった。もうそれだけで、W☆INGという団体がいかに濃密な時間を送ってきたのかがわかるだろう。

普通、本を書き終わるころには達成感と充足感でいっぱいになるものだが、今回は「あぁ、これで終わってしまうのか……」という、なんともいえない気持ちでいっぱいになってしまった。大宝拓治が「この本が出たら、W☆INGが本当に終わってしまう」と思った意味がよくわかった。
とっくの昔に終わっている歴史なのに、それを認めたくない気持ち……ただ、こうやって書き終えたことで、長年、抱えていた「なにがなんでも一冊の本にまとめたい」という宿題がやっとクリアできた。いまはもう、ひとりでも多くの方に読んでいただき、これからもずっとＷ☆ＩＮＧを語り継いでいくための資料として、お手元に残していただければ、という想いでいっぱいだ。

２０２1年8月7日　小島　和宏

W☆INGプロモーション
旗揚げ30周年記念単独興行

（愛知・春日井市　空手道光允会ノーティーカラテアカデミー道場）

スクランブル・バンクハウス・4WAYトークデスマッチ＝180分1本勝負

『TAKE−OFF Final』

「血と汗と涙の
WE LOVE W☆ING」

元代表 茨城清志×爆弾男 金村ゆきひろ×
元リングアナウンサー 大宝拓治×元レフェリー 畑山和寛

30年の時を経て、伝説のプロレス団体・W☆ＩＮＧを支えた４人の男たちが集結した。公認凶器はおのおのが繰り出す「トーク」。自主規制なし、暴露ＯＫのスクランブル・バンクハウス・デスマッチルール。「世界で最も危険な団体」の表裏を語り尽くす闘いのカウントダウンが、いま始まった——。

＊

小島　本日は「W☆ＩＮＧプロモーション旗揚げ30周年記念座談会」にお集りいただき、ありがとうございます。といっても、茨城さんはイバラギタイムで安定の途中参加となります。まずは本の中で語り尽くせなかった重要人物、いまは亡き名物マネージャー、プエルトリコ軍のビクター・キニョネスの話からうかがいたいのですが。

金村　本の取材でも話しましたけど、ビクターはね、途中で池袋にマンションを借りていたんです。茨城さんのマンションの近くに。それで、たまたま池袋の公園に献血バスが停まっとったので、他のインディー選手と「たまにはええことしよう」と並んでいたら、ちょうどビクターが通りかかった。俺らの姿を見るや、突然、「ウイングーッ!!」って絶叫して、怒鳴り散らしたんですよ。

畑山　え、なんで？

金村　簡単にいえば、なんで献血なんかするんだ、リングで血は流せってこと。それで、選手の顔を順番にバンバンバンッて殴っていった。周りはドン引きですよ。

一同　ワハハハハ。

大宝　ビクターは舐めたヤジを飛ばしている

客がいると、控室にバーッて来て「アイツやれ」って言っていたよね。ビクター自身も場外乱闘に紛れてバシバシ叩いて。

畑山　結構、W☆INGはお客さんといろいろあったね。博多スターレーンでビデオを撮っている客がいて、とっ捕まえた。逃げようとしたから、後ろからズボンを掴んでグーッと引っ張った。そしたら、下着が膝まで下がって、会場で丸見えに（笑）。

金村　俺が忘れられへんのが、どこかの野外の会場で、臨時の仮設トイレが何個か設置されていた。そこに乱闘で流れてきたフレディがバーンって自分を投げたら、その中で女の子がおしっこしていたんよ。倒れたトイレから出てきた女の子の恐怖の顔が忘れられない。こっちがびっくりしたよ（笑）。

畑山　女の子も外に出たらフレディって、それは驚くよ（笑）。

金村　あと、池袋にいたコロンビア系の立ちんぼは、ビクターがブッキングしていましたよ。

畑山　そっちのブッキングまで！

金村　ヤクザの人から「ビクターさん！」って呼ばれて仲良かったですから。ビクターも立ちんぼたちに「ボニータ（きれいだね）！」って言いながら歩いてて（笑）。

畑山　いいブッカーだ（笑）。W☆INGでもビクターは、外国人を束ねていた団長だったよね。右も左もわからない連中を日本に連れてきて、ホテルの集合時間から、全部差配してくれていた。巡業はビクターなしでは成り立たなかった。

金村　あと、俺がＩＷＡ（ＪＡＰＡＮ）におったときのこと。当時、ＦＭＷの荒井（昌一）社長から連絡があって会うたんですが、「申し訳ないんですけど、荒井さん。僕はビクターやヘッドハンターズとずっと一緒にやってきて離れたくないんですよ」と伝えたんです。荒井さんは（ＦＭＷに）来ると思っていたんやけど、断った。でもＩＷＡに帰ったら、「ギャラを吊り上げるために金村はウソをついている」とか、余計なことを言うやつがおるんですよ。もうそれで腹立ってね。それで、行こうってなった。

畑山　移籍金は？　１００（万円）？

金村　最初は２００（万円）。でも、結局、３００（万円）。かたち上は２００で、１００が支度金。新しい家の敷金、礼金とかもあ

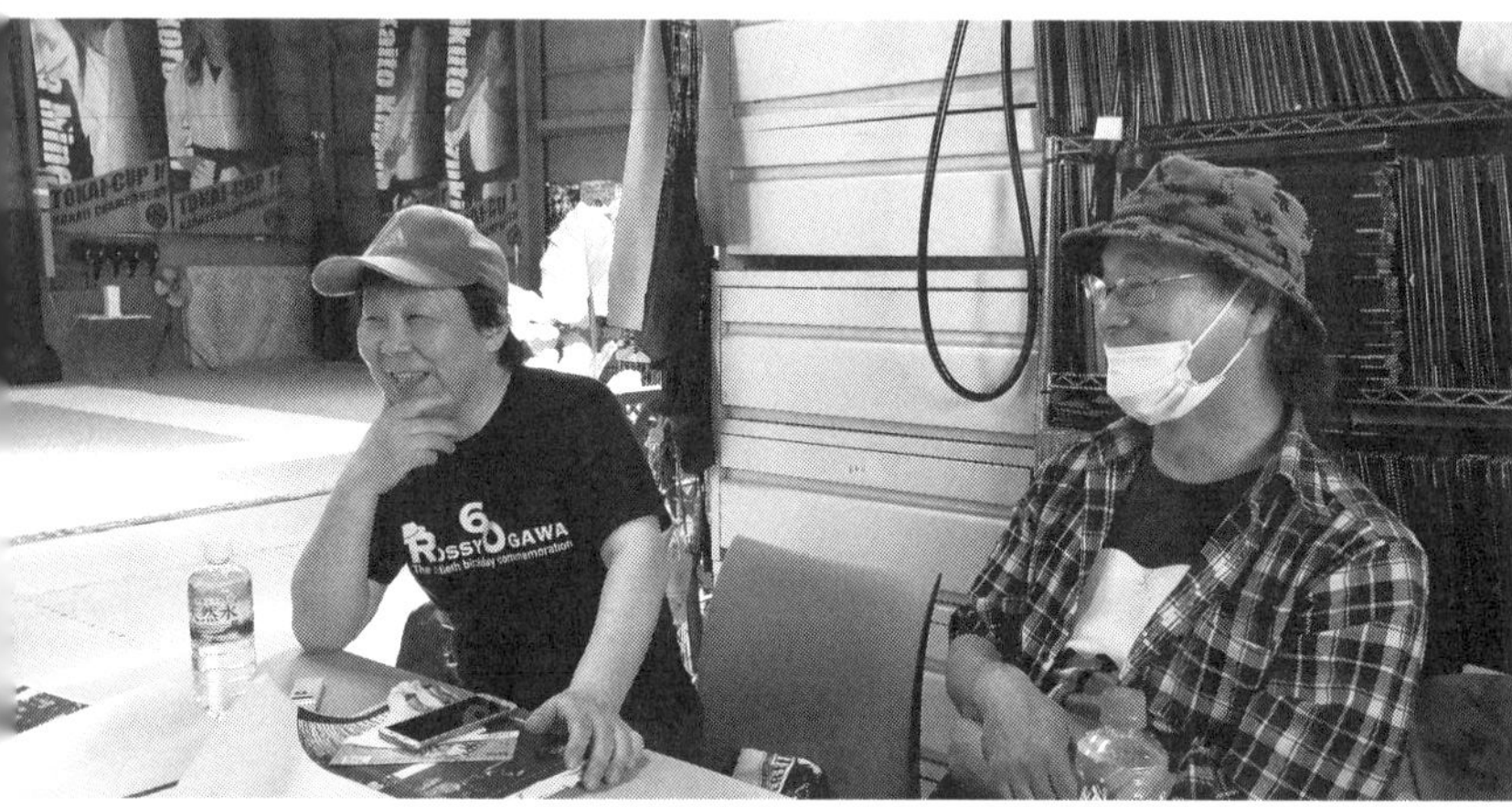

茨城清志（いばらぎ・きよし）…1951年、東京都出身。『プロレス＆ボクシング』誌記者、東京スポーツなどの米特派員を経て業界入り。ジャパン女子、全日本女子、FMWを経て、91年、世界格闘技連合W☆ING旗揚げに参画し、団体分裂後、W☆INGプロモーションを旗揚げ。現在、「W☆INGチャンネル」や「W☆INGエンターテイメント」を運営。

大宝拓治（おおたから・たくじ）…1968年、青森県出身。FMWのフロントとして旗揚げから参画し、広報兼リングアナウンサーを務める。同団体離脱後、茨城清志らとW☆INGプロモーションを旗揚げし、リングアナウンサー兼フロントの中枢として幾多のデスマッチを企画し、実現させる。団体崩壊直前に同団体を離脱し、長らく消息を絶っていた。

るから。ただ、絶対、周りに言うなと言われていた。それで俺がＩＷＡを辞めるとき、ビクターに「ビジネスの話をするぞ！」って言われたんやけど、そのときは意味がわからへんかった。要は「俺たちをＦＭＷに呼べよ」ちゅうことだったんですけど。

小島　そこらへんは、ビジネスマンなんですね。

週プロを翻訳させて読んでいたビクター

大宝　ビクターはさ、池袋のビクター・マンションに旗揚げシリーズのポスターを貼っていたんだよ。旗揚げだから、キミ（金村）はそこには写ってないんだけど、団体末期のころにそのポスターを見て、「みんないなくな

畑山和寛（はたやま・かずひろ）…1973年、三重県出身。91年、高校卒業直前に茨城清志に誘われ、W☆ING入り。分裂後、W☆INGプロモーションでメインレフェリーを務める。団体崩壊後はIWA JAPAN、闘龍門、ドラゴンゲートなどで興行に携わり、成功させた。現在はプロレス界を離れ、コンサル業を展開するなど、実業の世界に身を置いている。

金村ゆきひろ（かねむら・ゆきひろ）…1970年、三重県出身。90年、パイオニア戦士でデビュー後、世界格闘技連合　W☆INGに旗揚げから参戦。思い切りのいいファイトでW☆INGの“爆弾男”としてファンの支持を得る。W☆ING消滅後、FMWやWEW、アパッチプロレス軍、ZERO1など、数多くの団体で長らく活躍したが、2016年、引退。

った……いまもいるのはオレと三宅（綾）だけだ」としみじみ言っていたのを覚えています。「誰もいねえや」って悲しそうな顔をしていた。

小島　僕もビクターにはいつも「お前は英語もスペイン語もしゃべれない。俺が伝えたいことを伝えられないんだ」と怒られていたのが、後悔として残っています。ちゃんと学生時代に勉強しておけば、誌面にもっと載せられたのに……。

大宝　でもね、ビクターは週プロを毎週見ていたんだよ。

小島　えー、ホント？

大宝　うん。巡業のバスで週プロ片手に「これはなにを書いているんだ？」とよくビクターに聞かれたよ。それで、僕のつたない英語でこうこう書いている、と伝えると「フンフン」とうなずいている。結構、事細かに聞いてきたよ。

金村　俺も聞かれたよ。「いや、このニュアンスを伝えるのは無理や」って断ったけど（笑）。

大宝　いや、ビクターはニュアンスを含めてしつこく聞いて、気にしていたよ。茨城さんはパラパラとしか、読まないのに（笑）。週プロだけじゃなくて、ゴングも見ていたからね。ホントにビクターは研究熱心だった。

金村　あ、ゴングで思い出した！　俺、竹内（宏介・元日本スポーツ出版社社長）さんを最初知らなくて、後楽園ホールで初めて会ったときに「タケちゃん、バウ！」ってやったんやった。

小島　えーっ、それ、絶対ダメだよ。超大御所ですよ！
金村　だって、竹内さん、松村（邦洋）に似ていたから。「タケちゃん、バウ」を連発してたら、めちゃくちゃ怒られました。
畑山　それでゴングにおけるW☆INGの扱いが悪くなったんじゃない（笑）。
小島　あとは、ミゲル・ペレスJr.という名選手も忘れられません。ミゲルはいま、なにをしているんだろう？
金村　いま、プロレスはリタイヤしています。プエルトリコのWWCのフェイスブックのファンサイトみたいのがあって、「ミゲルは俺の師匠」ってコメントを入れたんですわ。そしたら、ミゲル本人から「いいね！」がついていました。
小島　お〜。
金村　ちなみにミゲルはいま、3歳くらいの娘さんがいるんですけど、その子の名前をつけたのは俺です。ミゲルはね、すごかったですよ。FMWに行ったとき、ホーレス・ボウダーが「天才だ」って絶賛しとったから。「お前らを教えたのは彼か！」って。ミゲルは天才ですよ。
大宝　絶対的に才能があるのはミゲルだったね。
金村　あとメキシコに行ったとき、3対3の試合があって、試合前に簡単な作戦会議をしたんです。でも、そのときのパートナーふたりが俺を入れないんです。ずっとスペイン語でしゃべっとって。腹立ったから、俺、そいつらを殴ったんですよ。

一同　ワハハハ。

金村　で、いざ試合をしたらクソみたいな試合で、時間無制限3本勝負なのに、俺はなにもせえへんで終わってしまった。それを見たミゲルがブチ切れてふたりを試合後にバコーンって殴ったから、顔を腫らしとった。「ザマーミロ！」って思いましたよ。

大宝　ミゲル、いいなあ。

金村　そのあと、ビクターに「今日は最高のタコスを食いに行こうな。チニト（ビクターが使っていた金村の呼び名）、今夜はテキーラね」と言われたから、「よっしゃ、今日は気合入れなあかんな」と思っていたら、（殴られたふたりが通報して）おまわりが来たんですよ。それで、テキーラ飲まずにロスに飛んで帰りました（笑）。

写真で一目ぼれして呼んだレザー

小島　当時、外国人の〝誰を呼ぶか会議〟みたいなのはあったんですか。

畑山　雑談レベルでしたね。気まぐれで（笑）。

金村　それこそ、俺が最初、社長の家に寝泊まりしているときに、大宝さんとかみんなで選手名鑑を開いて「これいいんじゃない？」って。それを聞いて、社長がブッカーに「呼べるか」と連絡したりしてましたから。

畑山　あとは、ギャラとの兼ね合いでしたね。

大宝　ビクターが持ってきた写真で呼んだ選手もいたよね。覚えているのが、ドラゴン・マスターとレザー・フェイスのタッグチーム。絵面がよくて、一目見て、「これを呼びたい」

って言ったなあ。レザー（の中身）はマイクじゃなくて、本物のほう。でも本物は手癖が悪くて、控室で財布がなくなったりすると聞いて、「それじゃ呼べない」となって、マイクになったという。

小島　取材でも言ってましたね。

大宝　あと、ビクターの写真で呼んだのがタズ（マニアック）。ケビン・サリバンのフロリダルートでした。だから、FMWを辞める最後にもホーレス・ボウダーとかと一緒に写真が来ていた。FMWのときは、デスピナ（・マンタガス。当時、ターザン後藤夫人）さんが外国人の招聘窓口だったので、「これ、どう」と見せてもらいましたね。

小島　テリー・ファンクはW☆ING向きだったと思いますが、なぜ呼ばれなかったんでしょう。

大宝　当時は、テリーの名前は出なかったなあ。出たのは、（ザ・）シーク。そもそも、僕がまだいた時期のFMWで、1周年記念興行（90年11・5駒沢オリンピック公園体育館）について大仁田（厚）さんが「1周年記念のメインはこれ」と最初に言ったのが、テリー・ファンクvsディック・マードックでした。

小島　最初、両国でやろうとしたやつですね。

大宝　そうです。まだ駒沢に変更する前の話。実際のメインは大仁田厚vsミスター・ポーゴになるわけですが。でも、テリーの名前はW☆ING時代は出なかったですね。

金村　俺はテリーが大好きでね。のちにFMWに上がるようになってテリーと仲良くなったんです。アメリカで飲んだとき、「テリー・

ファンクがここにいるのに、ババ死んだ、ヨシムラ死んだ、コジカ死んだ……」。いや、小鹿さんは生きているよって（笑）。「みんな死んだ。でも、ムーンサルトをやるテリーはココにいるぞ」って言うから、「テリー、コジカ・イズ・アライブ」って教えたら、「ノー……コジカ・イズ・デッド」って言うて、悲しそうにグラスを飲み干していました（笑）。

畑山　ハハハ。ディック・スレーターは、W☆INGに出ていたっけ？

大宝　W☆INGではないね。IWA（JAPAN）旗揚げでしょ。

金村　ケンカ番長だ。めちゃくちゃケンカが弱いらしいですけど（笑）。一番ケンカが強いのが、テリー、マードック、そしてダスティ・ローデス。ECWに行ったとき、ダスティがおったんです。俺、大好きやったんで、すごい興奮して。もういいトシだったけど、（スティーブ・）コリーノと30分シングルやって、めちゃくちゃいい試合だったんです。試合後、（会場スタッフの）黒服が駆け寄ってきても、「大丈夫だ」って制して控室に戻ってきた。もうレスラー全員、立ち上がって、拍手ですよ。ホンマにカッコよかったです。

小島　いい話だなあ。ボクらが考えるレジェンドって、その世代ですよね。茨城さんの「懐かしレスラー」はもうひと世代上でした。マスカラスはよかったですけどね。あと、W☆INGといえば「未払い」が有名でしたが、みなさんはどう思っていましたか？

畑山　団体としての資金的な面が機能していなかったですよね。未払いが続いて、選手ももらえないからどんどん抜けていく。最後のほうで挽回しようとむりやりファイアー（93年10・31小田原駅前旧市営球場）をやったけど、当日券の売り上げも借金返済で持っていかれましたから。

金村　うん……俺よりキャリアが少ない選手がどんどん抜けていくのを見て、「そんなにお金なんてもらえるもんやないと思うけどな……でも、ホンマにお金入ってこないしな」と思っていました。茨城社長には、ギャラは最初10万と言われたけど、結局、W☆ING時代は一度ももらっていないですけど。

畑山　それは、もらっていない最長記録かも。僕は潰れたときから逆算して、9か月給料が出なかった。とはいっても、W☆INGに入る当初約束した15万円が、3回ぐらい出ただけですけど。だから、パチンコで稼ぐしかなかった。

大宝　いや〜、僕はお金をもらった記憶がないんだよね。一度も。基本的に、困ったら茨城さんに「おこづかいちょうだい」と言って、500円もらって電車に乗って帰る、みたいな。だから、実家のお父さんに助けてもらったり……。W☆INGがなくなったときに、家賃滞納してて、電気も止まってロウソクで暮らしていたら、大家さんが入ってきた。観念して、あとで2か月ぶんずつ払ったんだよね。

存在したのは「心と心の契約書」

小島　W☆INGは、契約書はあったんですか。

畑山　ないない。
大宝　なにもないですよ。
小島　選手もですか。
金村　いや、俺はありましたよ。
畑山　え？　あったの⁉
金村　心と心の契約書が。
一同　ワハハハ。
畑山　でも、ホントそれしかなかったね。選手もスタッフもみんな。
――ここで茨城清志、登場。
畑山　あ、出た！
茨城　これ、ギャラ。
畑山　なんですか？
――突然、Tシャツを配りはじめる。
茨城　ユーチューブに出てもらうから、現物支給。
小島　出た！　現物支給。
大宝　まったく。20数年ぶりですね。会うのも、話をするのも。
茨城　20年じゃ、きかないね。25年ぶりくらいか。
畑山　僕も15年ぶりくらいですよね。
大宝　元気そうでなによりです。お互い、トシ取りましたね。
小島　でも、茨城さんは大宝さんに会いたかったんですよ。茨城さんから朝8時くらいに電話かかってきて、「大宝が見つかったのか？　大宝が！」って。あの茨城清志が興奮していてびっくりしましたよ。電話を切ったあとも、LINEで「大宝に会いたい」「会いたいなあ」と。ずっと会いたかったんですよね。
茨城　そんな、オーバーだなあ。

小島 茨城さんが加わったので、当時聞けなかった疑問をみなさん、ぜひぶつけてください。

畑山 じゃ、僕から。『SKY HIGH AGAIN』（91年12・10後楽園）から全女の選手も出てもらうようになったりしましたが、選手を借りるのにいくら払っていたんですか。

茨城 覚えていない。

畑山 リングは10（万円）でしたよね。

茨城 前から使っている（古い）やつだからね。金網は100（万円）。

畑山 えー、そんなに払っていたんですか。

茨城 最初の葛飾（91年9・19葛飾区総合スポーツセンター体育館）で使ったやつ。ステンレスの。

畑山 僕の記憶では、選手の貸し出しは30（万円）くらいでしたよね。グロスで。

茨城 うん、それぐらいかな。覚えてないけど。交渉するため、最初は全女の事務所に行ったんだと思う。助けてもらう立場だったし、値段は抑えてくれていたはずですよ。

金をまともに回収できなかった売り興行

畑山 船橋（92年8・2船橋オートレース駐車場）のファイアーは自主興行でしょう？

茨城 そうそう。

畑山 横浜文体（93年7・11横浜文化体育館）、南港（93年8・2大阪・南港イベント広場）は売った（売り興行）。南港はギャラ（売掛金）、未払いですよね。

茨城　うん、本来なら営業がちゃんと取んないといけないんだけど。

畑山　文体はえらい安いギャラで、100万ぐらいでしたよね。

茨城　そう。

小島　あんなに客が入ったのに。外への支払いは茨城さんが担当だったんですよね。

茨城　俺……じゃない？　だと思うよ。

畑山　いやいや、俺じゃない？って。茨城さんですよ。

小島　みなさんもらっていないけど、外部にはちゃんと払っていたと。

茨城　だって払わないと、次、できないから。

大宝　俺、給料もらった記憶ありませんよ！

茨城　最初のころは、そんなことないでしょ。大宝に「こづかいをくれ」って言われて渡していたし。そもそも、俺だって3年間、給料取れていないんだから。

一同　ワハハハ。

小島　社長として、一番収益が上がった大会はどれだったんですか。

茨城　興行的には、船橋のファイアーでしょう。

畑山　収入だけ見ればね。1万円の席も作って。

大宝　あの8月は、2日船橋、14日後楽園、15日川崎、24日後楽園と、関東近郊で4大会やっているから、結構入ってきたはずですよ。（ぴあの）週報で見て、「やったやった」となったんですから。

茨城　ああ、そう？　また適当なこと言ってない？　俺が覚えていないと思って。

大宝　ホントですよ！　全然覚えていないんだから。

一同　ワハハハ。

小島　当時、後楽園は平均でどれくらい入っていましたか。

茨城　そうだなあ、１１００～１２００人は入っていたと思う。

小島　船橋とか、興行がいいときにチケット代を上げていたら、安定しましたよね。

茨城　その考えはなかったなあ。

大宝　それは、ＦＭＷの料金設定を見て、同じにしていたから。そもそも、席割りもＦＭＷのをそのまま真似していたから（笑）。この席はぴあで、とか、全部一緒でしたね、最初は。

畑山　あと、やっぱり昔は興行というものがグレーでしたからね。チケットを捌くのにも、その筋に頼らざるをえないというか。（興行の）売り先が直でその筋の場合も相当あったから、それで払ってもらえないことも結構、ありましたね。ほぼほぼ売り興行は、まともに回収できていなかったですね。

小島　売りでお金が入らないとキツいですね。

茨城　だから、巡業中は常に多少のお金を持っていないといけない。1日移動すると、30人弱の人間のホテル代とバス、トラック代、駐車場代、高速代とかかりますから。

畑山　だいたい売りだと、100（万円）。でも、ひとつの大会の原価が100万くらいかかっていましたから、利益は出ない。それにグッズの売り上げがあればいいか、くらいで。

茨城　俺はそこらへんはガツガツしていなかったからね。ビクターはグッズ売って儲けていたけど。

畑山　チケットを作っても、そもそも納品した数と回収した数をチェックしてない。当時の団体は大なり小なり似たようなところがありましたけど。僕らに売り上げもよくわかっていない甘さがあったのはたしかです。

茨城　地味に痛かったのは後楽園ホールで壊したイスの弁償代。まだ使えるでしょ？というものまで一脚いくらで取られる。あと関川（ポーゴ）のシャワーが長くて。それで延長料金を払ったりね（笑）。

W☆INGを「やり切れなかった」悔しさ

小島　話は尽きませんが、W☆INGプロモーション旗揚げから30年が経って、茨城さんはどんな気持ちでしょうか。

茨城　30年も覚えてくれる人がいるなんて、当時はまったく思っていなかった。僕は最初ファンからはじまり、マスコミになって、団体で働いて、人生の中ではじめて立ち上げに関わった団体がW☆INGでした。当初、デスマッチをやろうとは思っていなかった。それで、なにをやるか考えた。全日本、新日本と同じことはできないし、よしんばできたとしても、(選手層の厚みの違いで) お客さんは入っていないですよね。FMWを大仁田厚とやって、その延長線上だったのかもしれない。でも、あの当時、他にも (団体が) いくつもあったけど、こんなふうに30年経って語られる団体はないですよね。

大宝　茨城さんの中で、W☆INGの日々は大事なものになっているんですか。

茨城　W☆INGでの毎日は、その日その日やらなきゃいけないことをやっていただけだけど、いま、金銭での心配がない中で振り返るといい思い出。当時は楽しいというのはなかったけど、いまもこうして仲間と語れるのは、やっていてよかったな、と。

小島　W☆INGプロモーションのあとも、W☆INGを何度もやりましたが、やり切れていない気持ちがあった?

茨城　うん、継続できていれば、そのままW☆INGプロをやっていたでしょうね。ただあれだけ (選手は) 火噴いたり、血を流したりしてたから、現実的にはあまり長いシーズンは組めないな、と思っていた。だから、お金もショートしたことが重なって、ちょうどいいタイミングで団体をエンドにできたとは思う。もちろん、やりたいなという気持ちがあったから、その後も手を替え品を替えやっていましたよ、ＥＣＷを呼んだり。時間が戻るならば、ポーゴ＆金村vsパブリックエネミーとか、そういうカードをやったら面白かったと思うけど。時系列はおかしいけど、プルーザー・ブロディが生きていたら、Ｗ☆ＩＮＧに呼びたかったよね。

大宝　ブロディは来てましたよ、絶対！

茨城　小さいところに行って俺が救ってやる、みたいなのも好きだったしね、ブロディは。関川とやらせたかったよねぇ〜。

金村　選手にもありましたね、俺たちもやり切れていない想いが。

小島　やっぱり、中途半端な形で終わってしまいましたからね。団体としてのアナウンスがあって、ちゃんとした最終回があれば、また違ったんでしょうけど。死にかけたけど、死ななかった。

畑山　だから、僕もものすごい悔しさがある。誤解されているけど、じつは茨城さんは面倒見がよくて、給料制にしていた。選手に副業させたくないから給料制にしたい、と。いまの時代はワンマッチいくらが普通ですよね。それぐらいドライにしていたら、違ったんじゃないですか。

茨城　Ｆ（ＭＷ）のときみたいに、ひとり１試合３０００円とか、５０００円とかね。５、６試合だから、３万円で済んだものをその３

W☆ING時代、めったに表に出なかった茨城を写した貴重な一枚(92年12・20戸田)

倍強払っていたわけだから。

小島　当時、ワンマッチ制は考えなかったですか。

茨城　それはなかったですね。Fを見ていたから、それだと選手がかわいそうだな、と。

小島　他のみなさんにとってのW☆INGを言葉にしてもらえませんか。

大宝　月並みですが、思い出なんですよ。単純明快で、経営のことを考えたら、あんな面白いことはできないんですよ。それを考えたら、幸せだったんじゃないですかね。だから、いい思い出。もう、心置きなく死ねるんじゃないですかね。

小島　でも、大宝さんは「この本出たら本当にW☆INGが終わっちゃうような気がします」って言っていましたよね。ということは、まだＷ☆ＩＮＧが生きているってことでは？

大宝　そう、だからまだ生きているんですよね。頭の中で、ＥＣＷで邪道&外道vsパブリックエネミーとか、勝手にやっていましたからね。僕の頭の中ではね、ずっとＷ☆ＩＮＧは続いているんですよ。Ｗ☆ＩＮＧvsＥＣＷの対抗戦とかやっていますから。

茨城　後楽園、お客さん入っている？

大宝　うん、入っていますよ、むっちゃ入っている。

一同　ワハハハ。

金村　俺は、引退のとき、「茨城さん、キニヨネス、大仁田さん、冬木（弘道）さん、破壊王（橋本真也）がいなかったらいまの自分はいなかった」と言いましたけど、やっぱりＷ☆ＩＮＧの社長のためやなかったら、あんな危ないことはできなかったです。いまは無理ですよ。大日本、フリーダムズでいま、やっている選手はホンマにすごいです。でもね、俺にとってＷ☆ＩＮＧは命を懸けた青春でしたね。

小島　すごいよね、いまも茨城さんのことを社長って呼ぶし。この集まりの前も、「茨城さんコロナとか大丈夫かな」って僕がＬＩＮＥで書いたら、「社長がコロナになるはずないでしょうが！」と怒ってましたもんね（笑）。

一同　ワハハハ。

畑山　僕は高校卒業と同時に、すぐにわからないまま、業界入って……いろんな団体を経験して。いまでも潰れたのが悔しいです。いまなら絶対、潰さないでうまくやれたなって。興行のことを覚えると、横浜で打つ、大阪で

終章で触れた大宝に金村が渡したサイン入りリングシューズと、畑山がいまも仕事場に貼っているW☆INGフラッグ。ふたりの中では、まだW☆INGへの思いが強く残っている

打つという意味がわかるわけですよ。そういうお客が入る場所のビッグマッチは手打ちでやっていたら、儲かる。手打ちで儲けて、うまくやっていたら、2年半の命が5年はできたな、とか。延命できた、まだやれたなあって。

茨城　そうしたら、週プロのドーム（95年4・2東京ドーム。ベースボール・マガジン社主催興行）にも出て。

小島　そう！　『夢の懸け橋』で東京ドームにW☆INGが出れた。あそこで『WE ARE W☆ING』が流れたら、鳥肌でしたよ、ホントに……。今日は知らない話がたくさん聞けて、本当にいい「W☆ING30周年記念興行」となりました。ありがとうございました。

▽60分1本勝負
⑧徳田　アイスマン(1-0)TNT　ジョー
アイスマン(片エビ固め、8分45秒)ジョー

第5戦　8月13日(火)
愛知・厚生年金豊橋市体育館
開始18時58分(観衆1435人)

▽10分1本勝負
①三宅(時間切れ引き分け)金村
▽20分1本勝負
②ジョー(体固め、5分30秒)モンゴルマン
▽30分1本勝負
③カラス　ファンタズマ(1-0)フィッシュマン　キラー
カラス(ウラカン・ラナ、12分1秒)キラー
④ウォージョ(体固め、9分22秒)木村
⑤ヘッドハンターA　ヘッドハンターB(1-0)齋藤　戸井
A(体固め、11分35秒)戸井
▽45分1本勝負
⑥アイスマン(片エビ固め、12分25秒)コリンズ
▽60分1本勝負
⑦ポーゴ　TNT(1-0)徳田　保坂
TNT(体固め、9分10秒)保坂

第6戦　8月14日(水)
愛知・津島市民会館
開始18時30分(観衆1021人)

▽20分1本勝負
①ヘッドハンターA　ヘッドハンターB(1-0)戸井　金村
A(体固め、11分41秒)戸井
②保坂(反則勝ち、7分49秒)ジョー
▽30分1本勝負
③ファンタズマ(首固め、10分56秒)キラー
④カラス(とびこみ前方回転エビ固め、9分57秒)フィッシュマン
▽45分1本勝負
⑤齋藤　アイスマン(1-0)TNT　コリンズ
アイスマン(片エビ固め、12分22秒)コリンズ
▽60分1本勝負
⑥徳田　木村(無効試合、7分14秒)ポーゴ　ウォージョ

最終戦　8月17日(土)
東京・よみうりランド内オープンシアターEAST
開始14時15分(観衆3417人)

▽20分1本勝負
①キラー(体固め、6分6秒)三宅
▽30分1本勝負
②ジョー　コリンズ(1-0)戸井　金村
ジョー(体固め、6分23秒)戸井
③アイスマン(片エビ固め、8分47秒)フィッシュマン
▽45分1本勝負
④ヘッドハンターA　ヘッドハンターB
A(体固め、8分59秒)金村
▽30分1本勝負
③フィッシュマン(エビ固め、6分53秒)ファンタズマ
④TNT　ウォージョ(1-0)木村　保坂
ウォージョ(片エビ固め、8分36秒)保坂
◎アイスマン・デモンストレーション(1分間)
◎バトルロイヤル=時間無制限勝負(10人出場)
⑤戸井(エビ固め、3分29秒)ヘッドハンター?(A、B不明)
※退場順…金村、保坂、三宅、木村、ファンタズマ、ジョー、フィッシュマン、ハンターズ、戸井
▽45分1本勝負
⑥カラス(体固め、8分46秒)キラー
▽60分1本勝負
⑦徳田　齋藤(1-0)ポーゴ　コリンズ
齋藤(片エビ固め、9分6秒)コリンズ

第3戦　8月11日(日)
長野・塩尻市立体育館
開始18時53分(観衆1263人)

▽20分1本勝負
①キラー(片エビ固め、5分30秒)戸井
②ウォージョ(体固め、4分11秒)金村
▽30分1本勝負
③ヘッドハンターA　ヘッドハンターB(1-0)保坂　三宅
A(体固め、6分40秒)三宅
④齋藤(片エビ固め、6分43秒)コリンズ
▽45分1本勝負
⑤TNT(片エビ固め、11分27秒)ファンタスマ
◎アイスマン・デモンストレーション(1分間)
▽60分1本勝負
⑥カラス(ウラカン・ラナ、11分4秒)フィッシュマン
⑦徳田　木村(1-0)ポーゴ　ジョー
木村(アキレス腱固め、9分8秒)ジョー

第4戦　8月12日(月)
愛知・半田市民ホール
開始18時53分(観衆1113人)

▽20分1本勝負
①ヘッドハンターA　ヘッドハンターB(1-0)三宅　金村
A(体固め、11分24秒)三宅
②ファンタズマ(体固め、10分30秒)フィッシュマン
▽30分1本勝負
③ウォージョ(体固め、7分36秒)保坂
④齋藤(体固め、5分14秒)キラー
▽45分1本勝負
⑤木村(ヒザ十字固め、4分38秒)戸井
⑥カラス(片エビ固め、9分39秒)コリンズ
◎ハンディキャップ・マッチ=時間無制限1本勝負
⑦ポーゴ(1-0)三宅　金村
ポーゴ(体固め、3分42秒)金村

1991年

TAKE-OFF 1st
8月7日〜17日　全7戦

☆団体所属外の参加選手
ドス・カラス⑭/フィッシュマン④/エル・ファンタズマ②/ザ・キラー①/ザ・グレート・ウォージョ①/スティーブ・コリンズ①/ジプシー・ジョー㉑/ザ・ヘッドハンターズ(ヘッドハンターA①ヘッドハンターB①)/ジ・アイスマン①(ザ・ウォーターマン改め。第4戦〜最終戦)
〈プエルトリコ・WWC〉
ミスター・ポーゴ/X=TNT⑦
〈マネージャー〉
ビクター・キニョネス
〈プロレス?〉
ザ・モンゴルマン(開幕戦、第5戦)
〈立技格闘技?〉
ジェット・ジャガー
〈エキシビション出場〉
島田宏/茂木正淑(ともに開幕戦のみ)
※○内の数字は来日回数(以下同)

開幕戦　8月7日(水)
東京・後楽園ホール
開始18時34分(観衆2200人=超満員)
※ビデオ収録

◎アマレス風エキシビション
①島田(フォール勝ち)茂木
▽30分1本勝負
②ジャガー(レフェリーストップ勝ち、7分5秒)モンゴルマン
③ヘッドハンターA　ヘッドハンターB(1-0)三宅　金村
B(体固め、8分28秒)三宅
④ジョー(体固め、13分11秒)戸井
▽時間無制限3本勝負
⑤カラス　ファンタズマ(2-1)フィッシュマン　キラー
1ファンタズマ(首固め、8分5秒)キラー
2フィッシュマン(体固め、4分55秒)カラス
3カラス(ウラカン・ラナ、5分52秒)フィッシュマン
◎アイスマン・デモンストレーション(1分間)
▽45分1本勝負
⑥ウォージョ(体固め、6分10秒)保坂
▽60分1本勝負
⑦徳田　木村　齋藤(1-0)ポーゴ　TNT　コリンズ
徳田(片エビ固め、8分12秒)コリンズ

第2戦　8月10日(土)
長野・駒ヶ根市民体育館
開始18時55分(観衆1239人)

▽20分1本勝負
①ジョー(片エビ固め、6分45秒)三宅
②ヘッドハンターA　ヘッドハンターB(1-0)戸井　金村

第3戦　9月13日(金)
三重・松阪市総合体育館
開始18時50分(観衆783人)

◎女子プロレス=20分1本勝負
①スレイマ(肩車式高角度回転エビ固め、11分23秒)カランサ
◎UWA認定世界女子王座挑戦者決定変則トーナメント決勝戦=30分1本勝負
②ビジャロボス(風車吊り、8分36秒)スレーニャ
▽30分1本勝負
③木村(逆エビ固め、5分24秒)鶴巻
④ヘッドハンターA　ヘッドハンターB(1-0)齋藤　保坂
?(A、B不明)(体固め、11分19秒)保坂
⑤TNT(体固め、3分30秒)金村
▽45分1本勝負
⑥ギルバート　プリチャード(1-0)戸井　デービス
ギルバート(首固め、14分52秒)デービス
▽60分1本勝負
⑦徳田　アイスマン(1-0)ポーゴ　ジョー
徳田(片エビ固め、5分58秒)ジョー

第4戦　9月15日(日)
和歌山・新宮市総合体育館
開始18時30分(観衆1013人)

◎女子プロレス=15分1本勝負
①ビジャロボス(体固め、6分57秒)カランサ
▽20分1本勝負
②三宅(体固め、6分59秒)鶴巻
◎女子プロレス=20分1本勝負
③スレイマ(風車式背骨折り、11分27秒)スレーニャ
▽30分1本勝負
④デービス(片エビ固め、12分46秒)金村
⑤プリチャード(ジャックナイフ式後方回転エビ固め、7分56秒)戸井
▽45分1本勝負
⑥アイスマン　徳田(1-0)TNT　ジョー
徳田(片エビ固め、15分34秒)ジョー
▽60分1本勝負
⑦ポーゴ　ヘッドハンターA　ヘッドハンターB(1-0)齋藤　木村　保坂
A(体固め、9分5秒)保坂

第5戦　9月19日(木)
東京・葛飾区総合スポーツセンター・体育館
開始19時15分(観衆2112人)

◎女子プロレス=15分1本勝負
①スレーニャ(片エビ固め、10分29秒)カランサ
▽30分1本勝負
②ジョー(体固め、4分48秒)三宅
◎UWA認定世界女子選手権試合=60分1本勝負
③〈王者〉スレイマ(ジャックナイフ固め、11分46秒)〈挑戦者〉ビジャロボス
▽30分1本勝負
④プリチャード　ギルバート(時間切れ引き分け)ヘッドハンターA　ヘッドハンターB

〈マネージャー〉
ビクター・キニョネス
[誠心会館]
松永光弘(特別参加=最終戦)

開幕戦　9月11日(水)
愛知・名古屋国際会議場
開始18時47分(観衆1008人)

▽15分1本勝負
①ヘッドハンターA　ヘッドハンターB(1-0)金村　三宅
A(体固め、10分37秒)三宅
◎女子プロレス=30分1本勝負
②ビジャロボス　スレーニャ(1-0)スレイマ　カランサ
ビジャロボス(エビ固め、12分41秒)スレイマ
▽30分1本勝負
③戸井(後方回転エビ固め、8分45秒)デービス
④アイスマン(手首固め、8分6秒)ギルバート
▽45分1本勝負
⑤プリチャード(片エビ固め、6分52秒)保坂
▽60分1本勝負
⑥木村　齋藤(1-0)TNT　ジョー
木村(腕ひしぎ逆十字固め、12分57秒)ジョー
◎チェーン・デスマッチ=時間無制限1本勝負
⑦ポーゴ(体固め、8分21秒)徳田

第2戦　9月12日(木)
三重・四日市市中央緑地体育館
開始18時45分(観衆2283人)

▽20分1本勝負
①ヘッドハンターA　ヘッドハンターB(1-0)三宅　鶴巻
A(片エビ固め、12分21秒)鶴巻
◎UWA認定世界女子王座挑戦者決定変則トーナメント準決勝戦=30分1本勝負
②ビジャロボス(エビ固め、8分37秒)カランサ
◎男女ミックストタッグ戦=30分1本勝負
③アイスマン　スレイマ(1-0)ジョー　スレーニャ
スレイマ(風車式背骨折り、10分44秒)スレーニャ
▽45分1本勝負
④プリチャード　ギルバート(1-0)木村　金村
プリチャード(片エビ固め、7分58秒)金村
◎バトルロイヤル=時間無制限勝負(10人出場)
⑤ジョー(オーバー・ザ・トップロープ、7分28秒)金村
※退場順…鶴巻、ギルバート、プリチャード、ハンターB、ハンターA、木村、三宅、アイスマン、金村、ジョー
◎USWA世界ライトヘビー級選手権試合=60分1本勝負
⑥〈挑戦者〉戸井(後方とびつき腕十字固め、13分52秒)〈王者〉デービス
▽60分1本勝負
⑦ポーゴ　TNT(1-0)齋藤　徳田
TNT(足掛けエビ固め、10分35秒)徳田

(1-0)カラス　ファンタズマ
A(体固め、9分40秒)ファンタズマ
◎バトルロイヤル(13人出場)
⑤カラス(高角度前方回転エビ固め、6分50秒)A
※退場順…モンゴルマン、三宅、戸井、ファンタズマ、コリンズ、金村、キラー、フィッシュマン、アイスマン、ジョー、ハンターB、ハンターA、カラス
▽60分1本勝負
⑥木村(グラウンド卍固め、10分49秒)保坂
◎バンクハウスマッチ=時間無制限1本勝負
⑦ポーゴ(KO勝ち、10分42秒)徳田
◎ランバージャック・デスマッチ=時間無制限1本勝負
⑧齋藤(片エビ固め、10分26秒)TNT

スタジオTVプロレス
9月9日

☆団体所属外の参加選手
ジプシー・ジョー/ダニー・デービス/トム・プリチャード/ザ・ヘッドハンターズ(ヘッドハンターA　ヘッドハンターB)
〈プエルトリコ・WWC〉
ミスター・ポーゴ
〈マネージャー〉
ビクター・キニョネス
〈女子プロレス〉
スレイマ/ビッキー・カランサ/マルタ・ビジャロボス/パンテラ・スレーニャ

9月9日(月)
東京・港区六本木・JCTV・Aスタジオ
開始17時46分(観衆200人=超満員)
※JCTV収録

◎女子プロレス=10分1本勝負
①スレイマ　カランサ(時間切れ引き分け)ビジャロボス　スレーニャ
▽10分1本勝負
②ジョー(体固め、5分20秒)金村
③ヘッドハンターB　プリチャード(1-0)ヘッドハンターA　デービス
プリチャード(エビ固め、5分14秒)デービス
④徳田　木村(1-0)齋藤　戸井
徳田(ヒザ十字固め、9分45秒)戸井
◎ミスター・ポーゴ3本勝負
⑤ポーゴ(体固め、0分40秒)三宅
⑥ポーゴ(体固め、1分5秒)金村
⑦ポーゴ(体固め、1分6秒)保坂

TAKE-OFF　2nd
9月11日～20日　全6戦

☆団体所属外の参加選手
ジプシー・ジョー㉒/ダニー・デービス①/トム・プリチャード①/ザ・ヘッドハンターズ(ヘッドハンターA②　ヘッドハンターB②)/ジ・アイスマン②/エディ・ギルバート②
〈プエルトリコ・WWC〉
ミスター・ポーゴ/TNT⑧
〈女子プロレス〉
スレイマ/ビッキー・カランサ/マルタ・ビジャロボス/パンテラ・スレーニャ

◎格闘マスターズ・サバイバー・リーグ公式戦＝30分1本勝負
⑥〈9点〉松永（リングアウト勝ち、14分8秒）〈5点〉木村
▽時間無制限1本勝負
⑦ポーゴ　ヘッドハンターA　ヘッドハンターB（1-0）齋藤　徳田　保坂
A（体固め、12分32秒）保坂

第3戦　10月28日（月）
長野・佐久市総合体育館
開始18時56分（観衆1347人）

▽20分1本勝負
①金村（逆エビ固め、5分24秒）鶴巻
②松永（ノックアウト勝ち、8分58秒）三宅
▽時間無制限1本勝負
③ティニエブラス　イホ・デ・ティニエブラス（1-0）カオス　メンサヘロ
ティニエブラス（体固め、7分9秒）カオス
▽時間無制限3本勝負
④ムニェコ　ラトン　ピノチョ（2-1）シャロン　インドミト　ケンニチ
1ムニェコ（体固め、8分29秒）インドミト
2インドミト（エビ固め、4分22秒）ラトン
3ラトン（前とびつき高角度前方回転エビ固め、4分3秒）インドミト
◎格闘マスターズ・サバイバー・リーグ公式戦＝30分1本勝負
⑤〈5点〉齋藤（首固め、10分50秒）〈0点〉徳田
▽60分1本勝負
⑥ポーゴ　ヘッドハンターA　ヘッドハンターB（1-0）木村　保坂　金村
B（体固め、7分42秒）金村

第4戦　10月29日（火）
静岡・浜松市体育館
開始18時54分（観衆1261人）

▽20分1本勝負
①三宅（首固め、3分16秒）鶴巻
②木村（変形ワキ固め、6分8秒）金村
▽時間無制限1本勝負
③ティニエブラス　イホ・デ・ティニエブラス（1-0）シャロン　ケンニチ
ティニエブラス組（エストレージャ、9分50秒）シャロン組
◎AWWA（アソシエイテッド・ワールド・レスリング・アステカ）認定メキシコ連邦トリオ選手権試合＝60分3本勝負
④ムニェコ　ラトン　ピノチョ（2-1）カオス　インドミト　メンサヘロ
1ラトン（ウラカン・ラナ、5分58秒）インドミト
2カオス（エビ固め、3分24秒）ピノチョ
3ムニェコ（首固め、5分11秒）メンサヘロ
◎格闘マスターズ・サバイバー・リーグ公式戦＝30分1本勝負
⑤〈9点〉齋藤（リングアウト勝ち、5分16秒）〈9点〉松永
▽60分1本勝負
⑥ポーゴ　ヘッドハンターA　ヘッドハンターB（1-0）木村　徳田　保坂
B（片エビ固め、7分56秒）保坂

スペル・ラトン①、ピノチョ①）
〈メキシコ・地方団体〉
ベビー・シャロン①／メンサヘロ・デ・ラ・ムエルテ①
［誠心会館］
松永光弘

開幕戦　10月25日（金）
東京・後楽園ホール
開始18時56分（観衆1853人＝満員）
※ビデオ収録

▽20分1本勝負
①島田（ノーザンライト・スープレックス・ホールド、9分43秒）茂木
②ヘッドハンターA　鶴巻（1-0）ヘッドハンターB　三宅
A（体固め、11分54秒）三宅
▽時間無制限1本勝負
③ティニエブラス　イホ・デ・ティニエブラス（1-0）ケンニチ　シャロン
イホ（エストレージャ、11分54秒）シャロン
▽時間無制限3本勝負
④カオス　インドミト　メンサヘロ（2-1）ムニェコ　ラトン　ピノチョ
1ピノチョ（伸身式前方回転エビ固め、4分32秒）メンサヘロ
2カオス（エビ固め、2分40秒）ラトン
3カオス（片エビ固め、0分37秒）ピノチョ
◎格闘マスターズ・サバイバー・リーグ公式戦＝30分1本勝負
⑤〈5点〉松永（ノックアウト勝ち、9分11秒）〈0点〉徳田
◎ハンディキャップ・全滅戦＝時間無制限勝負
⑥ポーゴ（3-0）戸井　保坂　金村
1ポーゴ（体固め、4分17秒）金村
2ポーゴ（体固め、7分19秒）保坂
3ポーゴ（体固め、10分46秒）戸井
◎格闘マスターズ・サバイバー・リーグ公式戦＝30分1本勝負
⑦〈5点〉木村（首固め、8分53秒）〈0点〉齋藤

第2戦　10月26日（土）
茨城・水戸市民体育館
開始18時30分（観衆1347人）

▽20分1本勝負
①三宅（サムソン・クラッチ・ホールド、16分34秒）茂木
②鶴巻（逆羽根折り固め、11分33秒）島田
▽時間無制限1本勝負
③ティニエブラス　イホ・デ・ティニエブラス（1-0）インドミト　シャロン
ティニエブラス（エストレージャ、5分37秒）シャロン
▽時間無制限3本勝負
④ピノチョ　ラトン　ムニェコ（2-1）カオス　ケンニチ　メンサヘロ
1ピノチョ（ウラカン・ラナ、3分39秒）メンサヘロ
2カオス（エビ固め、2分22秒）ピノチョ
3ムニェコ（カタプルパ式ジャックナイフ固め、3分6秒）メンサヘロ
▽30分1本勝負
⑤徳田（片エビ固め、6分0秒）金村

◎USWA世界ライトヘビー級選手権試合＝60分1本勝負
⑤〈挑戦者〉デービス（逆さ押さえ込み、9分22秒）〈王者〉戸井
▽60分1本勝負
⑥徳田　保坂（1-0）木村　金村
徳田（12分38秒、エビ固め）金村
◎カリビアン・ウラカン・ケージ・デスマッチ
⑦ポーゴ　TNT（1-0）斎藤　アイスマン
TNT（サソリ固め、11分27秒）齋藤

最終戦　9月20日（金）
群馬・伊勢崎市第二市民体育館
開始18時55分（観衆1538人）

▽10分1本勝負
①島田（けさ固め、5分47秒）茂木
◎女子プロレス＝20分1本勝負
②スレイマ　カランサ（1-0）ビジャロボス　スレーニャ
スレイマ（前方回転エビ固め、10分22秒）スレーニャ
▽15分1本勝負
③松永（ノックアウト勝ち、4分55秒）鶴巻
▽20分1本勝負
④アイスマン（時間切れ引き分け）デービス
▽30分1本勝負
⑤ヘッドハンターA　ヘッドハンターB（1-0）徳田　保坂
A（体固め、11分39秒）保坂
◎1対2ハンディキャップ戦＝30分1本勝負
⑥TNT（1-0）三宅　金村
TNT（片エビ固め、0分42秒）三宅
TNT（体固め、1分27秒）金村
※試合後、金村がTNTに襲いかかり、全滅方式に変更
▽45分1本勝負
⑦プリチャード　ギルバート（1-0）齋藤　戸井
ギルバート（後方回転エビ固め、4分54秒）戸井
◎チェーンデスマッチ＝時間無制限1本勝負
ポーゴ（試合不成立）木村
▽時間無制限1本勝負
⑧ポーゴ（体固め、9分53秒）木村

TAKE-OFF 3rd～ルチャ・フェスタ'91～
10月25日～30日　全5戦

☆団体所属外の参加選手
〈プエルトリコ・WWC〉
ミスター・ポーゴ／ザ・ヘッドハンターズ（ヘッドハンターA③　ヘッドハンターB③）
〈マネージャー〉
ビクター・キニョネス
〈メキシコ・EMLL〉
ロス・ティニエブラス（ティニエブラス②、イホ・デ・ティニエブラス①、マスコット＝アルーシェ①）
〈メキシコ・UWA〉
カオス①／インドミド①／ケンニチ①／カサンドロ①
〈メキシコ・フリー〉
トリオファンタシア（スペル・ムニェコ①、

第2戦　2月10日（月）
埼玉・本庄市民体育館
開始18時30分（観衆1018人）

◎全日本女子プロレス＝15分1本勝負
①長谷川（変形エビ固め、12分7秒）吉永
▽20分1本勝負
②茂木（ジャーマン・スープレックス・ホールド、12分36秒）三浦
▽30分1本勝負
③ヘッドハンターB（体固め、7分14秒）島田
◎全日本女子プロレス＝30分1本勝負
④マレンコ（裸絞め、12分20秒）渡辺
▽30分1本勝負
⑤ヘッドハンターA（体固め、8分54秒）金村
▽45分1本勝負
⑥松永　徳田（1-0）マードック　O・TNT
徳田（片エビ固め、9分10秒）O・TNT
◎バンクハウス・タッグデスマッチ＝時間無制限1本勝負
⑦ポーゴ　ペレスJr.（1-0）ジョー　アイスマン
ペレスJr.（エビ固め、9分13秒）アイスマン

第3戦　2月11日（火＝祝）
静岡・浜松市体育館
開始18時50分（観衆2427人）

◎全日本女子プロレス＝20分1本勝負
①マレンコ　長谷川（1-0）神谷　伊藤
長谷川（ジャックナイフ固め、15分19秒）伊藤
▽20分1本勝負
②ジョー（逆エビ固め、7分15秒）三宅
▽30分1本勝負
③アイスマン（首固め、20分27秒）ペレスJr.
④ヘッドハンターA　ヘッドハンターB（1-0）徳田　金村
A（体固め、8分20秒）金村
▽45分1本勝負
⑤松永（片エビ固め、7分35秒）O・TNT
◎特別試合＝時間無制限1本勝負
⑥マードック（無効試合、6分18秒）ポーゴ
◎ストリートファイト時間差バトルロイヤル＝時間無制限勝負（12人出場）
⑦金村（リングアウト勝ち、12分36秒）ペレスJr.
※退場順（番号は出場順。2人ずつ入場）…O・TNT②、三宅⑤、ジョー④、アイスマン①、ハンター？③、徳田②、マードック⑥&ポーゴ⑥、松永④、ハンター？③、ペレスJr.①、金村⑤

第4戦　2月14日（金）
茨城・北茨城市民体育館
開始18時45分（観衆932人）

◎全日本女子プロレス＝20分1本勝負
①みなみ（エビ固め、12分29秒）吉永
▽20分1本勝負
②O・TNT（片エビ固め、10分3秒）三宅
▽30分1本勝負
③ヘッドハンターB（体固め、6分41秒）ジョー（体固め、10分30秒）？（どちらか不明）
⑥徳田（逆片エビ固め、8分38秒）金村
▽60分1本勝負
⑦マスカラス　アイスマン（1-0）ポーゴ　ペレスJr.
マスカラス（体固め、14分40秒）ペレスJr.

1992年

BE DREAMERS
2月9日～16日　全6戦

☆参加外国人選手
〈アメリカ〉
ディック・マードック㊼／アイスマン④／ジプシー・ジョー㉔
〈プエルトリコ・WWC〉
ミスター・ポーゴ／ミゲル・ペレスJr.⑥／オリジナルTNT①／ザ・ヘッドハンターズ（ヘッドハンターA④　ヘッドハンターB④）
〈マネージャー〉
ビクター・キニョネス
☆参加日本人選手
徳田光輝／島田宏／三宅綾／ウインガー（第5戦）
［誠心会館］
松永光弘／金村ゆきひろ
☆全日本女子プロレス招待選手
豊田真奈美／井上京子／山田敏代（以上開幕戦のみ）／長谷川咲恵（開幕戦～第3戦）／バット吉永（開幕戦、第4戦～最終戦）／渡辺智子（第2戦のみ）／デビー・マレンコ（第2戦、第3戦）／神谷美織／伊藤薫（ともに第3戦のみ）／みなみ鈴香（第4戦～最終戦）

開幕戦　2月9日（日）
東京・後楽園ホール
開始18時47分（観衆1853人）
※一部ビデオ収録

▽15分1本勝負
①三宅（ツイストアームバー、7分34秒）三浦
▽20分1本勝負
②アイスマン（時間切れ引き分け）オリジナルTNT
▽30分1本勝負
③ヘッドハンターA　ヘッドハンターB（1-0）金村　島田
B（体固め、10分40秒）金村
◎全日本女子プロレス＝45分1本勝負
④山田　井上（1-0）豊田　長谷川
井上（エビ固め、19分13秒）長谷川
◎プリミアー・サバイバー・マッチ第1戦＝60分1本勝負
⑤マードック（片エビ固め、11分5秒）徳田〈0勝1敗〉
◎バンクハウス・タッグデスマッチ＝時間無制限1本勝負
⑥ジョー　松永（1-0）ポーゴ　ペレスJr.
松永（横入り式片足取りエビ固め、10分57秒）ペレスJr.

最終戦　10月30日（水）
長野・丸子町総合体育館
開始18時55分（観衆1156人）

▽20分1本勝負
①金村（エビ固め、4分40秒）鶴巻
②保坂（体固め、14分4秒）三宅
▽時間無制限1本勝負
③ティニエブラス　イホ・デ・ティニエブラス（1-0）インドミト　シャロン
ティニエブラス組（エストレージャ、10分25秒）インドミト組
▽時間無制限3本勝負
④ムニェコ　ラトン　ピノチョ（2-1）カオス　ケンニチ　メンサヘロ
1ピノチョ（ウラカン・ラナ、5分30秒）ケンニチ
2カオス（エビ固め、2分52秒）ムニェコ
3ムニェコ（変形足掛け横回転エビ固め、4分28秒）メンサヘロ
◎格闘マスターズ・サバイバー・リーグ公式戦最終戦＝30分1本勝負
⑤〈5点〉徳田（首固め、12分16秒）〈5点〉木村
▽60分1本勝負
⑥ポーゴ　ヘッドハンターA　ヘッドハンターB（1-0）齋藤　松永　金村
A（体固め、10分26秒）金村

SKY HIGH AGAIN
12月10日

☆元W★ING選手会所属日本人選手
徳田光輝／戸井マサル／金村ゆきひろ／三宅綾／茂木正淑／島田宏／三浦博文
〈プエルトリコ・WWC〉
ミスター・ポーゴ
〈マネージャー〉
ビクター・キニョネス
☆参加外国人選手
ミル・マスカラス㉓／アイスマン③／ミゲル・ペレスJr.⑥／ジプシー・ジョー㉓／スコッティ・ザ・ボディ②／ドラゴン・マスター①／テキサス・ハングメン（サイコ①　キラー①）
☆全日本女子プロレス招待選手
みなみ鈴香／堀田祐美子／豊田真奈美／三田英津子

旗揚げ戦　12月10日（火）
東京・後楽園ホール
開始18時54分（観衆1535人）
※ビデオ収録

▽15分1本勝負
①島田（フィッシャーマンズ・スープレックス・ホールド、10分44秒）三浦
▽20分1本勝負
②三宅（逆エビ固め、11分41秒）茂木
◎全日本女子プロレス＝30分1本勝負
③みなみ　堀田（1-0）豊田　三田
みなみ（エビ固め、14分16秒）三田
▽30分1本勝負
④ボディ（腕ひしぎ逆十字固め、4分34秒）戸井
▽45分1本勝負
⑤ジョー　マスター（1-0）サイコ　キラー

◎スクランブル・バンクハウス・デスマッチ＝時間無制限1本勝負
⑧ポーゴ（レフェリーストップ勝ち、11分51秒）松永

第3戦　3月9日（月）
愛知・蒲郡市民体育センター
開始18時30分（観衆1139人）

▽15分1本勝負
①ウインガー（片エビ固め、5分19秒）三宅
▽20分1本勝負
②V・コロフ（両者リングアウト、5分31秒）ヘッドハンターB
▽30分1本勝負
③アイスマン（時間切れ引き分け）スティムボート
④ヘッドハンターA（体固め、8分33秒）ロジャース
▽45分1本勝負
⑤ペレスJr.（バックドロップ・ホールド、10分18秒）金村
▽60分1本勝負
⑥ポーゴ　I・コロフ（1-0）徳田　スティムボート
コロフ（エビ固め、11分24秒）スティムボート

第4戦　3月11日（水）
愛知・半田市民ホール
開始18時59分（観衆2378人）

◎スペシャル・アトラクション<空手模範試合＝誠心会館>
エキシビション・マッチ＝2分2回戦休憩1分
椋本貴幸（判定勝ち）井手上泰彦
▽20分1本勝負
①ペレスJr.（ジャーマン・スープレックス・ホールド、7分33秒）三宅
▽30分1本勝負
②V・コロフ（体固め、9分49秒）ロジャース
▽45分1本勝負
③I・コロフ（体固め、13分22秒）スティムボート
◎カリビアン・ボブワイヤー・タッグ・デスマッチ＝時間無制限1本勝負
ヘッドハンターA　ヘッドハンターB（対戦相手変更）松永　金村
④ヘッドハンターA　ヘッドハンターB（1-0）徳田　アイスマン
A（体固め、12分32秒）徳田
◎ロシアン・チェーン・デスマッチ＝時間無制限1本勝負
I・コロフ（試合中止）ポーゴ
◎特別試合＝60分1本勝負
⑤ポーゴ（体固め、10分4秒）金村

最終戦　3月13日（金）
静岡・静岡産業館
開始18時59分（観衆2141人）

▽20分1本勝負
①ロジャース（体固め、10分44秒）三宅
▽30分1本勝負
②V・コロフ（体固め、13分18秒）スティムボート
▽45分1本勝負
③ヘッドハンターA　ヘッドハンターB

WHO'S THE DANGER
3月6日～13日　全5戦

☆団体所属外の参加選手
〈プエルトリコ・WWC〉
ミスター・ポーゴ／ミゲル・ペレスJr.⑦／ザ・ヘッドハンターズ（ヘッドハンターA⑤　ヘッドハンターB⑤）
〈マネージャー〉
ビクター・キニョネス
〈その他〉
ジ・アイスマン⑤／イワン・コロフ⑨／ブラジミア・コロフ①／リップ・ロジャース③／ビクター・スティムボート①／ジ・ウインガー（第3戦のみ）
☆全日本女子プロレス招待選手
アジャ・コング／バイソン木村／北斗晶／井上京子（以上第2戦のみ）

開幕戦　3月6日（金）
茨城・日立市民運動公園中央体育館
開始18時30分（観衆1256人）

▽15分1本勝負
①三宅（時間切れ引き分け）三浦
▽20分1本勝負
②ヘッドハンターA（体固め、5分13秒）島田
③ヘッドハンターB（体固め、8分43秒）ロジャース
▽30分1本勝負
④徳田（レフェリーストップ勝ち、12分21秒）茂木
▽45分1本勝負
⑤アイスマン　スティムボート（両軍反則、14分37秒）I・コロフ　V・コロフ
▽60分1本勝負
⑥ポーゴ　ペレスJr.（1-0）松永　金村
ペレスJr.（ジャーマン・スープレックス・ホールド、5分37秒）金村

第2戦　3月8日（日）
東京・後楽園ホール
開始18時30分（観衆2300人＝超満員）
※ビデオ収録

▽15分1本勝負
①茂木（前とびつき高角度後方回転エビ固め、11分39秒）三浦
▽20分1本勝負
②アイスマン（ジャーマン・スープレックス・ホールド、6分53秒）三宅
▽30分1本勝負
③金村（片エビ固め、7分14秒）ロジャース
④ペレスJr.（フィッシャーマンズ・スープレックス・ホールド、7分45秒）スティムボート
▽45分1本勝負
⑤徳田（レフェリーストップ勝ち、7分41秒）島田
◎全日本女子プロレス＝45分1本勝負
⑥アジャ　木村（1-0）北斗　井上
アジャ（体固め、17分14秒）井上
▽60分1本勝負
⑦I・コロフ　V・コロフ（無効試合、8分16秒）ヘッドハンターA　ヘッドハンターB

三浦
④ヘッドハンターA（体固め、6分30秒）茂木
▽45分1本勝負
⑤ジョー　松永（1-0）アイスマン　金村
ジョー（逆エビ固め、12分31秒）金村
▽60分1本勝負
⑥ポーゴ　ペレスJr.（1-0）マードック　徳田
ペレスJr.（ジャーマン・スープレックス・ホールド、8分15秒）徳田

第5戦　2月15日（土）
愛知・犬山市体育館
開始18時59分（観衆1816人）

▽15分1本勝負
①茂木（ジャーマン・スープレックス・ホールド、9分15秒）三浦
◎全日本女子プロレス＝20分1本勝負
②吉永（エビ固め、14分22秒）みなみ
▽30分1本勝負
③ヘッドハンターA　ヘッドハンターB（1-0）ジョー　三宅
A（体固め、11分21秒）三宅
◎プリミアー・サバイバー・マッチ第2戦＝60分1本勝負
④ペレスJr.（ジャーマン・スープレックス・ホールド、7分45秒）徳田〈0勝2敗〉
▽60分1本勝負
⑤ポーゴ（体固め、8分10秒）アイスマン
⑥松永　O・TNT（1-0）マードック　金村
松永（片エビ固め、11分59秒）金村
◎バトルロイヤル＝時間無制限勝負（13人出場）
⑦アイスマン（体固め、11分35秒）ウインガー
※退場順…ハンター?、マードック、徳田、ジョー、O・TNT、ハンター?、ペレスJr.、三浦、茂木、三宅、松永、ウインガー、アイスマン

最終戦　2月16日（日）
東京・後楽園ホール　ジプシー・ジョー「10年ロマンス」
開始18時56分（観衆2100人＝満員）
※ビデオ収録

▽30分1本勝負
①ヘッドハンターA　ヘッドハンターB（1-0）O・TNT　三宅
A（体固め、12分42秒）三宅
◎全日本女子プロレス＝30分1本勝負
②みなみ（片エビ固め、11分59秒）吉永
▽30分1本勝負
③金村　島田（1-0）徳田　茂木
島田（レフェリーストップ勝ち、17分43秒）徳田
◎WWC認定カリビアン・ヘビー級選手権試合＝60分1本勝負
④〈王者〉ペレスJr.（ジャックナイフ固め、16分32秒）〈挑戦者〉アイスマン
◎特別試合＝60分1本勝負
⑤マードック（レフェリーストップ勝ち、11分46秒）松永
◎金網デスマッチ＝時間無制限1本勝負
⑥ポーゴ（ノックアウト勝ち、12分16秒）ジョー

最終戦　4月9日（木）
愛知・江南市民体育会館
開始19時5分（観衆1579人）

◎全日本女子プロレス・特別試合＝15分1本勝負
①伊藤（片エビ固め、8分23秒）中見川
▽20分1本勝負
②インベーダー（体固め、7分51秒）三宅
▽30分1本勝負
③ムーラー　タスマニアック（1-0）ジョー　戸井
タスマニアック（体固め、11分40秒）戸井
▽45分1本勝負
④徳田（片エビ固め、7分4秒）テイラー
◎ファイアーデスマッチ出場者決定第1次トーナメント決勝戦＝時間無制限1本勝負
⑤サリバン（リングアウト勝ち、6分48秒）キマラ
◎スクランブル・バンクハウス・デスマッチ＝時間無制限1本勝負
⑥ポーゴ（KO勝ち、14分19秒）金村

DEAD or ALIVE・OSAKA 5月5日
DEAD or ALIVE・TOKYO 5月7日

☆団体所属外の参加選手
ワフー・マクダニエル⑦／ザ・グラップラー③／ジェイソン・ザ・テリブル①／モンゴリアン・ムーラー②
〈プエルトリコ・WWC〉
ミスター・ポーゴ／スーパー・インベーダー②
〈マネージャー〉
ビクター・キニョネス
☆全日本女子プロレス招待選手
バット吉永／伊藤薫（ともに5日のみ）／渡辺智子／中見川志保（ともに7日のみ）

5月5日（火＝祝）
大阪・泉佐野市民総合体育館
開始15時23分（観衆2030人）

▽15分1本勝負
①三宅（時間切れ引き分け）三浦
◎全日本女子プロレス＝20分1本勝負
②吉永（エビ固め、12分55秒）伊藤
▽30分1本勝負
③戸井（後方回転エビ固め、11分31秒）茂木
◎プリミアー・サバイバー・マッチ第4戦＝60分1本勝負
④マクダニエル（体固め、10分4秒）徳田〈1勝3敗〉
◎PNW（パシフィック・ノースウエスト）ヘビー級選手権試合＝60分1本勝負
⑤〈挑戦者〉金村（フォール勝ち、13分50秒）〈王者〉グラップラー
◎スクランブル・バンクハウス・タッグデスマッチ＝時間無制限1本勝負
⑥ポーゴ　インベーダー（1-0）ジェイソン　ムーラー
インベーダー（ノックアウト勝ち、11分41秒）ムーラー
①伊藤（エビ固め、7分41秒）中見川
▽30分1本勝負
②戸井（首固め、8分41秒）三宅
③金村（片エビ固め、5分35秒）タスマニアック
④ジョー（エビ固め、6分22秒）テイラー
◎ファイアーデスマッチ出場者決定第1次トーナメント1回戦＝時間無制限1本勝負
⑤インベーダー（エビ固め、6分22秒）徳田
◎モースト・デンジャラス・タッグ・ウォーズ＝時間無制限1本勝負
⑥ポーゴ　キマラ（無効試合、6分31秒）サリバン　ムーラー
◎ストリートファイト時間差バトルロイヤル決勝＝時間無制限勝負（12人出場）
⑦徳田（エビ固め、13分47秒）タスマニアック

第3戦　4月7日（火）
岐阜・岐阜産業会館
開始18時45分（観衆1318人）

◎全日本女子プロレス・特別試合＝15分1本勝負
①伊藤（エビ固め、8分42秒）中見川
▽20分1本勝負
②金村（体固め、9分56秒）三宅
▽30分1本勝負
③タスマニアック（体固め、4分27秒）戸井
◎ファイアーデスマッチ出場者決定第1次トーナメント1回戦＝時間無制限1本勝負
④サリバン（片エビ固め、13分11秒）テイラー
⑤キマラ（両者リングアウト、6分29秒）ムーラー
▽延長戦
キマラ（エビ固め、1分29秒）ムーラー
▽時間無制限1本勝負
⑥徳田　ジョー（1-0）ポーゴ　インベーダー
徳田（前方回転エビ固め、11分57秒）インベーダー

第4戦　4月8日（水）
三重・四日市市中央緑地体育館
開始19時（観衆1347人）

◎全日本女子プロレス・特別試合＝15分1本勝負
①中見川（エビ固め、7分21秒）伊藤
▽20分1本勝負
②タスマニアック（片エビ固め、10分44秒）三宅
▽30分1本勝負
③ムーラー（片エビ固め、5分40秒）戸井
◎ファイアーデスマッチ出場者決定第1次トーナメント2回戦＝時間無制限1本勝負
④キマラ（体固め、5分45秒）ジョー
⑤サリバン（体固め、7分11秒）インベーダー
▽60分1本勝負
⑥徳田　金村（1-0）ポーゴ　テイラー
金村（片エビ固め、14分26秒）テイラー
◎スーパー・バトルロイヤル決勝（10人出場）
⑦タスマニアック（エビ固め、5分9秒）戸井
（1-0）茂木　三浦
A（体固め、6分39秒）三浦
◎プリミアー・サバイバー・マッチ第3戦＝60分1本勝負
④徳田〈1勝2敗〉（首固め、12分16秒）I・コロフ
◎バンクハウス・デスマッチ＝時間無制限1本勝負
⑤ポーゴ（レフェリーストップ勝ち、11分20秒）金村
◎スキャフォールドマッチ＝時間無制限1本勝負
⑥アイスマン（落下TKO、9分43秒）ペレスJr.

DESIRE for BLOOD
4月5日〜9日　全5戦

☆団体所属外の参加選手
ミスター・ポーゴ／スーパー・インベーダー①／ジャイアント・キマラ⑥／タグボート・テイラー①／ケビン・サリバン④／モンゴリアン・ムーラー①／タスマニアック①／ジプシー・ジョー㉕
〈マネージャー〉
ビクター・キニョネス
☆全日本女子プロレス招待選手
下田美馬／渡辺智子（ともに開幕戦のみ）／伊藤薫／中見川志保（ともに第2戦〜最終戦）

開幕戦　4月5日（日）
東京・後楽園ホール
開始19時4分（観衆2100人＝満員）
※ビデオ収録

▽15分1本勝負
①茂木（ジャーマン・スープレックス・ホールド、7分10秒）三浦
◎全日本女子プロレス・特別試合＝20分1本勝負
②下田（エビ固め、15分22秒）渡辺
▽延長戦＝5分1本勝負
下田（ジャーマン・スープレックス・ホールド、0分17秒）渡辺
▽再延長戦＝5分1本勝負
下田（横入り式エビ固め、1分5秒）渡辺
▽30分1本勝負
③テイラー（体固め、5分45秒）三宅
④ムーラー（片エビ固め、3分28秒）島田
◎ファイアーデスマッチ出場者決定第1次トーナメント1回戦＝時間無制限1本勝負
⑤ジョー（体固め、9分30秒）タスマニアック
▽60分1本勝負
⑥サリバン（両者反則、8分59秒）キマラ
◎カリビアン・バーブドワイヤー・タッグデスマッチ＝時間無制限1本勝負
⑦ポーゴ　インベーダー（1-0）徳田　金村
インベーダー（体固め、10分6秒）金村

第2戦　4月6日（月）
高石・大阪府立臨海スポーツセンター
開始19時4分（観衆1013人）

◎全日本女子プロレス・特別試合＝20分1本勝負

王者決定リーグ戦公式戦=30分1本勝負
③〈1.5点〉チャズ（横入り式片足取りエビ固め、12分46秒）〈2点〉キッド
④〈2点〉シーク（リングアウト勝ち、9分25秒）〈2点〉バックランド
⑤〈2点〉戸井（両者リングアウト、7分50秒）〈2.5点〉ダンディ
▽45分1本勝負
⑥インベーダー（片エビ固め、7分51秒）島田
▽60分1本勝負
⑦ポーゴ　ヘッドハンターA（1-0）ジェイソン　徳田
ポーゴ（体固め、10分0秒）徳田

第5戦　6月11日（木）
東京・後楽園ホール
開始18時58分（観衆2100人=満員）

※ビデオ収録

▽15分1本勝負
①茂木（片エビ固め、10分27秒）三浦
▽20分1本勝負
②ジョー（体固め、4分41秒）三宅
◎WING認定世界ジュニアヘビー級初代王者決定リーグ戦公式戦=30分1本勝負
③〈3点〉キッド（片エビ固め、12分51秒）〈2点〉シーク
④〈3点〉バックランド（ダイビング・ローリング・クラッチホールド、11分16秒）〈2点〉戸井
⑤〈3.5点〉ダンディ（片エビ固め、8分9秒）〈1.5点〉チャズ
◎イリミネーション・8人タッグ戦=時間無制限勝負
⑥〈W★ING軍〉徳田　ジェイソン　島田　戸井（4-2）〈WWC軍〉ポーゴ　インベーダー　ヘッドハンターA　ヘッドハンターB
[1]島田（ジャーマン・スープレックス・ホールド、10分4秒）A
[2]B（エビ固め、11分40秒）戸井
[3]インベーダー（オーバー・ザ・トップロープ、14分6秒）ジェイソン
[4]徳田（フィッシャーマンズ・スープレックス・ホールド、15分50秒）インベーダー
[5]徳田（エビ固め、16分3秒）B
[6]島田（オーバー・ザ・トップロープ、20分48秒）ポーゴ

最終戦　6月12日（金）
千葉・千葉公園体育館
開始19時8分（観衆2518人）

▽20分1本勝負
①ジョー（体固め、10分50秒）シーク
◎1対2変則タッグマッチ=30分1本勝負
②ヘッドハンターA（2-0）チャズ　三宅
[1]A（体固め、4分42秒）三宅
[2]A（片エビ固め、10分41秒）チャズ
◎WING認定世界ジュニアヘビー級初代王者決定リーグ戦優勝戦進出者戦=30分1本勝負
③〈3点〉バックランド（片足取りエビ固め、7分39秒）〈3点〉キッド
▽45分1本勝負
④ヘッドハンターB（体固め、6分12秒）戸井
◎WING認定世界ジュニアヘビー級初代王者決定リーグ戦優勝戦=60分1本勝負
ジョー（ノックアウト勝ち、9分36秒）インベーダー

第2戦　6月7日（日）
千葉・東金中学校体育館
開始17時43分（観衆1759人）

▽15分1本勝負
①三浦（時間切れ引き分け）三宅
▽20分1本勝負
②インベーダー（ダイビング・ローリング・クラッチ・ホールド、10分51秒）島田
◎WING認定世界ジュニアヘビー級初代王者決定リーグ戦公式戦=30分1本勝負
③〈1点〉キッド（エビ固め、11分16秒）〈1点〉戸井
④〈1点〉シーク（グラウンド式アバラ折り、10分16秒）〈0点〉チャズ
⑤〈2点〉バックランド（フォール勝ち、11分1秒）〈1点〉ダンディ
◎バンクハウス・デスマッチ=時間無制限1本勝負
⑥ポーゴ（テクニカル・ノックアウト勝ち、14分2秒）徳田
◎カリビアン・バーブドワイヤー・タッグデスマッチ=時間無制限1本勝負
⑦ジョー　ジェイソン（無効試合、15分19秒）ヘッドハンターA　ヘッドハンターB

第3戦　6月8日（月）
千葉・木更津倉形スポーツ会館
開始18時30分（観衆797人）

▽20分1本勝負
①ヘッドハンターB（体固め、4分0秒）三宅
◎WING認定世界ジュニアヘビー級初代王者決定リーグ戦公式戦=30分1本勝負
②〈2点〉ダンディ（片エビ固め、7分53秒）〈1点〉シーク
③〈1.5点〉戸井（両者リングアウト、7分41秒）〈0.5点〉チャズ
④〈2点〉キッド（フォール勝ち、12分34秒）〈2点〉バックランド
▽45分1本勝負
⑤ジョー（両者リングアウト、10分8秒）ヘッドハンターA
▽60分1本勝負
⑥徳田　ジェイソン（1-0）ポーゴ　インベーダー
徳田（ジャーマン・スープレックス・ホールド、11分33秒）インベーダー
◎スーパー・バトルロイヤル=時間無制限勝負（12人出場）
⑦戸井（逆さ押さえ込み、5分44秒）チャズ
※退場順…徳田、ハンターB、インベーダー、ハンターA、キッド、ダンディ、三宅、ジェイソン、シーク、ジョー、チャズ、戸井

第4戦　6月10日（水）
埼玉・深谷市民体育館
開始18時（観衆1057人）

▽15分1本勝負
①茂木（ジャーマン・スープレックス・ホールド、12分5秒）三浦
▽30分1本勝負
②ジョー（両者リングアウト、10分6秒）ヘッドハンターB
◎WING認定世界ジュニアヘビー級初代

5月7日（木）
東京・後楽園ホール
開始18時30分（観衆2100人=超満員）

※ビデオ収録

◎全日本女子プロレス=15分1本勝負
①渡辺（ブロックバスター・ホールド、8分39秒）中見川
▽20分1本勝負
②島田（体固め、9分29秒）三浦
◎WING認定世界ジュニアヘビー級選手権・日本代表者決定戦=30分1本勝負
③戸井（体固め、6分46秒）茂木
▽45分1本勝負
④徳田（片エビ固め、4分5秒）ムーラー
◎PNWヘビー級選手権試合=60分1本勝負
⑤〈王者〉金村（リングアウト勝ち、9分4秒）〈挑戦者〉グラップラー
◎インディアン・ストラップ・マッチ=時間無制限1本勝負
⑥マクダニエル（ノックアウト勝ち、7分40秒）グラップラー
◎アンダーテイカー・デスマッチ=時間無制限1本勝負
⑦ポーゴ（ノックアウト勝ち、10分46秒）ジェイソン

CLIMBING UP
6月4日～12日　全6戦

☆団体所属外の参加選手
ジプシー・ジョー㉖／ジミー・バックランド⑧／ビル・ダンディ①／グラン・シーク①／チータ・キッド②／チャズ①
〈プエルトリコ・WWC〉
ミスター・ポーゴ／ザ・ヘッドハンターズ（ヘッドハンターA⑥　ヘッドハンターB⑥）／スーパー・インベーダー③
〈マネージャー〉
ビクター・キニョネス
☆特別参加
ジェイソン・ザ・テリブル②

開幕戦　6月4日（木）
埼玉・大宮スケートセンター
開始19時（観衆1878人=満員）

▽15分1本勝負
①三浦（サムソン・クラッチ・ホールド、9分19秒）三宅
▽20分1本勝負
②島田（片エビ固め、10分23秒）茂木
◎WING認定世界ジュニアヘビー級初代王者決定リーグ戦公式戦=30分1本勝負
③〈1点〉戸井（体固め、10分32秒）〈0点〉シーク
④〈1点〉バックランド（エビ固め、5分39秒）〈0点〉チャズ
⑤〈1点〉ダンディ（体固め、9分6秒）〈0点〉キッド
◎金網タッグデスマッチ=時間無制限1本勝負
⑥ヘッドハンターA　ヘッドハンターB（1-0）徳田　金村
A（体固め、12分29秒）金村
◎金網タッグ・トルネード・デスマッチ=時間無制限1本勝負
⑦ジョー　バックランド（1-0）ポーゴ　インベーダー

ー
※退場順…インフェルノ、サリバン、三宅、金村、ルーシファー、ウォリアー、エンブリー、松永

◎バンクハウス・タッグデスマッチ＝時間無制限1本勝負
⑥ポーゴ　レザー（1-0）徳田　ジェイソン
レザー（片エビ固め、18分4秒）ジェイソン

最終戦　7月25日（土）
愛知・名古屋国際競技場
開始18時55分（観衆1746人＝満員）

▽20分1本勝負
①インフェルノ（体固め、2分51秒）三宅
▽30分1本勝負
②レザー（片エビ固め、11分28秒）ウォリアー
③ジェイソン（反則勝ち、9分45秒）ルーシファー
▽60分1本勝負
④ポーゴ　エンブリー（1-0）徳田　金村
エンブリー（片エビ固め、14分53秒）金村
◎時間差バトルロイヤル＝時間無制限勝負（8人出場）
⑤金村（エビ固め、8分57秒）インフェルノ
※退場順（番号は出場順）…ジェイソン①、フェイス①、ルーシファー③、徳田④、ウォリアー⑧、エンブリー⑤、インフェルノ⑦、金村⑥
◎ファイアーデスマッチ出場者決定戦＝時間無制限1本勝負
⑥〈第2次トーナメント優勝者〉松永（体固め、15分50秒）〈第1次トーナメント優勝者〉サリバン

ONE MUTCH ONE SOUL　8月2日
☆団体所属外の参加選手
ジ・アイスマン⑥
〈プエルトリコ・WWC〉
ザ・ヘッドハンターズ（ヘッドハンターA⑦　ヘッドハンターB⑦）／スーパー・インベーダー④／エル・ポリクア①
☆「CAUTION!!～危険な警告～」からの残留選手
ジェイソン・ザ・テリブル③
マスクト・インフェルノ①
〈プエルトリコ・WWC〉
ミスター・ポーゴ／サモアン・ウォリアー①／レザー・フェイス①
〈マネージャー〉
ビクター・キニョネス
☆全日本女子プロレス招待選手
北斗晶／三田英津子／井上京子／長谷川咲恵

8月2日（日）
千葉・船橋オートレース駐車場
開始19時6分（観衆5319人＝超満員札止め）
※ビデオ収録

▽30分1本勝負
①島田　三宅（1-0）茂木　三浦
三宅（逆片エビ固め、13分21秒）三浦

▽60分1本勝負
⑥ポーゴ　ウォリアー（1-0）徳田　島田
ウォリアー（体固め、10分58秒）島田

第3戦　7月19日（日）
岐阜・各務原市スーパーカワイ駐車場特設リング
開始18時30分（観衆1863人＝満員）

▽20分1本勝負
①インフェルノ（体固め、4分11秒）三宅
▽30分1本勝負
②金村（反則勝ち、3分29秒）レザー
③徳田（両者リングアウト、12分51秒）エンブリー
◎ファイアーデスマッチ出場者決定第2次トーナメント1回戦＝時間無制限1本勝負
④ルーシファー（片エビ固め、9分40秒）ウォリアー
◎特別試合＝時間無制限1本勝負
⑤サリバン（体固め、11分29秒）ジェイソン
◎スクランブル・バンクハウス・タッグデスマッチ＝時間無制限1本勝負
⑥ポーゴ　エンブリー（1-0）松永　徳田
ポーゴ（ノックアウト勝ち、12分3秒）徳田

第4戦　7月20日（月）
群馬・伊勢崎市民体育館
開始18時30分（観衆3169人＝満員）

▽20分1本勝負
①茂木（ジャーマン・スープレックス・ホールド、14分24秒）三浦
▽30分1本勝負
②レザー（体固め、4分11秒）三宅
③サリバン（体固め、4分3秒）島田
◎ファイアーデスマッチ出場者決定第2次トーナメント準決勝＝時間無制限1本勝負
④エンブリー（エビ固め、11分22秒）インフェルノ
⑤松永（逆さ押さえ込み、11分0秒）ルーシファー
◎スクランブル・バンクハウス・タッグデスマッチ＝時間無制限1本勝負
⑥ポーゴ　ウォリアー（1-0）徳田　ジェイソン
ポーゴ（レフェリーストップ勝ち、13分1秒）徳田

第5戦　7月24日（金）
高石・大阪府立臨海スポーツセンター
開始18時45分（観衆2223人＝満員）

▽20分1本勝負
①ルーシファー（片エビ固め、6分55秒）三宅
▽30分1本勝負
②金村（反則勝ち、5分4秒）ウォリアー
③サリバン（エビ固め、6分23秒）インフェルノ
◎ファイアーデスマッチ出場者決定第2次トーナメント決勝戦＝時間無制限1本勝負
④松永（片エビ固め、13分2秒）エンブリー
◎スーパー・バトルロイヤル＝時間無制限勝負（8人出場）
⑤松永（首固め、12分13秒）エンブリ

⑤バックランド（エビ固め、10分18秒）ダンディ
◎スクランブル・バンクハウス・タッグデスマッチ＝時間無制限1本勝負
⑥徳田　ジェイソン（1-0）ポーゴ　インベーダー
徳田（ノックアウト勝ち、12分3秒）インベーダー

CAUTION!!～危険な警告～
7月17日～25日　全6戦
☆団体所属外の参加選手
ケビン・サリバン⑤／ジェイソン・ザ・テリブル③／エリック・エンブリー②／マスクト・インフェルノ①（ローチェスター・ロードブロックとしては、SWSのシリーズに過去3度参戦）／ルーシファー①
〈プエルトリコ・WWC〉
ミスター・ポーゴ／サモアン・ウォリアー①／レザー・フェイス①
〈マネージャー〉
ビクター・キニョネス

開幕戦　7月17日（金）
静岡・浜松市体育館
開始19時（観衆1393人）

◎ファイアーデスマッチ出場者決定第2次トーナメント1回戦＝時間無制限1本勝負
エンブリー（不戦勝）金村
▽15分1本勝負
①エンブリー（バックドロップ・ホールド、8分33秒）茂木
▽30分1本勝負
②ウォリアー（体固め、4分45秒）三宅
③ルーシファー（片エビ固め、2分51秒）茂木
④インフェルノ（体固め、4分24秒）島田
◎プリミアー・サバイバー・マッチ第5戦＝60分1本勝負
⑤サリバン（体固め、16分42秒）徳田〈1勝4敗〉
◎スクランブル・バンクハウス・タッグデスマッチ＝時間無制限1本勝負
⑥ポーゴ　レザー（1-0）松永　ジェイソン
ポーゴ（レフェリーストップ勝ち、15分14秒）松永

第2戦　7月18日（土）
長野・飯田市勤労者体育センター
開始18時30分（観衆1751人）

▽15分1本勝負
①三浦（時間切れ引き分け）三宅
▽延長戦＝時間無制限1本勝負
三宅（体固め、1分56秒）三浦
▽20分1本勝負
②ルーシファー（両者リングアウト、7分28秒）エンブリー
▽30分1本勝負
③サリバン（体固め、4分2秒）茂木
◎ファイアーデスマッチ出場者決定第2次トーナメント1回戦＝時間無制限1本勝負
④インフェルノ（体固め、10分3秒）ジェイソン
⑤松永（片エビ固め、6分12秒）レザー

⑦ポーゴ　徳田(1-0)インベーダー　ウォリアー
徳田(ギブアップ、10分11秒)ウォリアー

第5戦　8月20日(木)
大阪・万博お祭り広場
開始15時9分(観衆1019人)

▽30分1本勝負
①金村(片エビ固め、9分30秒)三宅
②戸井(片エビ固め、7分42秒)ボリクア
③インベーダー　ボリクア(1-0)戸井　三宅
インベーダー(片エビ固め、9分37秒)三宅
◎WING認定世界タッグ選手権試合=60分1本勝負
④〈王者組〉ヘッドハンターA　ヘッドハンターB(両軍反則、16分54秒)〈挑戦者組〉アイスマン　ジェイソン
◎バンクハウス・デスマッチ=時間無制限1本勝負
⑤ポーゴ(KO、7分28秒)ロードブロック
▽60分1本勝負
⑥マスカラス　カネック(1-0)インベーダー　ウォリアー
カネック(片エビ固め、7分40秒)ウォリアー

第6戦　8月21日(金)
茨城・土浦市民会館
開始18時30分(観衆836人)

▽20分1本勝負
①ボリクア(体固め、8分20秒)三浦
▽30分1本勝負
②茂木(ジャーマン・スープレックス・ホールド、11分4秒)三宅
③インベーダー　ロードブロック(1-0)戸井　島田
インベーダー(体固め、10分43秒)島田
▽45分1本勝負
④カネック(両者リングアウト、14分43秒)アイスマン
▽60分1本勝負
⑤ポーゴ(体固め、7分41秒)ウォリアー
◎カリビアン・バーブドワイヤー・タッグデスマッチ=時間無制限1本勝負
⑥ヘッドハンターA　ヘッドハンターB(1-0)ジェイソン　金村
ハンターズ(ギブアップ、12分44秒)金村

最終戦　8月24日(月)
東京・後楽園ホール
開始18時43分(観衆1850人)

▽15分1本勝負
①茂木(レフェリーストップ勝ち、6分11秒)ボリクア
◎ハンディキャップマッチ=20分1本勝負
②ロードブロック(体固め、2分56秒)三宅　三浦
▽30分1本勝負
③島田(後方回転エビ固め、8分0秒)ウォリアー
④アイスマン(アイスマン・クラッチ、ック　インベーダー
マスカラス(片エビ固め、13分35秒)インベーダー

第2戦　8月15日(土)
神奈川・川崎市体育館
開始18時(観衆3216人=満員)

▽20分1本勝負
①ボリクア(体固め、5分58秒)三宅
②ウォリアー(体固め、7分0秒)三浦
▽30分1本勝負
③金村　戸井(1-0)アイスマン　茂木
戸井(体固め、12分22秒)茂木
④インベーダー(片エビ固め、7分41秒)徳田
⑤ジェイソン(エビ固め、10分47秒)ロードブロック
◎IWA、UWA両世界ヘビー級選手権試合=60分1本勝負
⑥〈IWA王者〉マスカラス(両者反則、11分51秒)〈UWA王者〉カネック
▽60分1本勝負
⑦ヘッドハンターA　ヘッドハンターB(1-0)松永　ポーゴ
A(体固め、10分39秒)松永

第3戦　8月16日(日)
愛知・江南市民体育会館
開始15時(観衆1574人)

▽20分1本勝負
①戸井(体固め、6分36秒)三宅
▽30分1本勝負
徳田(試合中止)ウォリアー
②金村(回転足折り固め、8分56秒)ウォリアー
③カネック(体固め、7分41秒)戸井
▽45分1本勝負
④アイスマン　ジェイソン(無効試合、15分10秒)ヘッドハンターA　ヘッドハンターB
▽60分1本勝負
⑤ポーゴ(体固め、4分36秒)ボリクア
⑥マスカラス　松永(1-0)インベーダー　ロードブロック
マスカラス(体固め、9分3秒)ロードブロック

第4戦　8月19日(水)
兵庫・姫路市厚生会館
開始18時30分(観衆1361人)

▽15分1本勝負
①戸井(体固め、6分42秒)三宅
▽20分1本勝負
②アイスマン(体固め、14分34秒)ボリクア
▽30分1本勝負
③ヘッドハンターB(体固め、4分19秒)金村
④ジェイソン(両者リングアウト、9分58秒)ヘッドハンターA
▽45分1本勝負
⑤カネック(片エビ固め、9分40秒)ロードブロック
▽60分1本勝負
⑥マスカラス(片エビ固め、5分47秒)戸井
◎スクランブル・バンクハウス・タッグデスマッチ=時間無制限1本勝負
②ウォリアー(両者ノックアウト、7分46秒)ボリクア
◎カベジェラ・コントラ・マスカラ・バーブドワイヤー・タッグデスマッチ=時間無制限1本勝負
③徳田　金村(1-0)インフェルノ　インベーダー
金村(片エビ固め、12分29秒)インフェルノ
◎全日本女子プロレス=60分1本勝負
④井上　長谷川(1-0)北斗　三田
井上(エビ固め、17分52秒)三田
◎アンダーテイカー・デスマッチ=時間無制限1本勝負
⑤ジェイソン(勝利、11分12秒)レザー
◎WING認定世界タッグ選手権試合=60分1本勝負
⑥ヘッドハンターA　ヘッドハンターB(1-0)アイスマン　ウインガー
A(体固め、14分35秒)ウインガー
◎ファイアーデスマッチ=時間無制限1本勝負
⑦松永(首固め、16分0秒)ポーゴ

W★ING BE AMBITIOUS
8月14日～24日　全7戦

☆団体所属外の参加選手
ジ・アイスマン⑦／ジェイソン・ザ・テリブル④／ロチェスター・ロードブロック④(=マスクト・インフェルノ)／カネック⑮
〈プエルトリコ・WWC〉
ザ・ヘッドハンターズ(ヘッドハンターA⑧　ヘッドハンターB⑧)／スーパー・インベーダー⑤／サモアン・ウォリアー②／エル・ボリクア②
〈マネージャー〉
ビクター・キニョネス
☆特別参加
ミル・マスカラス㉔(開幕戦～第5戦)

開幕戦　8月14日(金)
東京・後楽園ホール
開始18時30分(観衆2100人=満員)

▽15分1本勝負
①茂木(逆エビ固め、6分57秒)三浦
▽20分1本勝負
②島田(ジャーマン・スープレックス・ホールド、10分51秒)三宅
▽30分1本勝負
③ウインガー(高角度後方回転エビ固め、8分35秒)ボリクア
④金村(無効試合、6分30秒)ロードブロック
▽45分1本勝負
⑤ヘッドハンターA　ヘッドハンターB(1-0)アイスマン　戸井
A(体固め、16分40秒)戸井
⑥松永(片エビ固め、7分11秒)ウォリアー
◎プリミアー・サバイバー・マッチ第6戦・バンクハウス・デスマッチ=60分1本勝負
⑦ポーゴ(体固め、3分40秒)徳田〈1勝5敗〉
▽60分1本勝負
⑧マスカラス　ジェイソン(1-0)カネ

井
④ジェイソン（回転足折り固め、14分17秒）ペレスJr.
▽45分1本勝負
⑤ドク（片エビ固め、4分37秒）金村
◎バトルロイヤル＝時間無制限勝負（9人出場）
⑥金村（オーバー・ザ・トップロープ、12分36秒）アイスマン
※出場者…ジョー、アイスマン、ジェイソン、金村、戸井、三宅、ウインガー、ドク、ペレスJr.。オーバー・ザ・トップロープルール採用
◎バンクハウス・タッグデスマッチ＝時間無制限1本勝負
⑦ポーゴ　ターミネーター（1-0）ヘッドハンターA　ヘッドハンターB
ターミネーター（体固め、14分8秒）B

第4戦　9月22日（火）
鹿児島・指宿市総合体育館
開始18時30分（観衆1271人）

▽20分1本勝負
①三宅（体固め、18分1秒）ウインガー
◎エキシビションマッチ＝5分1本勝負
②ジョー（時間切れ引き分け）戸井
▽30分1本勝負
③ジェイソン（両者リングアウト、12分56秒）ターミネーター
④ペレスJr.（ジャーマン・スープレックス・ホールド、8分41秒）戸井
▽45分1本勝負
⑤ドク（エビ固め、8分54秒）アイスマン
◎カリビアン・バーブドワイヤー・タッグデスマッチ＝時間無制限1本勝負
⑥ヘッドハンターA　ヘッドハンターB（1-0）ポーゴ　金村
B（体固め、12分38秒）金村

第5戦　9月24日（木）
長崎・大村市民体育館
開始18時30分（観衆2135人＝満員）

▽20分1本勝負
①ウインガー（ドラゴン・スープレックス・ホールド、13分33秒）三宅
◎エキシビションマッチ＝5分1本勝負
②ジョー（時間切れ引き分け）金村
▽30分1本勝負
③アイスマン（回転足折り固め、11分34秒）戸井
④金村（エビ固め、9分17秒）ヘッドハンターB
▽45分1本勝負
⑤ヘッドハンターA（体固め、8分21秒）ジェイソン
◎テキサス・トルネード・タッグマッチ＝時間無制限1本勝負
⑥ドク　ペレスJr.（1-0）ポーゴ　ターミネーター
ペレスJr.（首固め、13分9秒）ターミネーター

第6戦　9月25日（金）
熊本・熊本市体育館
開始18時30分（観衆2863人）

▽15分1本勝負
①三宅（時間切れ引き分け）ウインガー
▽20分1本勝負

〈フリー〉
キム・ドク

開幕戦　9月18日（金）
福岡・博多スターレーン
開始18時30分（観衆1587人）

▽20分1本勝負
①三宅（体固め、13分0秒）ウインガー
▽30分1本勝負
②ジョー（体固め、4分39秒）三宅
▽45分1本勝負
③ターミネーター（体固め、5分43秒）戸井
◎WWC認定カリビアン・ヘビー級選手権試合＝60分1本勝負
④〈王者〉ペレスJr.（首固め、13分16秒）〈挑戦者〉アイスマン
◎3対3イリミネーションマッチ＝時間無制限勝負
⑤ドク　ヘッドハンターA　ヘッドハンターB（3-2）ポーゴ　ジェイソン　金村
1ドク（両者オーバー・ザ・トップロープ、2分48秒）金村
2ヘッドハンターズ（オーバー・ザ・トップロープ、9分21秒）ポーゴ
3ジェイソン（オーバー・ザ・トップロープ、9分28秒）B
4A（体固め、10分29秒）ジェイソン
◎特別試合＝時間無制限1本勝負
⑥ドク（体固め、4分29秒）金村

第2戦　9月19日（土）
宮崎・都城市体育館
開始18時30分（観衆1139人）

▽20分1本勝負
①三宅（体固め、11分38秒）ウインガー
◎エキシビションマッチ＝5分1本勝負
②アイスマン（時間切れ引き分け）ジョー
◎ハンディキャップマッチ＝20分1本勝負
③ターミネーター（1-0）三宅　ウインガー
ターミネーター（体固め、5分29秒）ウインガー
▽30分1本勝負
④ヘッドハンターB（片エビ固め、2分19秒）戸井
▽45分1本勝負
⑤ジェイソン（両者反則、8分37秒）ヘッドハンターA
◎テキサス・トルネード・タッグマッチ＝時間無制限1本勝負
⑥ドク　ペレスJr.（1-0）ポーゴ　アイスマン
ドク（体固め、6分5秒）ポーゴ

第3戦　9月20日（日）
佐賀・佐賀スポーツセンター
開始17時（観衆2612人＝満員）

▽20分1本勝負
①ウインガー（ドラゴン・スープレックス・ホールド、15分35秒）三宅
◎エキシビションマッチ＝5分1本勝負
②ジェイソン（時間切れ引き分け）ジョー
▽30分1本勝負
③アイスマン（首固め、12分39秒）戸井

17分22秒）インベーダー
▽45分1本勝負
⑤金村（ワキ固め、10分47秒）戸井
▽60分1本勝負
⑥ジェイソン（両者リングアウト、15分20秒）カネック
◎バンクハウス・タッグデスマッチ＝時間無制限1本勝負
⑦ポーゴ　ジェイソン（1-0）ヘッドハンターA　ヘッドハンターB
ポーゴ（体固め、9分21秒）A

ジプシー・ジョー10年ロマンス　ONCE MORE 9月10日

☆団体所属外の参加選手
ジプシー・ジョー㉗／ジェイソン・ザ・テリブル⑤

9月10日（木）
東京・後楽園ホール
開始19時（観衆1749人）

▽15分1本勝負
①島田（片エビ固め、8分10秒）三宅
②戸井（変形STF、7分50秒）三浦
③茂木（ノーザンライト・スープレックス・ホールド、9分42秒）ウインガー
④金村（両者リングアウト、11分4秒）ジェイソン
▽延長戦（11分4秒の時点から場外カウントなしの延長戦）
ジェイソン（片エビ固め、13分19秒）金村
◎4対4イリミネーションマッチ＝時間無制限勝負
⑤ジェイソン　戸井　茂木　三宅（4-3）金村　島田　ウインガー　三浦
1金村組（オーバー・ザ・トップロープ、4分59秒）ジェイソン
2金村組（レフェリーストップ勝ち、10分4秒）戸井
3茂木（オーバー・ザ・トップロープ、14分4秒）金村
4茂木（エビ固め、20分30秒）島田
5ウインガー（オーバー・ザ・トップロープ、21分40秒）三宅
6茂木（ジャーマン・スープレックス・ホールド、21分45秒）ウインガー
7茂木（ジャーマン・スープレックス・ホールド、22分13秒）三浦
◎金網デスマッチ＝時間無制限1本勝負
⑥ポーゴ（KO勝ち、15分8秒）ジョー

WEST END STORY

9月18日～27日　全7戦

☆団体所属外の参加選手
ジプシー・ジョー㉗／ジェイソン・ザ・テリブル⑤（ともに「ジプシー・ジョー10年ロマンス」より残留）／クラッシュ・ザ・ターミネーター①／ジ・アイスマン⑧／ザ・ヘッドハンターズ（ヘッドハンターA⑨　ヘッドハンターB⑨）／ミゲル・ペレスJr.⑧
〈マネージャー〉
ビクター・キニョネス

第4戦　11月1日(日)
埼玉・本庄市民体育館
開始15時(観衆2411人＝超満員)

▽15分1本勝負
①三浦(時間切れ引き分け)三宅
▽20分1本勝負
②島田(体固め、9分33秒)ウインガー
◎エキシビションマッチ＝5分1本勝負
③ジョー(時間切れ引き分け)バックランド
▽30分1本勝負
④ターミネーター(体固め、7分20秒)茂木
▽45分1本勝負
⑤ルーシファー(片エビ固め、4分16秒)戸井
▽60分1本勝負
⑥ジェイソン　金村(1-0)ヘッドハンターA　ヘッドハンターB
ジェイソン(エビ固め、17分31秒)B
◎バンクハウス・エニウェア・フォールズカウント・デスマッチ＝時間無制限1本勝負
⑦サリバン(体固め、9分14秒)バックランド
◎バンクハウス・トルネード・タッグデスマッチ＝60分1本勝負
⑧ドク　レザー(1-0)ポーゴ　松永
レザー(レフェリーストップ勝ち、7分54秒)松永

第5戦　11月2日(月)
神奈川・旧小田原市営球場
開始18時30分(観衆2128人＝満員)

▽20分1本勝負
①ジョー(体固め、5分58秒)三宅
▽30分1本勝負
②ルーシファー(片エビ固め、3分0秒)ウインガー
③バックランド(ジャーマン・スープレックス・ホールド、10分57秒)戸井
▽45分1本勝負
④ターミネーター(反則勝ち、12分11秒)レザー
▽60分1本勝負
⑤サリバン(体固め、6分14秒)ジェイソン
◎テキサス・トルネード・6人タッグマッチ＝時間無制限1本勝負
⑥ドク　ヘッドハンターA　ヘッドハンターB(1-0)ポーゴ　松永　徳田
ドク(体固め、7分55秒)徳田

第6戦　11月3日(火＝祝)
岩手・北上家畜市場
開始13時(観衆1058人)
▽15分1本勝負
①戸井(体固め、7分36秒)三宅
◎エキシビションマッチ＝5分1本勝負
②ジョー(時間切れ引き分け)戸井
▽20分1本勝負
③バックランド(時間切れ引き分け)ルーシファー
▽30分1本勝負
④レザー(体固め、10分57秒)ジェイソン
▽45分1本勝負
⑤ターミネーター(体固め、8分18秒)ヘッドハンターB
▽60分1本勝負

山形・米沢市営体育館
開始18時30分(観衆2756人＝満員)

▽20分1本勝負
①ジョー(体固め、5分57秒)三宅
▽30分1本勝負
②ターミネーター(体固め、9分47秒)ウインガー
③サリバン　ルーシファー(1-0)バックランド　戸井
ルーシファー(片エビ固め、10分36秒)戸井
▽45分1本勝負
④ドク(体固め、8分7秒)ジェイソン
▽60分1本勝負
⑤レザー(片エビ固め、11分52秒)松永
◎カリビアン・バーブドワイヤー・タッグデスマッチ＝時間無制限1本勝負
⑥ヘッドハンターA　ヘッドハンターB(1-0)ポーゴ　金村
B(片エビ固め、9分22秒)金村

第2戦　10月29日(木)
秋田・十文字総合文化センター
開始18時30分(観衆1029人＝満員)

▽15分1本勝負
①三宅(時間切れ引き分け)ウインガー
▽20分1本勝負
②ターミネーター(体固め、11分50秒)戸井
▽30分1本勝負
③ヘッドハンターA　ヘッドハンターB(1-0)バックランド　ジョー
?(A、B不明)(体固め、12分23秒)ジョー
④サリバン(体固め、6分25秒)金村
▽45分1本勝負
⑤ルーシファー(体固め、3分25秒)松永
▽60分1本勝負
⑥ドク　レザー(1-0)ポーゴ　ジェイソン
レザー(エビ固め、12分52秒)ジェイソン

第3戦　10月31日(土)
愛知・稲沢市総合体育館
開始18時30分(観衆2478人＝満員)

▽20分1本勝負
①ジョー(体固め、8分57秒)ウインガー
②バックランド(片エビ固め、6分35秒)三宅
▽30分1本勝負
③ドク(体固め、5分37秒)戸井
▽45分1本勝負
④レザー(エビ固め、11分19秒)ジェイソン
▽60分1本勝負
⑤ポーゴ　ターミネーター(1-0)サリバン　ルーシファー
ターミネーター(体固め、10分45秒)ルーシファー
◎カリビアン・バーブドワイヤー・タッグデスマッチ＝時間無制限1本勝負
⑥ヘッドハンターA　ヘッドハンターB(1-0)松永　金村
B(体固め、14分6秒)金村

②ジョー(体固め、4分40秒)ウインガー
▽30分1本勝負
③アイスマン(首固め、10分34秒)ヘッドハンターB
▽45分1本勝負
④ペレスJr.(横入り式エビ固め、9分56秒)戸井
⑤ターミネーター(体固め、10分33秒)金村
◎スクランブル・バンクハウス・タッグデスマッチ＝時間無制限1本勝負
⑥ポーゴ　ジェイソン(1-0)ドク　ヘッドハンターA
ジェイソン(ギブアップ勝ち、14分3秒)A

最終戦　9月27日(日)
東京・後楽園ホール
開始18時33分(観衆2200人＝超満員札止め)

▽15分1本勝負
①三宅(時間切れ引き分け)ウインガー
▽延長戦＝時間無制限1本勝負
三宅(体固め、2分58秒)ウインガー
▽20分1本勝負
②茂木(ジャーマン・スープレックス・ホールド、8分43秒)三浦
◎エキシビションマッチ＝5分1本勝負
③ジョー(時間切れ引き分け)島田
▽30分1本勝負
④ターミネーター(体固め、8分44秒)戸井
◎WWC認定カリビアン・ヘビー級選手権試合＝60分1本勝負
⑤〈王者〉ペレスJr.(ジャーマン・スープレックス・ホールド、14分10秒)〈挑戦者〉金村
◎WING認定世界タッグ選手権試合＝60分1本勝負
⑥〈王者組〉ヘッドハンターA　ヘッドハンターB(1-0)〈挑戦者組〉アイスマン　ジェイソン
A(体固め、15分21秒)ジェイソン
◎カリビアン・バンクハウス・エニウェア・デスマッチ＝時間無制限1本勝負
⑦ドク(体固め、9分45秒)ポーゴ

NEW ENEMY COMING
10月28日〜11月10日　全11戦

☆団体所属外の参加選手
ジミー・バックランド⑫／ジェイソン・ザ・テリブル⑦／ジプシー・ジョー㉙／クラッシュ・ザ・ターミネーター②
〈プエルトリコ&サリバン軍団〉
ザ・ヘッドハンターズ(ヘッドハンターA⑩　ヘッドハンターB⑩)／レザー・フェイス②／ケビン・サリバン⑥／ルーシファー②
〈マネージャー〉
ビクター・キニョネス
〈フリー〉
キム・ドク／中牧昭二(最終戦のみ)

開幕戦　10月28日(水)

WE LOVE W★ING
12月9日～20日　全8戦

☆団体所属外の参加選手
ジ・アイスマン⑨／ジェイソン・ザ・テリブル⑧／クラッシュ・ザ・ターミネーター③
〈プエルトリコ&サリバン軍団〉
レザー・フェイス③／ミゲロ・ペレスJr.⑨／スーパー・メディコス(スーパー・メディコ1号①、スーパー・メディコ2号①)／フレディ・クルーガー①／"ゴージャス"ジョー・ジャクソン①／キム・ドク(フリー)
〈マネージャー〉
ビクター・キニョネス
[オリエンタル・プロレス]
松崎和彦／荒谷信孝／平野勝美
〈フリー〉
中牧昭二(最終戦のみ)

開幕戦　12月9日(水)
三重・津市体育館
開始18時30分(観衆2510人)

◎団体対抗戦＝20分1本勝負
①〈W★ING〉三宅　ウインガー(時間切れ引き分け)〈オリプロ〉松崎　平野
▽30分1本勝負
②アイスマン(体固め、12分56秒)ジャクソン
③メディコ1号　メディコ2号(1-0)松永　戸井
1号(片エビ固め、13分18秒)松永
▽45分1本勝負
④ターミネーター(反則勝ち、8分17秒)レザー
◎WWC認定カリビアン・ヘビー級選手権試合＝60分1本勝負
⑤〈王者〉ペレスJr.(変形足4の字固め、6分59秒)〈挑戦者〉ジェイソン
◎カリビアン・バーブドワイヤー・タッグデスマッチ＝時間無制限1本勝負
⑥ドク　フレディ(1-0)ポーゴ　金村
ドク(体固め、7分22秒)ポーゴ

第2戦　12月12日(土)
岐阜・大垣タマコシ鶴見店イベントホール
開始15時(観衆800人＝超満員)

◎団体対抗戦＝15分1本勝負
①〈W★ING〉ウインガー(横入り式回転エビ固め、11分27秒)〈オリプロ〉平野
▽20分1本勝負
②ジャクソン(片エビ固め、7分11秒)荒谷
③アイスマン(体固め、10分57秒)三宅
▽30分1本勝負
④メディコ2号(フィッシャーマンズ・スープレックス・ホールド、7分32秒)徳田
⑤松永(体固め、6分20秒)メディコ1号
▽45分1本勝負
⑥ジェイソン(反則勝ち、10分26秒)レザー

ー
▽30分1本勝負
②ヘッドハンターB(体固め、5分50秒)徳田
③ジェイソン(無効試合、11分39秒)ヘッドハンターA
▽45分1本勝負
④ターミネーター(反則勝ち、14分18秒)レザー
◎青森放送杯争奪バトルロイヤル(9人出場)
⑤三宅(オーバー・ザ・トップロープ、6分31秒)ジェイソン
◎テキサス・バンクハウス6人タッグデスマッチ＝時間無制限1本勝負
⑥ポーゴ　松永　バックランド(1-0)ドク　サリバン　ルーシファー
松永(ワキ固め、8分35秒)ルーシファー

第10戦　11月9日(月)
秋田・大館市民体育館
開始18時30分(観衆1753人＝満員)

▽20分1本勝負
①三宅(時間切れ引き分け)ウインガー
▽30分1本勝負
②レザー(片エビ固め、10分40秒)ジョー
③ヘッドハンターA　ヘッドハンターB(1-0)バックランド　ジェイソン
A(エビ固め、14分57秒)ジェイソン
▽45分1本勝負
④松永(反則勝ち、11分35秒)サリバン
◎カリビアン・バーブドワイヤー・タッグデスマッチ＝時間無制限1本勝負
⑤ポーゴ　ターミネーター(1-0)ドク　ルーシファー
ターミネーター(片エビ固め、11分35秒)ルーシファー

最終戦　11月10日(火)
盛岡・岩手県営体育館
開始18時57分(観衆2714人＝満員)

▽20分1本勝負
①三宅(時間切れ引き分け)ウインガー
◎中牧昭二・W★ING入門テストマッチ＝30分1本勝負
②バックランド(片エビ固め、4分3秒)中牧
▽30分1本勝負
③ルーシファー(片エビ固め、5分39秒)ジョー
▽45分1本勝負
④ドク　レザー(1-0)ジェイソン　ターミネーター
レザー(片エビ固め、14分50秒)ジェイソン
◎バンクハウス・エニウェア・フォールズカウント・デスマッチ＝時間無制限1本勝負
⑤バックランド(エビ固め、8分36秒)サリバン
◎カリビアン・バーブドワイヤー・タッグデスマッチ＝時間無制限1本勝負
⑥ポーゴ　松永(1-0)ヘッドハンターA　ヘッドハンターB
松永(ワキ固め、8分36秒)B

⑥ドク　サリバン(1-0)ポーゴ　徳田
サリバン(エビ固め、9分19秒)徳田
◎カリビアン・バーブドワイヤー・デスマッチ＝時間無制限1本勝負
⑦松永(エビ固め、11分27秒)ヘッドハンターA

第7戦　11月4日(水)
秋田・秋田市立体育館
開始18時30分(観衆2408人)

▽20分1本勝負
①三宅(体固め、12分59秒)ウインガー
◎エキシビションマッチ＝5分1本勝負
②ジョー(時間切れ引き分け)徳田
▽20分1本勝負
③レザー(片エビ固め、7分31秒)戸井
▽30分1本勝負
④ターミネーター(反則勝ち、10分55秒)ドク
▽45分1本勝負
⑤ポーゴ(無効試合、7分37秒)サリバン
◎WING認定世界ジュニアヘビー級選手権試合＝60分1本勝負
⑥〈王者〉バックランド(体固め、16分51秒)〈挑戦者〉ルーシファー
◎WING認定世界タッグ選手権試合＝60分1本勝負
⑦〈王者組〉ヘッドハンターA　ヘッドハンターB(1-0)〈挑戦者組〉松永　ジェイソン
A(体固め、9分38秒)松永

第8戦　11月6日(金)
北海道・札幌中島体育センター
開始18時30分(観衆3319人)

▽20分1本勝負
①三宅(時間切れ引き分け)ウインガー
◎エキシビションマッチ＝5分1本勝負
②ジョー(時間切れ引き分け)松永
▽20分1本勝負
③戸井(片エビ固め、8分6秒)ウインガー
▽30分1本勝負
④レザー(片エビ固め、6分39秒)徳田
◎アンダーテイカー・デスマッチ＝時間無制限1本勝負
⑤ジェイソン(KO勝ち、12分17秒)ルーシファー
◎プエルトリコスタイル・スクランブル・バンクハウス・バーブドワイヤー・タッグデスマッチ＝時間無制限1本勝負
⑥ドク　サリバン(1-0)松永　バックランド
サリバン(レフェリーストップ勝ち、12分8秒)松永
◎WING認定世界タッグ選手権試合＝時間無制限1本勝負
⑦〈挑戦者組〉ポーゴ　ターミネーター(1-0)〈王者組〉ヘッドハンターA　ヘッドハンターB
ターミネーター(体固め、14分34秒)A

第9戦　11月8日(日)
青森・三沢市総合体育館
開始18時30分(観衆1019人)

▽20分1本勝負
①三宅(時間切れ引き分け)ウインガ

◎団体対抗戦=20分1本勝負
①〈オリプロ〉板倉　松崎　荒谷(1-0)〈W★ING〉茂木　三宅　三浦
板倉(エビ固め、16分12秒)茂木
▽30分1本勝負
②アイスマン(体固め、12分41秒)ウインガー
◎中牧昭二チャレンジマッチ=30分1本勝負
③金村(レフェリーストップ勝ち、1分28秒)中牧
▽延長戦=時間無制限1本勝負
金村(体固め、4分37秒)中牧
▽再延長戦=時間無制限1本勝負
金村(体固め、3分39秒)中牧
◎ルーザー・リーブ・タウンマッチ=時間無制限1本勝負
④フレディ(片エビ固め、8分6秒)ジェイソン
▽45分1本勝負
⑤徳田　戸井　島田(1-0)メディコ1号　メディコ2号　ジャクソン
徳田(ジャーマン・スープレックス・ホールド、11分17秒)ジャクソン
▽60分1本勝負
⑥ペレスJr.(首固め、17分18秒)ターミネーター
◎バンクハウス・ケージデスマッチ=時間無制限1本勝負
⑦ポーゴ(レフェリーストップ勝ち、7分3秒)ドク
◎スパイクネイル・デスマッチ=時間無制限1本勝負
⑧レザー(場外転落、12分46秒)松永

INDEPENDENT WAR'92→'93

☆団体所属外の参加選手
ジプショー・ジョー(挨拶のみ)
[オリエンタル・プロレス]
板倉広／松崎和彦／平野勝美

12月31日(木)
京都・京都大学西部講堂
開始23時40分(観衆900人=超満員札止め)

▽15分1本勝負
①徳田(ジャーマン・スープレックス・ホールド、6分30秒)三宅
◎団体対抗戦=15分1本勝負
②〈W★ING〉金村　ウインガー(1-0)〈オリプロ〉松崎　平野
ウインガー(横入り式回転エビ固め、11分16秒)平野
③〈W★ING〉戸井(時間切れ引き分け)〈オリプロ〉板倉
◎バンクハウス・タッグデスマッチ
④金村　三宅(1-0)ポーゴ　中牧
三宅(首固め、9分52秒)中牧

1993年

ARE YOU READY!?～TO GET NEW BLOOD～

1月2日～8日　全5戦

④ペレスJr.(ジャーマン・スープレックス・ホールド、20分16秒)アイスマン
▽45分1本勝負
⑤レザー　フレディ(1-0)松永　金村
レザー(体固め、11分16秒)金村
⑥ジェイソン(反則勝ち、10分7秒)ドク
▽60分1本勝負
⑦ポーゴ　ターミネーター(1-0)メディコ1号　メディコ2号
ターミネーター(体固め、10分0秒)1号

第6戦　12月16日(水)
岐阜・美濃加茂市中濃体育館
開始18時30分(観衆1553人)

◎団体対抗戦=15分1本勝負
①〈W★ING〉ウインガー(横入り式回転エビ固め、7分37秒)〈オリプロ〉荒谷
▽20分1本勝負
②アイスマン(エビ固め、6分24秒)平野
③ペレスJr.(片エビ固め、6分42秒)三宅
▽30分1本勝負
④ジェイソン(片エビ固め、8分23秒)ジャクソン
▽45分1本勝負
⑤メディコ1号(片エビ固め、10分50秒)徳田
▽60分1本勝負
⑥ポーゴ(体固め、10分49秒)メディコ2号
◎バンクハウス6人タッグデスマッチ=時間無制限1本勝負
⑦松永　金村　ターミネーター(1-0)ドク　レザー　フレディ
金村(エビ固め、12分52秒)フレディ

第7戦　12月18日(金)
福島・福島市体育館
開始18時30分(観衆2013人)

◎団体対抗戦=20分1本勝負
①〈オリプロ〉板倉　松崎(1-0)〈W★ING〉三宅　ウインガー
板倉(ジャーマン・スープレックス・ホールド、13分35秒)三宅
▽30分1本勝負
②ジャクソン(エビ固め、8分45秒)戸井
③メディコ1号　メディコ2号(1-0)徳田　アイスマン
2号(エビ固め、18分10秒)徳田
▽45分1本勝負
④ターミネーター(両者リングアウト、10分57秒)ドク
◎WWC認定カリビアン・ヘビー級選手権試合=60分1本勝負
⑤〈挑戦者〉金村(首固め、12分18秒)〈王者〉ペレスJr.
◎カリビアン・バーブドワイヤー・タッグデスマッチ=時間無制限1本勝負
⑥ポーゴ　松永(1-0)レザー　フレディ
松永(エビ固め、6分5秒)フレディ

最終戦　12月20日(日)
埼玉・戸田市スポーツセンター
開始15時(観衆4350人=超満員)
※ビデオ収録。旗揚げ1周年記念興行

▽60分1本勝負
⑦ポーゴ　ターミネーター　金村(1-0)ドク　ペレスJr.　フレディ
金村(片エビ固め、15分39秒)ペレスJr.

第3戦　12月13日(日)
長野・塩尻市立体育館
開始18時30分(観衆1051人)

◎団体対抗戦=20分1本勝負
①〈W★ING〉三宅(体固め、11分17秒)〈オリプロ〉平野
②〈オリプロ〉荒谷(レフェリーストップ勝ち、8分11秒)〈W★ING〉ウインガー
▽30分1本勝負
③アイスマン(体固め、13分13秒)ジャクソン
④フレディ(片エビ固め、6分53秒)徳田
▽45分1本勝負
⑤ジェイソン　ターミネーター(1-0)メディコ1号　メディコ2号
ターミネーター(体固め、11分18秒)1号
⑥レザー(片エビ固め、8分24秒)金村
▽60分1本勝負
⑦ポーゴ　松永(1-0)ドク　ペレスJr.
松永(体固め、10分38秒)ペレスJr.

第4戦　12月14日(月)
長野・茅野市運動公園総合体育館
開始18時30分(観衆1374人)

◎団体対抗戦=20分1本勝負
①〈W★ING〉三宅　ウインガー(時間切れ引き分け)〈オリプロ〉荒谷　平野
▽30分1本勝負
②アイスマン(反則勝ち、11分21秒)フレディ
③ターミネーター(片エビ固め、6分36秒)メディコ2号
▽45分1本勝負
④ペレスJr.　ジャクソン(1-0)徳田　金村
ペレスJr.(ジャーマン・スープレックス・ホールド、10分40秒)金村
▽60分1本勝負
⑤ポーゴ(体固め、11分19秒)メディコ1号
◎カリビアン・バーブドワイヤー・タッグデスマッチ=時間無制限1本勝負
⑥ドク　レザー(1-0)松永　ジェイソン
ドク(体固め、9分5秒)ジェイソン

第5戦　12月15日(火)
長野・伊那市勤労者福祉センター
開始18時30分(観衆1496人)

◎団体対抗戦=20分1本勝負
①〈オリプロ〉荒谷(体固め、12分56秒)〈W★ING〉三宅
②〈W★ING〉ウインガー(横入り式回転エビ固め、9分23秒)〈オリプロ〉平野
▽30分1本勝負
③徳田(チキンウイング・アームロック、7分17秒)ジャクソン

最終戦　1月8日（金）
宮城・石巻市総合体育館
開始18時30分（観衆2750人＝満員）

◎団体対抗戦＝15分1本勝負
①〈W★ING〉ウインガー（横入り式回転エビ固め、10分17秒）〈オリプロ〉平野
◎団体対抗戦＝20分1本勝負
②〈W★ING〉三宅（時間切れ引き分け）〈オリプロ〉松崎
◎ジプシー・ジョー最後の挨拶
▽30分1本勝負
③ジェイソン（片エビ固め、8分26秒）板倉
▽45分1本勝負
④徳田　戸井（1-0）ドク　ゴンザレス
戸井（片エビ固め、11分59秒）ゴンザレス
▽60分1本勝負
⑤ポーゴ（体固め、10分1秒）パターソン
◎バトルロイヤル（6人出場）
⑥板倉（高角度後方回転エビ固め、5分15秒）戸井
※退場順…松崎、ウインガー、徳田、平野、戸井、板倉
◎カリビアン・バーブドワイヤー・タッグデスマッチ＝時間無制限1本勝負
⑦松永　ターミネーター（1-0）アサシン　フセイン
ターミネーター（体固め、9分3秒）フセイン

PARTY IS OVER!?
2月3日、5日

☆団体所属外の参加選手
レザー・フェイス④／ジェイソン・ザ・テリブル⑦／ミゲル・ペレスJr.⑪／エル・ビジランテ①／カルロス・ホセ・エストラーダ④／クラッシュ・ザ・ターミネーター⑤
〈フリー〉
キム・ドク
〈マネージャー〉
ビクター・キニョネス
［オリエンタル・プロレス］
板倉広／荒谷信孝／松崎和彦／平野勝美
［ボクシング］
木川田潤（3日のみ）

2月3日（水）
東京・後楽園ホール
開始18時30分（観衆2150人＝満員）

◎団体対抗戦＝15分1本勝負
①三宅（時間切れ引き分け）松崎
◎団体対抗戦＝20分1本勝負
②〈W★ING〉茂木　ウインガー（1-0）〈オリプロ〉板倉　荒谷
茂木（ジャーマン・スープレックス・ホールド、12分36秒）荒谷
▽30分1本勝負
③エストラーダ（エビ固め、9分14秒）徳田
◎異種格闘技戦＝3分5回戦
④〈ボクシング〉木川田（KO勝ち、3R1分13秒）〈W★ING〉中牧
ジェイソン（KO勝ち、12分8秒）金村
◎金網タッグデスマッチ＝時間無制限1本勝負
⑦ポーゴ　ジョー（1-0）アサシン　フセイン
ジョー（片エビ固め、11分31秒）フセイン

第3戦　1月6日（水）
千葉・君津市民体育館
開始18時30分（観衆1156人）

▽15分1本勝負
①ウインガー（時間切れ引き分け）三浦
▽20分1本勝負
②三宅（首固め、8分20秒）中牧
▽30分1本勝負
③ターミネーター（体固め、7分21秒）徳田
④ドク　ゴンザレス（1-0）ジョー　戸井
ゴンザレス（片エビ固め、11分27秒）戸井
▽45分1本勝負
⑤ジェイソン（体固め、5分57秒）島田
▽60分1本勝負
⑥ターミネーター（無効試合、8分21秒）パターソン
◎カリビアン・バーブドワイヤー・タッグデスマッチ＝時間無制限1本勝負
⑦アサシン　フセイン（1-0）ポーゴ　金村
フセイン（エビ固め、11分8秒）金村

第4戦　1月7日（木）
東京・後楽園ホール
開始18時30分（観衆1917人）

▽20分1本勝負
①ウインガー（ウラカン・ラナ、12分53秒）三浦
◎団体対抗戦＝30分1本勝負
②〈W★ING〉徳田　三宅（1-0）〈オリプロ〉板倉　松崎
徳田（フィッシャーマンズ・スープレックス・ホールド、11分44秒）松崎
▽30分1本勝負
③島田（体固め、3分13秒）中牧
▽45分1本勝負
④アサシン　フセイン（1-0）金村　戸井
アサシン（片エビ固め、12分29秒）戸井
◎WWC認定ジュニアヘビー級選手権試合＝60分1本勝負
⑤〈挑戦者〉茂木（ジャーマン・スープレックス・ホールド、11分6秒）〈王者〉ゴンザレス
◎引退エキシビションマッチ＝5分間
⑥ジョー（時間切れ）高杉
◎エニウェア・フォールズカウントマッチ＝時間無制限1本勝負
⑦松永（片エビ固め、10分6秒）ドク
◎WING認定世界タッグ選手権試合＝スクランブル・バンクハウス・タッグデスマッチ＝時間無制限1本勝負
⑧〈王者組〉ポーゴ　ターミネーター（1-0）〈挑戦者組〉ジェイソン　パターソン
ターミネーター（KO勝ち、11分5秒）パターソン

ジプシー・ジョー㉚／クラッシュ・ザ・ターミネーター④
〈プエルトリコ軍〉
ジェイソン・ザ・テリブル⑥／キューバ・アサシン⑤／モハメッド・フセイン①／レイ・ゴンザレス①／リッキー・パターソン①
〈フリー〉
キム・ドク
〈マネージャー〉
ビクター・キニョネス
［オリエンタル・プロレス］
高杉正彦（第4戦のみ）／板倉広／松崎和彦（以上、開幕戦、第4戦、最終戦）／平野勝美（開幕戦、最終戦）

開幕戦　1月2日（土）
東京・後楽園ホール
開始18時30分（観衆2200人＝超満員札止め）

◎団体対抗戦＝20分1本勝負
①〈W★ING〉三浦（逆片エビ固め、6分26秒）〈オリプロ〉平野
▽20分1本勝負
②三宅（時間切れ引き分け）ウインガー
◎団体対抗戦＝30分1本勝負
③〈W★ING〉徳田　茂木（1-0）〈オリプロ〉板倉　松崎
茂木（ジャーマン・スープレックス・ホールド、12分10秒）松崎
▽30分1本勝負
④ジョー（体固め、8分19秒）中牧
▽45分1本勝負
⑤ドク（片エビ固め、7分46秒）島田
◎WWC認定ジュニアヘビー級選手権試合＝60分1本勝負
⑥〈王者〉ゴンザレス（片エビ固め、7分8秒）〈挑戦者〉戸井
◎WWC認定カリビアン・ヘビー級選手権試合＝60分1本勝負
⑦〈王者〉金村（首固め、11分0秒）〈挑戦者〉パターソン
◎バンクハウス6人タッグデスマッチ＝時間無制限1本勝負
⑧ジェイソン　アサシン　フセイン（1-0）ポーゴ　ターミネーター　ジョー
アサシン（片エビ固め、12分43秒）ジョー

第2戦　1月5日（火）
千葉・松戸市運動公園体育館
開始18時30分（観衆2353人）

▽20分1本勝負
①茂木（逆片エビ固め、8分40秒）三浦
②島田（ジャーマン・スープレックス・ホールド、8分53秒）三宅
▽30分1本勝負
③戸井（エビ固め、6分0秒）中牧
④ゴンザレス（片エビ固め、13分36秒）ウインガー
◎プリミアー・サバイバー・マッチ第7戦＝60分1本勝負
⑤ドク（体固め、14分17秒）徳田〈1勝6敗〉
◎スクランブル・バンクハウス・タッグマッチ＝時間無制限1本勝負
⑥ジェイソン　パターソン（1-0）ターミネーター　金村

③三宅（エビ固め、7分48秒）松崎
▽30分1本勝負
④フレディ　カイル（1-0）島田　荒谷
カイル（片エビ固め、7分58秒）荒谷
⑤レザー（片エビ固め、2分26秒）中牧
◎異種格闘技戦＝3分5回戦
⑥〈ボクシング〉木川田（KO勝ち、4R0分46秒）〈W★ING〉三浦
◎WWC認定ジュニアヘビー級選手権試合＝60分1本勝負
⑦〈王者〉板倉（エビ固め、7分14秒）〈挑戦者〉スチュアート
◎WING認定世界タッグ選手権試合＝60分1本勝負
⑧〈王者組〉ポーゴ　ターミネーター（1-0）〈挑戦者組〉松永　金村
ターミネーター（体固め、10分3秒）金村

第4戦　3月19日（金）
愛知・新城市民体育館
開始18時30分（観衆1080人）

▽15分1本勝負
①三宅（首固め、8分2秒）平野
▽30分1本勝負
②荒谷　松崎（1-0）金村　高山
松崎（体固め、17分0秒）高山
③カイル（カナダ式背骨折り、2分8秒）中牧
④茂木（両者リングアウト、7分55秒）板倉
▽延長戦＝5分1本勝負
茂木（時間切れ引き分け）板倉
▽60分1本勝負
⑤松永（体固め、4分20秒）スチュアート
◎バンクハウス・タッグデスマッチ＝時間無制限1本勝負
⑥レザー　フレディ（1-0）ポーゴ　ターミネーター
レザー（片エビ固め、11分21秒）ターミネーター

第5戦　3月20日（土＝祝）
愛知・岡崎市総合体育館
開始18時30分（観衆4838人＝満員）

▽15分1本勝負
①松崎（飛龍裸絞め、5分55秒）高山
▽20分1本勝負
②茂木（ジャーマン・スープレックス・ホールド、13分23秒）荒谷
③板倉（エビ固め、5分41秒）三宅
▽30分1本勝負
④金村（片エビ固め、8分47秒）中牧
◎バンクハウス・タッグデスマッチ＝60分1本勝負
⑤ポーゴ　ターミネーター（1-0）カイル　スチュアート
ポーゴ（レフェリーストップ勝ち、11分39秒）スチュアート
◎ノーロープバーブドワイヤーネット・タッグデスマッチ＝時間無制限1本勝負
⑥松永　ジェイソン（1-0）レザー　フレディ
松永（首固め、9分52秒）フレディ

第6戦　3月21日（日）
岐阜・美濃長崎屋駐車場
開始15時（観衆1030人）

板倉広／荒谷信孝／松崎和彦／平野勝美
［PWC］
黒田哲／アイアン・ホース（第10戦～最終戦）
［ボクシング］
木川田潤（第3戦のみ）

開幕戦　3月16日（火）
新潟・長岡市厚生会館
開始18時30分（観衆3250人＝満員）

▽15分1本勝負
①三浦（逆片エビ固め、6分4秒）高山
▽20分1本勝負
②松崎（飛龍裸絞め、8分4秒）平野
▽30分1本勝負
③シンプソン（片エビ固め、10分7秒）三宅
④茂木（ジャーマン・スープレックス・ホールド、7分40秒）荒谷
▽45分1本勝負
⑤スチュアート（体固め、7分2秒）島田
▽60分1本勝負
⑥金村　板倉（1-0）ポーゴ　中牧
金村（首固め、6分20秒）中牧
◎バンクハウス・タッグマッチ＝時間無制限1本勝負
⑦レザー　フレディ（1-0）松永　ウインガー
レザー（片エビ固め、9分27秒）ウインガー

第2戦　3月17日（水）
静岡・静岡産業館
開始18時30分（観衆2125人＝満員）

▽15分1本勝負
①平野（チキンウイング・フェースロック、6分52秒）高山
▽20分1本勝負
②三浦（STF、11分12秒）三宅
▽30分1本勝負
③シンプソン（片エビ固め、6分28秒）松崎
④茂木（両者リングアウト、6分37秒）スチュアート
▽延長戦＝5分1本勝負
茂木（時間切れ引き分け）スチュアート
▽45分1本勝負
⑤ターミネーター（体固め、8分34秒）荒谷
▽60分1本勝負
⑥島田　板倉（1-0）ポーゴ　中牧
板倉（後方回転エビ固め、5分44秒）中牧
◎スクランブル・バンクハウス・エニウェアフォールズ・カウントタッグデスマッチ＝時間無制限1本勝負
⑦レザー　フレディ（1-0）松永　金村
レザー（体固め、9分15秒）松永

第3戦　3月18日（木）
東京・大田区体育館
開始18時30分（観衆3358人）

▽15分1本勝負
①平野（片エビ固め、6分42秒）高山
②茂木（逆エビ固め、3分48秒）小坪
▽20分1本勝負

▽45分1本勝負
⑤ドク　レザー（1-0）松永　島田
ドク（体固め、11分44秒）島田
◎WWC認定カリビアン・ヘビー級選手権試合＝60分1本勝負
⑥〈王者〉金村（片エビ固め、12分26秒）〈挑戦者〉ビジランテ
◎WING認定世界タッグ選手権試合＝バンクハウス・タッグデスマッチ＝60分1本勝負
⑦〈王者組〉ポーゴ　ターミネーター（1-0）〈挑戦者組〉ジェイソン　ペレスJr.
ターミネーター（体固め、11分50秒）ペレスJr.

2月5日（金）
東京・後楽園ホール
開始18時30分（観衆2200人＝超満員札止め）

▽10分1本勝負
①ウインガー（ジャーマン・スープレックス・ホールド、4分9秒）高山
◎団体対抗戦＝20分1本勝負
②三宅　中牧（1-0）松崎　平野
中牧（逆片エビ固め、13分21秒）平野
▽30分1本勝負
③ジェイソン（片エビ固め、4分39秒）荒谷
▽45分1本勝負
④レザー（片エビ固め、11分35秒）ターミネーター
◎WWC認定ジュニアヘビー級選手権試合＝60分1本勝負
⑤〈挑戦者〉板倉（腕固め、11分43秒）〈王者〉茂木
◎W★ING対プエルトリコ軍4対4勝ち抜き戦＝各30分1本勝負
⑥金村　徳田　ポーゴ　松永（4-3）ドク　ビジランテ　エストラーダ　ペレスJr.
1金村（両者リングアウト、10分4秒）ドク
2ビジランテ（レフェリーストップ勝ち、5分43秒）徳田
3ポーゴ（エビ固め、2分52秒）ビジランテ
4ポーゴ（体固め、7分36秒）エストラーダ
5ペレスJr.（後方回転エビ固め、0分11秒）ポーゴ
6松永（体固め、4分54秒）ペレスJr.

ROSE-COLORED FUTURE
3月16日～4月5日　全17戦

☆団体所属外の参加選手
レザー・フェイス⑤／フレディ・クルーガー②／キラー・カイル①／ジョニー“ザ・イラストリュース”スチュアート①（開幕戦～第5戦）／ジェイソン・ザ・テリブル⑨（＝本家のほう。第5戦～最終戦）／クラッシュ・ザ・ターミネーター⑥／ビクター・キニョネス（マネージャー。最終戦のみ、レスラーとして復帰）
〈NOWに参加の外国人選手〉
スティーブ・シンプソン①（開幕戦～第3戦）
［オリエンタル・プロレス］

イソン
フレディ(片エビ固め、10分59秒)ジェイソン

第12戦　3月30日(火)
福岡・博多スターレーン
開始18時30分(観衆1682人)

▽15分1本勝負
①中牧(逆片エビ固め、4分47秒)平野
▽20分1本勝負
②板倉(片エビ固め、4分0秒)小坪
▽30分1本勝負
③松崎(体固め、9分0秒)三宅
▽45分1本勝負
④ジェイソン(体固め、11分23秒)ホース
▽60分1本勝負
⑤金村(6分10秒、ノーコンテスト)カイル
◎WING認定世界タッグ王座決定戦=バンクハウス・タッグデスマッチ=時間無制限1本勝負
⑥レザー　フレディ(1-0)松永　ターミネーター
レザー(片エビ固め、12分0秒)ターミネーター

第13戦　3月31日(水)
福岡・田川市総合体育館
開始18時30分(観衆1371人)

▽15分1本勝負
①松崎(飛龍裸絞め、5分54秒)小坪
▽20分1本勝負
②三宅(エビ固め、11分4秒)平野
▽30分1本勝負
③板倉(エビ固め、10分39秒)荒谷
▽45分1本勝負
④金村　ジェイソン(両軍リングアウト、12分24秒)カイル　ホース
▽延長戦=時間無制限1本勝負
金村　ジェイソン(1-0)カイル　ホース
金村(体固め、6分1秒)ホース
◎時間差バトルロイヤル(10人出場)
⑤金村(片エビ固め、11分51秒)カイル
※退場順(番号は出場順)…三宅①、松崎①、板倉③、ホース⑥、荒谷⑦、小坪⑧、平野⑨、ジェイソン⑩、カイル④、金村⑤
▽60分1本勝負
⑥レザー　フレディ(1-0)松永　中牧
フレディ(片エビ固め、11分22秒)中牧

第14戦　4月1日(木)
宮崎・延岡市民体育館
開始18時30分(観衆2150人)

▽15分1本勝負
①平野(アバラ折り、8分4秒)小坪
▽20分1本勝負
②荒谷(体固め、11分39秒)三宅
▽30分1本勝負
③板倉(ノーザンライト・スープレックス・ホールド、10分55秒)松崎
▽45分1本勝負
④カイル(体固め、5分27秒)中牧
◎エニウェア・フォールズカウントデスマッチ=時間無制限1本勝負
②荒谷(後方回転エビ固め、10分29秒)松崎
③金村(片エビ固め、5分54秒)三宅
▽30分1本勝負
④レザー(片エビ固め、6分12秒)中牧
▽45分1本勝負
⑤ターミネーター(体固め、7分52秒)板倉
◎バトルロイヤル(10人出場)
⑥松崎(首固め、7分54秒)中牧
▽60分1本勝負
⑦フレディ　カイル(1-0)松永　ジェイソン
フレディ(片エビ固め、12分41秒)ジェイソン

第10戦　3月27日(土)
福岡・柳川市民体育館
開始18時(観衆1846人)

▽15分1本勝負
①平野(腕ひしぎ逆十字固め、6分21秒)黒田
▽20分1本勝負
②三宅(体固め、4分0秒)小坪
▽30分1本勝負
③板倉(ジャックナイフ固め、8分10秒)松崎
▽45分1本勝負
④ジェイソン(体固め、12分3秒)荒谷
▽60分1本勝負
⑤ジェイソン　ターミネーター(0-0)カイル　ホース
ターミネーター(両者リングアウト、13分6秒)カイル
▽延長戦
ジェイソン　ターミネーター(1-0)カイル　ホース
ジェイソン(体固め、3分56秒)ホース
◎バンクハウス・タッグデスマッチ=時間無制限1本勝負
⑥レザー　フレディ(1-0)松永　中牧
フレディ(片エビ固め、14分9秒)中牧

第11戦　3月28日(日)
熊本・八代市総合体育館
開始18時30分(観衆1156人)

▽15分1本勝負
①平野(ワキ固め、8分29秒)小坪
▽20分1本勝負
②松崎(逆片エビ固め、8分29秒)黒田
▽30分1本勝負
③板倉(ジャックナイフ固め、9分57秒)三宅
▽45分1本勝負
④ターミネーター(体固め、8分23秒)荒谷
▽60分1本勝負
⑤レザー　ホース(1-0)金村　中牧
レザー(片エビ固め、9分23秒)中牧
◎バトルロイヤル(10人出場)
⑥平野(片エビ固め、8分39秒)小坪
※退場順…黒田、三宅、松崎、板倉、ホース、ターミネーター、中牧、荒谷、小坪、平野
◎バンクハウス・タッグデスマッチ=時間無制限1本勝負
⑦フレディ　カイル(1-0)松永　ジェ
▽15分1本勝負
①松崎(首固め、8分35秒)平野
▽20分1本勝負
②茂木　三宅(1-0)金村　高山
茂木(ノーザンライト・スープレックス・ホールド、11分37秒)高山
▽30分1本勝負
③板倉(片エビ固め、9分6秒)荒谷
④ジェイソン(体固め、6分26秒)中牧
▽45分1本勝負
⑤ポーゴ(ノーコンテスト、6分43秒)フレディ
▽60分1本勝負
⑥レザー　カイル(1-0)松永　ターミネーター
カイル(片エビ固め、6分40秒)ターミネーター

第7戦　3月22日(月)
高石・大阪府立臨海スポーツセンター
開始18時30分(観衆2093人=満員)

▽20分1本勝負
①平野(STF、6分46秒)小坪
②松崎(体固め、8分24秒)高山
◎ハンディキャップマッチ=30分1本勝負
③カイル(1-0)三宅　中牧
カイル(エビ固め、3分57秒)三宅
▽45分1本勝負
④ジェイソン　ターミネーター(1-0)金村　荒谷
ターミネーター(体固め、12分15秒)荒谷
◎WWC認定ジュニアヘビー級選手権試合=60分1本勝負
⑤〈挑戦者〉茂木(ジャーマン・スープレックス・ホールド、17分19秒)〈王者〉板倉
◎エニウェア・フォールズカウントデスマッチ=時間無制限1本勝負
⑥松永(体固め、10分30秒)フレディ
⑦レザー(レフェリーストップ勝ち、11分32秒)ポーゴ

第8戦　3月23日(火)
広島・竹原市立体育館
開始18時30分(観衆1109人)

▽15分1本勝負
①三宅(逆片エビ固め、4分25秒)小坪
▽20分1本勝負
②松崎(体固め、8分45秒)平野
▽30分1本勝負
③金村(体固め、9分43秒)荒谷
④フレディ(体固め、4分25秒)中牧
▽45分1本勝負
⑤ジェイソン(片エビ固め、10分43秒)板倉
▽60分1本勝負
⑥レザー　カイル(1-0)松永　ターミネーター
カイル(体固め、11分40秒)松永

第9戦　3月24日(水)
島根・浜田市民会館
開始18時30分(観衆1546人)

▽15分1本勝負
①平野(V2アームロック、9分16秒)小坪
▽20分1本勝負

※退場順…テハノ、三宅、キング、高山、ウインガー、中牧、島田、板倉、茂木、セブンNo.2、クラッシュ、バッシュ、ペレスJr.。オーバー・ザ・トップロープルール採用

◎カリビアン・バーブドワイヤー6人タッグデスマッチ＝時間無制限1本勝負
⑧ヘッドハンターA　ヘッドハンターB　レザー（1-0）松永　金村　ジェイソン
A（体固め、9分55秒）松永

第2戦　5月5日（水＝祝）
神奈川・小田原駅前旧市営球場
開始15時（観衆5696人＝満員）

▽15分1本勝負
①平野（チキンウイング・アームロック、6分52秒）高山
▽20分1本勝負
②三宅（エビ固め、6分23秒）松崎
▽30分1本勝負
③島田　茂木（1-0）板倉　荒谷
島田（エビ固め、14分27秒）荒谷
◎異種格闘技戦＝3分5回戦
④〈ボクシング〉木川田（KO勝ち、3R2分41秒）〈W★ING〉ウインガー
▽30分1本勝負
⑤クラッシュ　バッシュ　ゴリアス（1-0）金村　ペレスJr.　ジェイソン
ゴリアス（体固め、22分37秒）ジェイソン
◎テキサス・デスマッチ＝時間無制限1本勝負
⑥ポーゴ（KO勝ち、18分34秒）中牧
◎WING認定世界タッグ王座決定トーナメント1回戦＝60分1本勝負
⑦ヘッドハンターA　ヘッドハンターB（1-0）テハノ　キング
A（体固め、15分10秒）テハノ
◎スパイクネイル・デスマッチ＝時間無制限1本勝負
⑧松永（場外落下、12分40秒）レザー

第3戦　5月6日（木）
岐阜・岐阜産業会館
開始18時30分（観衆3158人＝満員）

▽20分1本勝負
①三宅（エビ固め、6分45秒）高山
▽30分1本勝負
②ゴリアス（体固め、3分13秒）ウインガー
▽45分1本勝負
③テハノ（後方回転エビ固め、10分12秒）ヘッドハンターB
④キング（ノーコンテスト、8分26秒）ヘッドハンターA
◎WING認定世界タッグ王座決定トーナメント1回戦＝60分1本勝負
⑤金村　ペレスJr.（1-0）クラッシュ　バッシュ
ペレスJr.（体固め、13分47秒）バッシュ
◎ストリートファイト戦＝60分1本勝負
⑥松永　ジェイソン（1-0）ポーゴ　中牧
ジェイソン（体固め、13分9秒）中牧

第4戦　5月7日（金）
三重・阿児アリーナ
開始18時30分（観衆1316人）

◎ハンディキャップマッチ＝20分1本勝負
①平野（顔面絞め、14分43秒）小坪
②三宅（逆片エビ固め、6分28秒）高山
▽30分1本勝負
③茂木　三浦（1-0）板倉　松崎
三浦（ノーザンライト・スープレックス・ホールド、16分6秒）松崎
▽45分1本勝負
④島田（ジャーマン・スープレックス・ホールド、10分59秒）荒谷
▽60分1本勝負
⑤松永　金村（1-0）レザー　ホース
松永（腕固め、10分42秒）ホース
◎WING認定世界ヘビー級王座決定トーナメント招待選手選出戦＝エニウェア・フォールズカウントマッチ＝時間無制限1本勝負
⑥ジェイソン（エビ固め、12分48秒）フレディ
▽時間無制限1本勝負
⑦カイル　キニョネス（1-0）ターミネーター　中牧
カイル（片エビ固め、10分20秒）中牧

W★ING DANGER ROAD
5月4日～9日　全5戦

☆団体所属外の参加選手
ミゲル・ペレスJr.⑫／ジェイソン・ザ・テリブル⑨／ザ・ターミネーターズ（クラッシュ・ザ・ターミネーター⑦　バッシュ・ザ・ターミネーター①）／ロス・カウボーイズ（エル・テハノ⑨　シルバー・キング⑥）
〈キニョネス軍団〉
レザー・フェイス⑥／ザ・ヘッドハンターズ（ヘッドハンターA⑪　ヘッドハンターB⑪）／ゴリアス・エル・ヒガンテ①
〈マネージャー〉
ビクター・キニョネス
［オリエンタル・プロレス］
板倉広／荒谷信孝／松崎和彦／平野勝美（以上開幕戦と第2戦）
［PWC］
高野俊二／弁慶（ともに開幕戦のみ）

開幕戦　5月4日（火＝休）
東京・瑞穂町青伸運輸大駐車場
開始15時（観衆1546人＝満員）

▽20分1本勝負
①三宅（エビ固め、6分17秒）高山
▽30分1本勝負
②ペレスJr.（ジャックナイフ固め、5分14秒）ウインガー
③クラッシュ　バッシュ（1-0）島田　中牧
バッシュ（片エビ固め、5分14秒）島田
◎PWC特別試合＝45分1本勝負
④高野俊二（体固め、6分45秒）弁慶
▽45分1本勝負
⑤ポーゴ（体固め、3分4秒）荒谷
▽60分1本勝負
⑥テハノ　キング（1-0）茂木　板倉
テハノ（エビ固め、12分16秒）茂木
◎バトルロイヤル（13人出場）
⑦ペレスJr.（オーバー・ザ・トップロープ、5分35秒）バッシュ
⑤金村（反則勝ち、10分59秒）フレディ
◎ノーロープ有刺鉄線スクランブル・バンクハウス・タッグデスマッチ＝時間無制限1本勝負
⑥松永　ジェイソン（1-0）レザー　ホース
松永（エビ固め、11分35秒）ホース

第15戦　4月2日（金）
宮崎・えびの市勤労者体育センター
開始18時30分（観衆1011人）

▽15分1本勝負
①三宅（体固め、7分50秒）小坪
▽20分1本勝負
②板倉（ノーザンライト・スープレックス・ホールド、7分54秒）平野
▽30分1本勝負
③ジェイソン（エビ固め、9分39秒）松崎
▽45分1本勝負
④ホース（フィッシャーマンズ・スープレックス・ホールド、6分51秒）荒谷
◎バトルロイヤル（8人出場）
⑤松崎（エビ固め、8分49秒）セブンNo.2
※退場順…小坪、三宅、板倉、平野、ジェイソン、ホース、セブンNo.2（荒谷）、松崎
◎エニウェア・フォールズカウントデスマッチ＝時間無制限1本勝負
⑥フレディ（体固め、12分41秒）中牧
◎バンクハウス・タッグデスマッチ＝時間無制限1本勝負
⑦レザー　カイル（1-0）松永　金村
カイル（体固め、13分25秒）金村

第16戦　4月3日（土）
鹿児島・鹿児島県立体育館
開始18時30分（観衆2612人）

▽15分1本勝負
①平野（STF、12分0秒）小坪
▽20分1本勝負
②三宅（両者リングアウト、10分55秒）松崎
▽延長戦＝5分1本勝負
三宅（時間切れ引き分け）松崎
▽30分1本勝負
③ジェイソン（エビ固め、14分27秒）荒谷
▽45分1本勝負
④カイル　ホース（1-0）板倉　中牧
カイル（カナダ式背骨折り、9分22秒）中牧
◎時間差バトルロイヤル（10人出場）
⑤中牧（エビ固め、13分18秒）三宅
※出場選手（退場順）…小坪、平野、松崎、セブンNo.2、板倉、カイル、ホース、ジェイソン、三宅、中牧
◎WING認定世界タッグ選手権試合＝スクランブル・バンクハウスタッグデスマッチ＝時間無制限1本勝負
⑥〈挑戦者組〉松永　金村（1-0）〈王者組〉レザー　フレディ
松永（レフェリーストップ勝ち、13分53秒）フレディ

最終戦　4月5日（月）
神奈川・大和車体工業体育館
開始18時30分（観衆1759人＝満員）

▽20分1本勝負

スマッチ=時間無制限1本勝負
⑦ポーゴ　ジェイソン　中牧(1-0)ヘッドハンターA　ヘッドハンターB　ソイヤー
ジェイソン(ラクダ固め、11分32秒)ソイヤー

第4戦　5月23日(日)
三重・亀山市体育館
開始17時(観衆1462人)

▽15分1本勝負
①三宅(後方回転エビ固め、10分22秒)高山
▽20分1本勝負
②板倉(グラウンド卍固め、8分29秒)松崎
▽30分1本勝負
③コモ(エビ固め、7分28秒)ウインガー
▽45分1本勝負
④ジェイソン(両者リングアウト、11分56秒)ヘッドハンターB
◎バトルロイヤル(9人出場)
⑤コモ(オーバー・ザ・トップロープ、6分55秒)ヘッドハンターB
※退場順…高山、ウインガー、三宅、平野、板倉、ジェイソン、松崎、ヘッドハンターB、コモ。オーバー・ザ・トップロープルール採用
▽60分1本勝負
⑥ヘッドハンターA(反則勝ち、8分13秒)ポーゴ
◎バンクハウス・6人タッグデスマッチ=時間無制限1本勝負
⑦松永　金村　ペレスJr.(1-0)サリバン　カイル　ソイヤー
金村(裸絞め、12秒0秒)ソイヤー

第5戦　5月24日(月)
長野・上田市民体育館
開始18時30分(観衆1878人=満員)

▽15分1本勝負
①三宅(前方回転エビ固め、5分22秒)高山
▽20分1本勝負
②松崎(首固め、8分29秒)平野
▽30分1本勝負
③ジェイソン　コモ(1-0)板倉　ウインガー
コモ(片エビ固め、18分39秒)ウインガー
▽45分1本勝負
④金村　ペレスJr.(1-0)サリバン　ソイヤー
ペレスJr.(体固め、7分40秒)ソイヤー
◎時間差バトルロイヤル(11人出場)
⑤ウインガー(オーバー・ザ・トップロープ、12分11秒)ソイヤー
※退場順(番号は入場順)…金村③(乱入)、サリバン①、三宅⑦、松崎⑪、板倉⑨、高山⑤、コモ⑥、ジェイソン⑧&ペレスJr.⑩(2人同時)ソイヤー④、ウインガー①。オーバー・ザ・トップロープルール採用
◎WING認定世界ヘビー級王座決定トーナメント1回戦=60分1本勝負
⑥松永(横入り式エビ固め、11分10秒)カイル
◎カリビアン・バーブドワイヤー・スクランブル・バンクハウス・タッグデスマッチ=時間無制限1本勝負
⑦ヘッドハンターA　ヘッドハンターB

石川・金沢JR体育館
開始18時30分(観衆1863人=満員)

▽15分1本勝負
①三宅(逆片エビ固め、11分11秒)高山
▽20分1本勝負
②コモ(片エビ固め、7分38秒)松崎
▽30分1本勝負
③ジェイソン(エビ固め、13分3秒)ウインガー
④サリバン(体固め、3分14秒)中牧
▽45分1本勝負
⑤ポーゴ(体固め、3分14秒)ソイヤー
◎WWC認定カリビアン・ヘビー級選手権試合=60分1本勝負
⑥〈王者〉金村(反則勝ち、7分55秒)〈挑戦者〉カイル
◎バンクハウス・タッグデスマッチ=時間無制限1本勝負
⑦ヘッドハンターA　ヘッドハンターB(1-0)松永　ペレスJr.
A(体固め、10分31秒)ペレスJr.

第2戦　5月20日(木)
大阪・枚方市くずはトップセンター駐車場
開始18時30分(観衆1650人)

▽15分1本勝負
①松崎　平野(1-0)ウインガー　高山
松崎(体固め、11分21秒)高山
▽20分1本勝負
②中牧(エビ固め、4分42秒)三宅
▽30分1本勝負
③コモ(エビ固め、6分55秒)ウインガー
④金村(反則勝ち、4分12秒)ヘッドハンターA
▽45分1本勝負
⑤ペレスJr.(首固め、9分12秒)ヘッドハンターB
▽60分1本勝負
⑥松永(サソリ固め、5分8秒)ソイヤー
◎バンクハウス・タッグデスマッチ=時間無制限1本勝負
⑦ポーゴ　ジェイソン(1-0)サリバン　カイル
ジェイソン(首固め、8分46秒)カイル

第3戦　5月22日(土)
和歌山・新宮市総合体育館
開始18時30分(観衆1583人=満員)

▽15分1本勝負
①松崎(顔面絞め、7分47秒)高山
▽20分1本勝負
②板倉(ジャックナイフ固め、6分35秒)平野
▽30分1本勝負
③コモ(エビ固め、7分15秒)三宅
④金村(エビ固め、10分32秒)ウインガー
▽45分1本勝負
⑤ペレスJr.(ノーコンテスト、9分11秒)カイル
▽60分1本勝負
⑥松永(反則勝ち、11分45秒)サリバン
◎スクランブル・バンクハウス・6人タッグデ

①ゴリアス(1-0)三宅　高山
ゴリアス(体固め、5分46秒)三宅
▽30分1本勝負
②テハノ(エビ固め、9分49秒)ウインガー
▽45分1本勝負
③クラッシュ(エビ固め、6分24秒)キング
④ペレスJr.(体固め、10分2秒)バッシュ
◎バンクハウス・デスマッチ=時間無制限1本勝負
⑤ポーゴ(レフェリーストップ勝ち、10分40秒)ジェイソン
◎カリビアン・バーブドワイヤー・タッグデスマッチ=時間無制限1本勝負
⑥ヘッドハンターA　ヘッドハンターB(1-0)松永　中牧
A(体固め、9分48秒)中牧

最終戦　5月9日(日)
埼玉・本庄市民体育館
開始15時(観衆2510人=満員)

▽20分1本勝負
①三宅(エビ固め、7分7秒)高山
▽30分1本勝負
②ジェイソン(体固め、11分25秒)島田
③ゴリアス(体固め、6分44秒)中牧
▽45分1本勝負
④クラッシュ　バッシュ(1-0)キング　ウインガー
クラッシュ(体固め、12分19秒)ウインガー
◎WWC認定ジュニアヘビー級選手権試合=60分1本勝負
⑤〈挑戦者〉E・テハノ(エビ固め、13分11秒)〈王者〉茂木正淑
◎スクランブル・バンクハウス・デスマッチ=時間無制限1本勝負
⑥松永(レフェリーストップ勝ち、15分5秒)ポーゴ
◎WING認定世界タッグ王座決定トーナメント決勝戦=バーブドワイヤーネット・タッグデスマッチ=時間無制限1本勝負
⑦ヘッドハンターA　ヘッドハンターB(1-0)金村　ペレスJr.
A(体固め、15分46秒)金村

DOG IN THE BOX
5月19日〜27日　全7戦

☆団体所属外の参加選手
ミゲル・ペレスJr.⑬／ジェイソン・ザ・テリブル⑩／バート・ソイヤー②／サンダーバード・コモ①
〈キニョネス軍団〉
ケビン・サリバン⑦／ザ・ヘッドハンターズ(ヘッドハンターA⑫　ヘッドハンターB⑫)／キラー・カイル②
〈マネージャー〉
ビクター・キニョネス
[オリエンタル・プロレス]
板倉広／荒谷信孝／松崎和彦／平野勝美
[ボクシング]
木川田潤(最終戦のみ)

開幕戦　5月19日(水)

①覆面太郎（体固め、8分28秒）高山
▽20分1本勝負
②ウインガー（ジャーマン・スープレックス・ホールド、12分20秒）平野
▽30分1本勝負
③中牧（エビ固め、6分50秒）三宅
④コモ（片エビ固め、7分49秒）ウインガー
▽45分1本勝負
⑤金村　アイスマン（1-0）カスティーヨJr.　タイガー
アイスマン（フィッシャーマンズ・スープレックス・ホールド、12分6秒）タイガー
▽60分1本勝負
⑥ポーゴ（反則勝ち、8分41秒）ソイヤー
◎バンクハウス・タッグデスマッチ＝時間無制限1本勝負
⑦フレディ　ラランパゴJr.（1-0）松永　ジェイソン
フレディ（エビ固め、14分53秒）ジェイソン

第4戦　6月16日（水）
愛知・犬山市体育館
開始18時30分（観衆1802人）

▽15分1本勝負
①三宅（首固め、8分54秒）平野
▽20分1本勝負
②中牧（エビ固め、5分32秒）高山
▽30分1本勝負
③覆面太郎（体固め、8分3秒）三宅
④ジェイソン（体固め、15分19秒）ラランパゴJr.
▽45分1本勝負
⑤カスティーヨJr.　タイガー（1-0）コモ　ウインガー
カスティーヨJr.（片エビ固め、16分1秒）コモ
◎WING認定世界ヘビー級王座決定トーナメント2回戦＝60分1本勝負
⑥ポーゴ（体固め、7分1秒）アイスマン
◎バンクハウス・タッグデスマッチ＝時間無制限1本勝負
⑦フレディ　ソイヤー（1-0）松永　金村
ソイヤー（ギブアップ勝ち、10分11秒）金村

最終戦　6月18日（金）
東京・後楽園ホール
開始18時30分（観衆2150人＝超満員札止め）

▽20分1本勝負
①三宅（逆さ押さえ込み、7分41秒）平野
▽30分1本勝負
②中牧　松崎（1-0）島田　高山
中牧（エビ固め、6分39秒）高山
③アイスマン（体固め、13分45秒）ラランパゴJr.
▽45分1本勝負
④ジェイソン　荒谷（1-0）ウインガー　覆面太郎
荒谷（片エビ固め、14分53秒）覆面太郎
◎WING認定世界ジュニアヘビー級選手権試合＝60分1本勝負
⑤〈王者〉タイガー（後方回転エビ固め、

〈マネージャー〉
ビクター・キニョネス
［オリエンタル・プロレス］
板倉広／荒谷信孝／松崎和彦／平野勝美
［IBF］＝ボクシング
塚田敬（開幕戦のみ）

開幕戦　6月10日（木）
東京・後楽園ホール
開始18時30分（観衆1740人）

▽20分1本勝負
①荒谷（体固め、9分28秒）高山
▽30分1本勝負
②カスティーヨJr.（体固め、4分35秒）島田
◎異種格闘技戦＝3分5回戦
③〈ボクシング〉塚田（KO勝ち、3R2分19秒）〈W★ING〉三宅
▽30分1本勝負
④コモ　板倉（1-0）タイガー　松崎
コモ（エビ固め、12分28秒）松崎
▽45分1本勝負
⑤ジェイソン　覆面太郎（1-0）アイスマン　ウインガー
覆面太郎（体固め、19分50秒）ウインガー
◎WING認定世界ヘビー級王座決定トーナメント1回戦＝60分1本勝負
⑥ポーゴ（体固め、7分8秒）ラランパゴJr.
◎金網ウォーゲーム＝時間無制限1本勝負
⑦レザー　フレディ　ソイヤー（1-0）松永　金村　中牧
ソイヤー（片エビ固め、16分13秒）中牧

第2戦　6月12日（土）
神奈川・平塚市平果地方卸売市場
開始18時30分（観衆1234人）

▽15分1本勝負
①松崎（体固め、9分6秒）平野
▽20分1本勝負
②アイスマン（フィッシャーマンズ・スープレックス・ホールド、9分58秒）覆面太郎
▽30分1本勝負
③ジェイソン（エビ固め、13分6秒）ウインガー
④コモ（エビ固め、9分37秒）三宅
▽45分1本勝負
⑤カスティーヨJr.　タイガー（1-0）金村　荒谷
カスティーヨJr.（アイアン・クロー、19分41秒）金村
▽60分1本勝負
⑥松永（横回転エビ固め、8分48秒）ラランパゴJr.
◎バンクハウス・タッグデスマッチ＝時間無制限1本勝負
⑦フレディ　ソイヤー（1-0）ポーゴ　中牧
ソイヤー（片エビ固め、10分16秒）中牧

第3戦　6月13日（日）
新潟・五泉市総合会館
開始15時（観衆1392人）

▽15分1本勝負

（1-0）ポーゴ　中牧
B（体固め、10分44秒）中牧

第6戦　5月25日（火）
宮城・多賀城市総合体育館
開始18時30分（観衆1686人）

▽15分1本勝負
①平野（ワキ固め、6分7秒）高山
▽20分1本勝負
②中牧（エビ固め、6分9秒）三宅
▽30分1本勝負
③板倉（エビ固め、8分12秒）ウインガー
④コモ（エビ固め、8分44秒）松崎
▽45分1本勝負
⑤ペレスJr.　ジェイソン（両軍リングアウト、12分43秒）ヘッドハンターA　ヘッドハンターB
▽60分1本勝負
⑥ポーゴ（体固め、8分4秒）ソイヤー
◎エニウェア・トルネード・タッグデスマッチ＝時間無制限1本勝負
⑦松永　金村（1-0）サリバン　カイル
松永（横入り式エビ固め、10分54秒）カイル

最終戦　5月27日（木）
東京・後楽園ホール
開始18時30分（観衆2100人＝満員）

▽20分1本勝負
①三宅（エビ固め、6分58秒）高山
▽30分1本勝負
②荒谷（体固め、7分31秒）ウインガー
▽45分1本勝負
③ペレスJr.（片エビ固め、7分46秒）島田
◎WING世界認定ジュニアヘビー級王座挑戦者決定戦＝60分1本勝負
④コモ（片エビ固め、12分28秒）板倉
◎異種格闘技戦＝3分5回戦
⑤〈ボクシング〉木川田（KO勝ち、3R0分56秒）〈オリプロ〉松崎
◎ストリートファイト・デスマッチ＝時間無制限1本勝負
⑥松永　中牧（1-0）カイル　ソイヤー
松永（片エビ固め、8分51秒）カイル
◎WING認定世界ヘビー級王座決定トーナメント1回戦＝60分1本勝負
⑦金村（反則勝ち、12分29秒）サリバン
◎WING認定世界タッグ選手権試合＝エニウェア・フォールズカウント・タッグデスマッチ＝時間無制限1本勝負
⑧〈王者組〉ヘッドハンターA　ヘッドハンターB（1-0）〈挑戦者〉ポーゴ　ジェイソン
A（体固め、11分27秒）ジェイソン

WORLD STAGE
6月10日～18日　全5戦

☆団体所属外の参加選手
ジ・アイスマン⑨／ジェイソン・ザ・テリブル⑪／サンダーバード・コモ②
〈キニョネス軍団〉
レザー・フェイス⑦／フレディ・クルーガー③／バート・ソイヤー③／エル・ララランパゴJr.①／ウラカン・カスティーヨJr.①／カナディアン・タイガー①

①三宅（体固め、7分56秒）平野
▽20分1本勝負
②ウインガー（横入り式回転エビ固め、10分36秒）フローレス
▽30分1本勝負
③スーパースター（体固め、2分24秒）高山
④フレディ（体固め、6分55秒）ワグナーJr.
▽45分1本勝負
⑤マードック（反則勝ち、10分38秒）ゴリアス
◎WING認定世界ヘビー級王座トーナメント準決勝＝60分1本勝負
⑥クラッシュ（体固め、9分23秒）松永
◎スクランブル・バンクハウス・6人タッグデスマッチ＝時間無制限1本勝負
⑦キーパー　ヘッドハンターA　ヘッドハンターB（1-0）金村　ペレスJr.　中牧
A（体固め、9分44秒）中牧

最終戦　7月11日（日）
神奈川・横浜文化体育館
開始18時（観衆4728人＝満員）

◎キックボクシング＝3分3回戦
①妻神（時間切れ引き分け）叶
▽15分1本勝負
②三宅（前方回転エビ固め、7分37秒）高山
▽20分1本勝負
③フローレス（サソリ固め、6分37秒）三宅
▽30分1本勝負
④荒谷（片エビ固め、8分56秒）覆面太郎
⑤茂木　板倉（1-0）島田　戸井
茂木（エビ固め、10分43秒）戸井
▽45分1本勝負
⑥キーパー（片エビ固め、2分39秒）中牧
◎空手グローブ戦＝3分2回戦
⑦村上（TKO勝ち、2R終了）阿部
◎CMLL認定世界ライトヘビー級選手権試合＝60分1本勝負
⑧〈王者〉ワグナーJr.（ジャックナイフ固め、13分30秒）〈挑戦者〉ウインガー
◎WING認定世界タッグ選手権試合＝60分1本勝負
⑨〈挑戦者組〉マードック　スーパースター（1-0）〈王者組〉ヘッドハンターA　ヘッドハンターB
マードック（反則勝ち、19分36秒）B
◎WING認定世界ヘビー級王座決定戦＝60分1本勝負
⑩クラッシュ（体固め、8分50秒）ゴリアス
◎金網手錠ウォーゲーム＝時間無制限1本勝負
⑪フレディ　邪道　外道（1-0）松永　金村　ペレスJr.
邪道（エビ固め、17分16秒）金村

CAUTION!!～新たなる警告～
7月26日～8月2日　全5戦

☆団体所属外の参加選手

千葉・市原市臨海体育館
開始18時30分（観衆1583人）

▽15分1本勝負
①三宅（前方回転エビ固め、9分1秒）平野
▽20分1本勝負
②覆面太郎（エビ固め、8分42秒）高山
▽30分1本勝負
③ウインガー（ジャーマン・スープレックス・ホールド、9分26秒）フローレス
④マードック　スーパースター（1-0）金村　荒谷
スーパースター（片エビ固め、10分57秒）荒谷
◎WING認定世界ヘビー級王座決定トーナメント1回戦＝60分1本勝負
⑤クラッシュ（体固め、9分5秒）ワグナーJr.
⑥ゴリアス（体固め、8分57秒）ジェイソン
◎スクランブル・バンクハウス・6人タッグデスマッチ＝時間無制限1本勝負
⑦ヘッドハンターA　ヘッドハンターB　フレディ（1-0）松永　ペレスJr.　中牧
B（体固め、9分35秒）中牧

第3戦　7月7日（水）
東京・後楽園ホール
開始18時30分（観衆1972人＝満員）

▽15分1本勝負
①松崎（体固め、6分49秒）三宅
▽20分1本勝負
②ウインガー　島田（1-0）茂木　覆面太郎
ウインガー（ジャーマン・スープレックス・ホールド、14分38秒）覆面太郎
▽30分1本勝負
③ワグナーJr.（体固め、8分6秒）フローレス
④フレディ（体固め、4分13秒）中牧
▽45分1本勝負
⑤ヘッドハンターA　ヘッドハンターB（1-0）ペレスJr.　荒谷
A（体固め、11分26秒）荒谷
◎WING認定世界ヘビー級王座決定トーナメント2回戦＝60分1本勝負
⑥クラッシュ（体固め、8分15秒）金村
⑦松永（リングアウト勝ち、15分3秒）マードック
⑧ゴリアス（体固め、7分4秒）スーパースター
◎バトルロイヤル（12人出場）
⑨ペレスJr.（エビ固め、7分31秒）金村
※退場順…マードック＆スーパースター＆ヘッドハンターA＆ヘッドハンターB（4人同時）、松永、中牧、フローレス、ワグナーJr.、覆面太郎、ゴリアス、金村、ペレスJr.
◎さよならジェイソン特別試合＝アンダーテイカー・デスマッチ＝時間無制限1本勝負
⑩キーパー（KO勝ち、14分59秒）ジェイソン

第4戦　7月8日（木）
新潟・新発田カルチャーセンター
開始18時（観衆1592人）

▽15分1本勝負

11分31秒）〈挑戦者〉コモ
◎スクランブル・バンクハウス・デスマッチ＝時間無制限1本勝負
⑥ポーゴ（レフェリーストップ、8分17秒）ソイヤー
◎WWC認定カリビアン・ヘビー級選手権試合＝60分1本勝負
⑦〈王者〉金村（エビ固め、14分53秒）〈挑戦者〉カスティーヨJr.
◎月光闇討ち（ライトアウト）デスマッチ＝時間無制限1本勝負
⑧フレディ（レフェリーストップ、13分58秒）松永

BEST CHAMP'93
7月4日～11日　全5戦

☆団体所属外の参加選手
ディック・マードック㊽／マスクト・スーパースター㉒／ミゲル・ペレスJr.⑭／ジェイソン・ザ・テリブル⑫／クラッシュ・ザ・ターミネーター⑧／ドクトル・ワグナーJr.⑦／フランシス・フローレス①
〈キニョネス軍団〉
ザ・ヘッドハンターズ（ヘッドハンターA⑬　ヘッドハンターB⑬）／フレディ・クルーガー④／クリプト・キーパー①（第3戦～最終戦）／ゴリアス・エル・ヒガンデ④／邪道　外道（ともに最終戦のみ）
〈マネージャー〉
ビクター・キニョネス
［オリエンタル・プロレス］
板倉広／荒谷信孝／松崎和彦／平野勝美
［PWC］
戸井マサル
［士道館］
村上竜司／叶武士／阿部修治／妻神雅樹（以上最終戦のみ）

開幕戦　7月4日（日）
愛知・津島市民会館
開始17時（観衆2107人＝満員）

▽15分1本勝負
①中牧（エビ固め、6分49秒）高山
▽20分1本勝負
②ウインガー（ドラゴン・スープレックス・ホールド、11分38秒）三宅
▽30分1本勝負
③ワグナーJr.（首固め、5分2秒）フローレス
▽45分1本勝負
④クラッシュ（体固め、7分36秒）荒谷
◎WING認定世界ヘビー級王座決定トーナメント1回戦＝60分1本勝負
⑤マードック（片エビ固め、19分59秒）ペレスJr.
⑥スーパースター（反則勝ち、7分21秒）フレディ
◎バンクハウス・タッグデスマッチ＝時間無制限1本勝負
⑦ヘッドハンターA　ヘッドハンターB　ゴリアス（1-0）松永　金村　ジェイソン
A（体固め、9分39秒）金村

第2戦　7月6日（火）

B(片エビ固め、15分32秒)ペレスJr.
◎プエルトリコスタイル・ファイアーデスマッチ=時間無制限1本勝負
⑦松永(片エビ固め、6分37秒)フレディ

HOLLYWOOD NIGHTMARE
8月20日～31日　全9戦

☆団体所属外の参加選手
クラッシュ・ザ・ターミネーター⑩
〈キニョネス軍団〉
ケビン・サリバン⑧／クリプト・キーパー③／フレディ・クルーガー⑥／ジ・インベーダーII①／ジ・インベーダーIV②／邪道　外道
〈マネージャー〉
ビクター・キニョネス
[オリエンタル・プロレス]
荒谷信孝
◎ジュニアリーグ戦参加
〈W★ING代表〉
ジ・ウインガー／三宅綾
〈オリプロ代表〉
松崎和彦／板倉広
〈メキシコ代表〉
タリスマン①／アルカンヘル・デ・ラ・ムエルテ②

開幕戦　8月20日(金)
富山・富山市体育館
開始18時30分(観衆1784人)

▽15分1本勝負
①三宅(時間切れ引き分け)高山
▽20分1本勝負
②荒谷(体固め、9分18秒)ウインガー
▽30分1本勝負
③タリスマン(両者リングアウト、11分39秒)ムエルテ
▽延長戦=5分1本勝負
タリスマン(両者リングアウト、3分10秒)ムエルテ
◎ジュニアリーグ戦=30分1本勝負
〈2点〉ウインガー(不戦勝)〈0点〉板倉
④〈2点〉三宅(レフェリーストップ、4分16秒)〈0点〉松崎
▽45分1本勝負
⑤インベーダーII　インベーダーIV(1-0)荒谷　高山
IV(体固め、10分10秒)高山
◎覆面太郎・試練の闘い"オーバー・ザ・トップ"I=60分1本勝負
⑥キーパー(体固め、3分41秒)覆面太郎
◎スクランブル・バンクハウス・6人タッグデスマッチ=時間無制限1本勝負
⑦フレディ　邪道　外道(1-0)松永　クラッシュ　中牧
フレディ(片エビ固め、12分55秒)中牧

第2戦　8月21日(土)
愛知・豊田市体育館
開始18時30分(観衆2004人)

▽20分1本勝負
①ウインガー(ダブルフォール、9分17秒)タリスマン
①三宅(時間切れ引き分け)高山
▽20分1本勝負
②中牧(エビ固め、1分32秒)フローレス
▽30分1本勝負
③邪道(ノーザンライト・スープレックス・ホールド、9分7秒)荒谷
④外道(足4の字固め、5分30秒)高山
◎スクランブル・バンクハウス・タッグデスマッチ=時間無制限1本勝負
⑤キーパー　フレディ(1-0)松永　クラッシュ
フレディ(体固め、9分29秒)松永
▽60分1本勝負
⑥ペレスJr.(エビ固め、7分33秒)ボスウェル
▽45分1本勝負
⑦ヘッドハンターA　ヘッドハンターB(1-0)板倉　ウインガー
B(片エビ固め、11分46秒)ウインガー

第4戦　8月1日(日)
奈良・大和郡山市奈良県中央卸売市場西隣パチンコ跡駐車場
開始17時(観衆1682人=満員)

▽15分1本勝負
①ウインガー(卍固め、8分27秒)高山
▽20分1本勝負
②松崎(体固め、7分37秒)三宅
▽30分1本勝負
③茂木(ジャーマン・スープレックス・ホールド、4分10秒)フローレス
④ヘッドハンターA　ヘッドハンターB(1-0)荒谷　松崎
A(体固め、12分1秒)荒谷
▽45分1本勝負
⑤フレディ(体固め、5分17秒)中牧
▽60分1本勝負
⑥クラッシュ(体固め、10分55秒)ボスウェル
◎金網ウォーゲーム=時間無制限1本勝負
⑦キーパー　邪道　外道(1-0)松永　ペレスJr.　板倉
キーパー(片エビ固め、17分31秒)板倉

最終戦　8月2日(月)
大阪・南港イベント広場
開始18時30分(観衆2714人=満員)

▽20分1本勝負
①三宅(逆片エビ固め、7分55秒)高山
②荒谷(片エビ固め、7分11秒)ボスウェル
◎異種格闘技戦=3分5回戦
③〈ボクシング〉木川田(KO勝ち、4R1分4秒)〈オリプロ〉松崎
▽45分1本勝負
④邪道　外道(1-0)茂木　ウインガー
邪道(エビ固め、12分31秒)茂木
⑤キーパー(片エビ固め、3分26秒)中牧
◎WING認定世界タッグ選手権試合=60分1本勝負
⑥〈王者組〉ヘッドハンターA　ヘッドハンターB(1-0)〈挑戦者組〉クラッシュ　ペレスJr.

クラッシュ・ザ・ターミネーター⑨／ミゲロ・ペレスJr.⑮／ゲーリー・ボスウェル①／フランシス・フローレス②
〈キニョネス軍団〉
クリプト・キーパー②／フレディ・クルーガー⑤／ザ・ヘッドハンターズ(ヘッドハンターA⑭　ヘッドハンターB⑭)／邪道　外道
〈マネージャー〉
ビクター・キニョネス
[オリエンタル・プロレス]
板倉広／荒谷信孝／松崎和彦／平野勝美
[ボクシング]
木川田潤(最終戦のみ)

開幕戦　7月26日(月)
群馬・邑楽郡篠塚南部パチンコ駐車場
開始18時30分(観衆1762人=満員)

▽15分1本勝負
①三宅(片エビ固め、8分26秒)高山
▽20分1本勝負
②ウインガー(ジャーマン・スープレックス・ホールド、8分52秒)フローレス
▽30分1本勝負
③ボスウェル(体固め、7分48秒)覆面太郎
④邪道　外道(1-0)島田　茂木
邪道(エビ固め、12分16秒)島田
▽45分1本勝負
⑤フレディ(体固め、7分57秒)ペレスJr.
▽60分1本勝負
⑥キーパー(片エビ固め、8分36秒)クラッシュ
◎スクランブル・バンクハウス・タッグデスマッチ=時間無制限1本勝負
⑦ヘッドハンターA　ヘッドハンターB(1-0)松永　中牧
A(片エビ固め、9分18秒)中牧

第2戦　7月28日(水)
千葉・君津市体育館
開始18時30分(観衆1248人)

▽15分1本勝負
①三宅(エビ固め、8分47秒)平野
▽20分1本勝負
②松崎(飛龍裸絞め、7分34秒)高山
▽30分1本勝負
③板倉(体固め、4分28秒)フローレス
④荒谷(片エビ固め、6分30秒)ボスウェル
▽45分1本勝負
⑤邪道　外道(1-0)ウインガー　覆面太郎
外道(体固め、12分12秒)ウインガー
▽60分1本勝負
⑥キーパー(片エビ固め、4分35秒)中牧
◎バンクハウス戦=時間無制限1本勝負
⑦松永　クラッシュ　ペレスJr.(1-0)フレディ　ヘッドハンターA　ヘッドハンターB
クラッシュ(体固め、11分32秒)B

第3戦　7月30日(金)
岐阜・笠松競馬駐車場
開始18時30分(観衆1356人=満員)

▽15分1本勝負

※退場順…三宅、ウインガー、タリスマン、インベーダーⅣ、ムエルテ、外道、荒谷、インベーダーⅡ、茂木

◎有刺鉄線金網デスマッチ=時間無制限1本勝負
⑦サリバン　キーパー　フレディ(1-0)金村　クラッシュ　中牧
サリバン(体固め、10分43秒)金村

第7戦　8月29日(日)
青森・三沢市総合体育館
開始15時(観衆1534人)

▽15分1本勝負
①茂木(時間切れ引き分け)ウインガー

▽30分1本勝負
②インベーダーⅡ(片エビ固め、7分24秒)タリスマン

◎ジュニアリーグ公式戦=30分1本勝負
③〈6点〉ウインガー(横入り式回転エビ固め、10分47秒)〈4点〉三宅

▽30分1本勝負
④インベーダーⅣ(体固め、10分34秒)ムエルテ

◎ハンディキャップマッチ=45分1本勝負
⑤キーパー(1-0)三宅　高山
キーパー(体固め、2分20秒)三宅

▽60分1本勝負
⑥クラッシュ(反則勝ち、7分32秒)フレディ

◎スクランブル・バンクハウス・イリミネーションマッチ=時間無制限
⑦サリバン　邪道　外道(3-0)金村　中牧　荒谷
1外道(エビ固め、4分13秒)金村
2邪道(エビ固め、9分14秒)荒谷
3サリバン(体固め、10分2秒)中牧

第8戦　8月30日(月)
秋田・能代市民体育館
開始18時30分(観衆1730人=満員)

◎ジュニアリーグ戦=30分1本勝負
〈6点〉ムエルテ(不戦勝)〈0点〉板倉
①ムエルテ(メキシカン・ストレッチ、9分48秒)三宅

▽30分1本勝負
②タリスマン(タリスマン・スペシャル、9分34秒)ウインガー

▽45分1本勝負
③フレディ(片エビ固め、2分56秒)高山
④邪道　外道(1-0)ムエルテ　タリスマン
邪道(首固め、13分17秒)タリスマン

▽60分1本勝負
⑤キーパー(体固め、3分55秒)荒谷

◎バトルロイヤル(9人出場)
⑥ウインガー(ウラカン・ラナ、10分30秒)三宅
※退場順…荒谷、キーパー、ムエルテ、タリスマン、邪道、外道、フレディ、三宅、ウインガー

◎スクランブル・バンクハウスマッチ=時間無制限1本勝負
⑦金村　クラッシュ　中牧(1-0)サリバン　インベーダーⅡ　インベーダーⅣ
クラッシュ(片エビ固め、13分19秒)Ⅳ

宅

▽45分1本勝負
⑤キーパー(体固め、2分38秒)高山

▽60分1本勝負
⑥クラッシュ　荒谷(1-0)サリバン　インベーダーⅣ
クラッシュ(片エビ固め、11分38秒)Ⅳ

◎スクランブル・バンクハウス・タッグデスマッチ=時間無制限1本勝負
⑦邪道　外道(1-0)金村　中牧
外道(ギブアップ勝ち、10分49秒)金村

第5戦　8月27日(金)
青森県営体育館
開始18時30分(観衆1682人=満員)

▽15分1本勝負
①ウインガー(時間切れ引き分け)三宅

◎ジュニアリーグ戦=30分1本勝負
②〈4点〉三宅(片エビ固め、9分16秒)〈0点〉タリスマン
③〈4点〉ウインガー(横入り式回転エビ固め、8分51秒)〈4点〉ムエルテ

▽30分1本勝負
④邪道(ノーザンライト・スープレックス・ホールド、11分3秒)荒谷

▽45分1本勝負
⑤インベーダーⅡ　インベーダーⅣ(1-0)ムエルテ　タリスマン
Ⅳ(体固め、11分52秒)ムエルテ

▽60分1本勝負
⑥中牧(両者リングアウト、1分52秒)外道

▽延長戦
中牧(反則勝ち、4分40秒)外道

◎バトルロイヤル(11人出場)
⑦荒谷(オーバー・ザ・トップロープ、5分12秒)外道
※退場順…タリスマン、ムエルテ、インベーダーⅡ、インベーダーⅣ、三宅、ウインガー、邪道、中牧、サリバン、外道、荒谷

◎スクランブル・バンクハウス・タッグデスマッチ=時間無制限1本勝負
⑧キーパー　フレディ(1-0)金村　クラッシュ
フレディ(体固め、8分53秒)金村

第6戦　8月28日(土)
青森・八戸市体育館
開始18時30分(観衆3510人=満員)

▽15分1本勝負
①ウインガー(ドラゴン・スープレックス・ホールド、12分7秒)三宅

▽20分1本勝負
②ムエルテ(ロメロ・スペシャル、16分44秒)タリスマン

▽30分1本勝負
③インベーダーⅣ(体固め、6分40秒)ウインガー

▽45分1本勝負
④茂木(とびつき十字固め、11分48秒)インベーダーⅡ

▽60分1本勝負
⑤外道(後方回転エビ固め、10分31秒)荒谷

◎バトルロイヤル(9人出場)
⑥茂木(後方回転エビ固め、6分0秒)インベーダーⅡ

◎ジュニアリーグ戦=30分1本勝負
②〈2点〉ムエルテ(片エビ固め、8分19秒)〈2点〉三宅

▽30分1本勝負
③外道(体固め、7分6秒)高山

▽45分1本勝負
④中牧(ノーコンテスト、4分39秒)邪道

◎覆面太郎・試練の闘い"オーバー・ザ・トップ"Ⅱ=60分1本勝負
⑤フレディ(エビ固め、3分32秒)覆面太郎

◎バトルロイヤル(8人出場)
⑥ウインガー(ドラゴン・スープレックス・ホールド、11分31秒)三宅
※退場順…邪道&外道&中牧(3人同時)、高山、ムエルテ、タリスマン、三宅、ウインガー

◎スクランブル・バンクハウス・6人タッグデスマッチ=時間無制限1本勝負
⑦キーパー　インベーダーⅡ　インベーダーⅣ(1-0)松永　クラッシュ　荒谷
Ⅳ(体固め、11分43秒)荒谷

第3戦　8月25日(水)
東京・後楽園ホール
開始18時30分(観衆2050人=満員)

▽15分1本勝負
①三宅(片エビ固め、8分13秒)高山

▽20分1本勝負
②茂木(時間切れ引き分け)ウインガー

◎ジュニアリーグ戦=30分1本勝負
③〈4点〉ムエルテ(体固め、13分17秒)〈0点〉タリスマン

◎スクランブル・バンクハウス・キャプテンフォールデスマッチ=時間無制限1本勝負
④©クラッシュ　中牧　茂木　荒谷　覆面太郎(3-3)©フレディ　邪道　外道　インベーダーⅡ　インベーダーⅣ
1Ⅳ(体固め、11分4秒)覆面太郎
2Ⅱ(体固め、14分31秒)茂木
3荒谷(体固め、14分52秒)Ⅱ
4フレディ(エビ固め、16分17秒)荒谷
5クラッシュ(体固め、17分1秒)Ⅳ
6中牧(横入り式エビ固め、19分5秒)フレディ

▽60分1本勝負
⑤サリバン(戦闘不能、3分55秒)金村

◎番外戦=時間無制限1本勝負
⑥サリバン(反則勝ち、6分30秒)荒谷

◎アンダーテイカー・デスマッチ=時間無制限1本勝負
⑦キーパー(KO勝ち、5分15秒)中牧

第4戦　8月26日(木)
青森・弘前市民体育館
開始18時30分(観衆=2239人)

▽20分1本勝負
①タリスマン(体固め、10分46秒)三宅
②ムエルテ(メキシコ式足かけ腕固め、9分22秒)高山

▽30分1本勝負
③インベーダーⅡ(とびつき十字固め、7分38秒)ウインガー
④フレディ(片エビ固め、4分38秒)三

⑦フレディ　邪道　外道(1-0)ペレスJr.　中牧　ウインガー
邪道(エビ固め、15分40秒)ウインガー

最終戦　9月30日(木)
新潟・新潟市体育館
開始18時30分(観衆1974人)

▽異種格闘技戦=3分5回戦
①〈W★ING〉三宅(逆片エビ固め、3R0分52秒)〈テコンドー〉鄭
◎女子プロレス=20分1本勝負
②スレイマ(ロメロ・スペシャル、9分57秒)ジャネット
▽30分1本勝負
③外道(片エビ固め、、7分7秒)高山
▽45分1本勝負
④邪道(エビ固め、10分41秒)ウインガー
◎スクランブル・バンクハウス・6人タッグデスマッチ=時間無制限1本勝負
⑤中牧　荒谷　畠中(1-0)レザー　キーパー　フレディ
荒谷(片エビ固め、16分6秒)レザー
◎バトルロイヤル(12人出場)
⑥ウインガー(オーバー・ザ・トップロープ、12分40秒)荒谷、邪道、外道(3人同時)
※出場選手…ウインガー、荒谷、邪道、外道、中牧、畠中、高山、レザー、フレディ、キーパー、三宅、鄭
◎WING認定世界タッグ選手権試合=時間無制限1本勝負
⑦〈王者組〉ヘッドハンターA　ヘッドハンターB(1-0)〈挑戦者組〉ペレスJr.　中牧
A(体固め、10分18秒)中牧

BREAK IT UP!!
10月19日～24日　全6戦

☆団体所属外の参加選手
レザー・フェイス⑨／エル・テハノ⑩／シルバー・キング⑦
〈キニョネス軍団〉
フレディ・クルーガー⑧／キューバン・コネクション(リッキー・サンタナ②キューバン・アサシン⑥)／邪道　外道
〈マネージャー〉
ビクター・キニョネス
[オリエンタル・プロレス]
荒谷信孝
〈女子プロレス〉
スレイマ
ジャネット

開幕戦　10月19日(火)
東京・後楽園ホール
開始18時30分(観衆1800人=満員)

▽20分1本勝負
①覆面太郎(片エビ固め、9分51秒)三宅
◎女子プロレス=20分1本勝負
②スレイマ(リバース・ゴリースペシャル、10分55秒)ジャネット
▽30分1本勝負
③キング(エビ固め、7分41秒)ウインガー
▽60分1本勝負
⑤ヘッドハンターA　ヘッドハンターB(1-0)荒谷　畠中
A(体固め、11分16秒)荒谷
◎バトルロイヤル(12人出場)
⑥ウインガー(回転足折り固め、8分38秒)茂木
※退場順…フレディ、ペレスJr.、ヘッドハンターB、外道、三宅、畠中、ヘッドハンターA、邪道、高山、セブンII、茂木、ウインガー
◎スクランブル・バンクハウス・タッグデスマッチ=時間無制限1本勝負
⑦レザー　キーパー(1-0)金村　中牧
レザー(体固め、12分0秒)金村

第2戦　9月26日(日)
東京・八王子総合卸売センター
開始15時(観衆1840人=満員)

▽15分1本勝負
①三宅(時間切れ引き分け)高山
◎女子プロレス=20分1本勝負
②スレイマ(エビ固め、8分30秒)ジャネット
▽30分1本勝負
③ヘッドハンターA　ヘッドハンターB(1-0)鄭　高山
A(体固め、10分50秒)高山
④中牧(両者リングアウト、2分16秒)外道
▽延長戦=5分1本勝負
中牧(反則勝ち、3分44秒)外道
◎WWCジュニアヘビー級王座挑戦者決定戦=45分1本勝負
⑤茂木(ジャーマン・スープレックス・ホールド、11分45秒)ウインガー
◎スクランブル・バンクハウス・6人タッグデスマッチ=時間無制限1本勝負
⑥レザー　外道　フレディ(1-0)ペレスJr.　荒谷　畠中
レザー(体固め、13分29秒)畠中
◎WWC認定カリビアン・ヘビー級選手権試合=60分1本勝負
⑦〈王者〉金村(ノーコンテスト、7分39秒)〈挑戦者〉邪道
▽延長戦=時間無制限1本勝負
〈挑戦者〉邪道(TKO勝ち、3分2秒)〈王者〉金村

第3戦　9月29日(水)
新潟・村上市民会館
開始18時30分(観衆1002人)

◎女子プロレス=20分1本勝負
①スレイマ(エビ固め、10分18秒)ジャネット
◎異種格闘技戦=3分5回戦
②ウインガー(STF、4R1分7秒)鄭
▽30分1本勝負
③ヘッドハンターB(エビ固め、6分29秒)三宅
④ヘッドハンターA(体固め、6分4秒)高山
▽45分1本勝負
⑤キーパー(片エビ固め、4分37秒)畠中
▽60分1本勝負
⑥レザー(片エビ固め、7分0秒)荒谷
◎スクランブル・バンクハウス・6人タッグデスマッチ=時間無制限1本勝負
⑦フレディ　邪道　外道(1-0)金村　中牧　ウインガー
フレディ(片エビ固め、10分21秒)中牧

最終戦　8月31日(火)
秋田・秋田市立体育館
開始18時30分(観衆3515人=満員)

▽20分1本勝負
①インベーダーII(前方回転エビ固め、7分59秒)三宅
▽30分1本勝負
②インベーダーIV(体固め、9分23秒)ムエルテ
◎ジュニアリーグ公式戦=30分1本勝負
〈0点〉板倉(両者不戦敗)〈0点〉松崎
③〈10点〉ウインガー(横入り式回転エビ固め、9分31秒)〈4点〉タリスマン
▽30分1本勝負
④フレディ(片エビ固め、5分14秒)高山
◎テキサスデスマッチ=時間無制限1本勝負
⑤サリバン(KO勝ち、14分21秒)荒谷
◎WING認定世界ヘビー級選手権試合=60分1本勝負
⑥〈挑戦者〉キーパー(体固め、5分26秒)〈王者〉クラッシュ
◎スクランブル・バンクハウス・6人タッグデスマッチ=時間無制限1本勝負

BLOODY JACK KNIFE
9月25日～30日　全4戦

☆団体所属外の参加選手
ミゲル・ペレスJr.⑯
〈キニョネス軍団〉
レザー・フェイス⑧／クリプト・キーパー④／フレディ・クルーガー⑦／ザ・ヘッドハンターズ(ヘッドハンターA⑮ヘッドハンターB⑮)／邪道　外道
〈マネージャー〉
ビクター・キニョネス
[テコンドー]
鄭斗洪(チョン・トゥーホン)
[NOW]
畠中浩旭
[オリエンタル・プロレス]
荒谷信孝
〈女子プロレス〉
スレイマ／ジャネット(ともに第2～最終戦)

開幕戦　9月25日(土)
静岡・伊東青果市場
開始18時30分(観衆1444人)

◎異種格闘技戦=3分5回戦
①〈テコンドー〉鄭(KO勝ち、3R2分21秒〈W★ING〉三宅
▽30分1本勝負
②荒谷(体固め、7分30秒)高山
③邪道　外道(1-0)茂木　ウインガー
邪道(エビ固め、13分0秒)ウインガー
▽45分1本勝負
④ペレスJr.(両者リングアウト、2分50秒)フレディ

⑥レザー(片エビ固め、5分7秒)覆面太郎
◎スクランブル・バンクハウス・6人タッグデスマッチ=時間無制限1本勝負
⑦金村　中牧　荒谷(1-0)邪道　外道　高山
荒谷(片エビ固め、18分0秒)高山

ODAWARA BLAZING NIGHT
10月31日

☆団体所属外の参加選手(「BREAK IT UP!!」からの残留以外)
〈マーシャルアーツ〉
デール"ザ・カンガルー"ストーレン
〈マネージャー〉
ミスター・シャドー
[オリエンタルプロレス]
高杉正彦
[SPWF]
仲野信市/丸山昭一

10月31日(日)
神奈川・小田原駅前旧市営球場
開始15時(観衆2980人=超満員)

※ビデオ収録
◎女子プロレス=20分1本勝負
①スレイマ(体固め、10分36秒)ジャネット
◎異種格闘技戦=3分5回戦
②〈W★ING〉三宅(レフェリーストップ、3R0分59秒)〈マーシャルアーツ〉ストーレン
▽30分1本勝負
③高杉(卍固め、5分37秒)高山
▽45分1本勝負
④荒谷(体固め、12分5秒)覆面太郎
▽60分1本勝負
⑤茂木　ウインガー(1-0)仲野　丸山
ウインガー(ジャーマン・スープレックス・ホールド、9分28秒)丸山
◎スクランブル・バンクハウス・デスマッチ=時間無制限1本勝負
⑥レザー(体固め、6分37秒)フレディ
◎スクランブル・ファイアーデスマッチ=時間無制限1本勝負
⑦邪道　外道(1-0)金村　中牧
邪道(レフェリーストップ、6分46秒)金村

MY HEART W★ING
11月20日～30日　全10戦

☆「MOST DANGEROUS TAG WAR'93」出場チーム
中牧昭二　荒谷信孝/ミゲル・ペレスJr.⑰　クラッシュ・ザ・ターミネーター⑪/レザー・フェイス⑩　ブギーマン③/ザ・ヘッドハンターズ(ヘッドハンターA⑯　ヘッドハンターB⑯)/ザ・ムーンドッグス(スパイク②　スプラット①)
〈キニョネス軍団〉
邪道　外道/クリプト・キーパー⑤　フレディ・クルーガー⑨
〈マネージャー〉

⑥フレディ(体固め、7分21秒)金村

第4戦　10月22日(金)
長野・坂城町体育館
開始18時30分(観衆893人)

▽20分1本勝負
①覆面太郎(エビ固め、12分8秒)三宅
◎女子プロレス=30分1本勝負
②スレイマ(片エビ固め、12分24秒)ジャネット
▽30分1本勝負
③茂木(ジャーマン・スープレックス・ホールド、7分45秒)高山
▽45分1本勝負
④テハノ　キング(1-0)邪道　外道
テハノ(反則勝ち、13分35秒)外道
▽60分1本勝負
⑤フレディ(片エビ固め、11分40秒)荒谷
◎スクランブル・バンクハウス・6人タッグデスマッチ=時間無制限1本勝負
⑥金村　中牧　ウインガー(1-0)レザー　サンタナ　アサシン
中牧(エビ固め、7分23秒)アサシン

第5戦　10月23日(土)
長野・塩尻市立体育館
開始18時30分(観衆1523人)

▽20分1本勝負
①高山(片エビ固め、9分54秒)三宅
◎女子プロレス=20分1本勝負
②スレイマ(逆エビ固め、8分5秒)ジャネット
▽30分1本勝負
③アサシン(体固め、10分20秒)覆面太郎
④サンタナ(片エビ固め、10分56秒)荒谷
▽45分1本勝負
⑤テハノ　キング(1-0)茂木　ウインガー
テハノ(片エビ固め、15分15秒)ウインガー
◎インクレディブル・タッグマッチ=時間無制限1本勝負
⑥フレディ　外道(1-0)金村　レザー
外道(片エビ固め、8分40秒)金村
◎WWC認定カリビアン・ヘビー級選手権試合=60分1本勝負
⑦〈王者〉邪道(首固め、9分52秒)〈挑戦者〉中牧

最終戦　10月24日(日)
長野・東部町町民広場体育館
開始18時30分(観衆1741人)

◎女子プロレス=15分1本勝負
①スレイマ(リバース・ゴリースペシャル、8分10秒)ジャネット
▽20分1本勝負
②アサシン(体固め、6分58秒)三宅
③キング(時間切れ引き分け)サンタナ
▽30分1本勝負
④フレディ(体固め、7分58秒)ウインガー
▽45分1本勝負
⑤テハノ(片エビ固め、9分9秒)茂木
▽60分1本勝負

▽45分1本勝負
④サンタナ　アサシン(1-0)荒谷　高山
サンタナ(体固め、11分11秒)高山
◎WWCジュニアヘビー級選手権試合=60分1本勝負
⑤〈挑戦者〉茂木(ジャーマン・スープレックス・ホールド、17分56秒)〈王者〉テハノ
◎スペシャル・リベンジマッチ=バンクハウス・デスマッチ=時間無制限1本勝負
⑥フレディ(片エビ固め、8分33秒)レザー
◎エニウェア・スクランブル・バンクハウス・タッグデスマッチ=時間無制限1本勝負
⑦邪道　外道(1-0)金村　中牧
外道(体固め、15分4秒)金村

第2戦　10月20日(水)
愛知・豊橋市総合体育館第2競技場
開始18時30分(観衆1039人)

▽20分1本勝負
①三宅(サムソンクラッチ、7分53秒)高山
◎男女混合マッチ=30分1本勝負
②テハノ　スレイマ(1-0)キング　ジャネット
スレイマ(フィッシャーマンズ・スープレックス・ホールド、14分52秒)ジャネット
▽45分1本勝負
③外道(体固め、8分42秒)ウインガー
▽60分1本勝負
④フレディ(片エビ固め、6分34秒)荒谷
◎特別試合=時間無制限1本勝負
⑤レザー(反則勝ち、4分58秒)邪道
◎バトルロイヤル(8人出場)
⑥テハノ(エビ固め、10分14秒)ウインガー
※退場順…三宅、フレディ、外道、高山、邪道、キング、ウインガー、テハノ
◎バンクハウス・タッグデスマッチ=時間無制限1本勝負
⑦金村　中牧(1-0)サンタナ　アサシン
中牧(横入り式エビ固め、9分58秒)アサシン

第3戦　10月21日(木)
愛知・常滑市民体育館
開始18時30分(観衆818人)

▽15分1本勝負
①三宅(時間切れ引き分け)高山
◎女子プロレス=30分1本勝負
②スレイマ(体固め、10分50秒)ジャネット
▽30分1本勝負
③サンタナ　アサシン(1-0)中牧　ウインガー
サンタナ(体固め、14分20秒)ウインガー
▽45分1本勝負
④レザー(片エビ固め、7分46秒)荒谷
▽60分1本勝負
⑤邪道　外道(1-0)テハノ　キング
外道(体固め、12分33秒)テハノ
◎スクランブル・バンクハウス・デスマッチ=時間無制限1本勝負

▽45分1本勝負
④ペレスJr.(ジャーマン・スープレックス・ホールド、8分4秒)荒谷
▽60分1本勝負
⑤ジェイソン　中牧(1-0)スパイク　スプラット
ジェイソン(片エビ固め、7分19秒)スパイク
◎「MOST DANGEROUS TAG WAR'93」公式リーグ戦＝時間無制限1本勝負
⑥〈3点〉レザー　ブギーマン(1-0)〈3点〉キーパー　フレディ
ブギーマン(前方回転エビ固め、0分13秒)フレディ
⑦〈2点〉邪道　外道(1-0)〈2点〉ヘッドハンターA　ヘッドハンターB
外道(体固め、11分25秒)A

第7戦　11月27日(土)
長野・長野市民体育館
開始18時30分(観衆1556人)

▽20分1本勝負
①非道(片エビ固め、8分38秒)三宅
▽30分1本勝負
②ブギーマン(片エビ固め、6分9秒)ウインガー
▽45分1本勝負
③ジェイソン(片エビ固め、9分58秒)非道
▽60分1本勝負
④レザー(ノーコンテスト、8分9秒)キーパー
◎「MOST DANGEROUS TAG WAR'93」公式リーグ戦＝時間無制限1本勝負
〈3点〉キーパー　フレディ(両軍不戦敗)〈0点〉スパイク　スプラット
⑤〈3点〉ヘッドハンターA　ヘッドハンターB(1-0)〈1点〉クラッシュ　ペレスJr.
B(エビ固め、11分21秒)ペレスJr.
⑥〈3点〉邪道　外道(1-0)〈2点〉中牧　荒谷
邪道(エビ固め、13分48秒)荒谷

第8戦　11月28日(日)
三重・四日市市オーストラリア記念館
開始18時(観衆1300人＝満員)

▽15分1本勝負
①三宅(時間切れ引き分け)ウインガー
▽20分1本勝負
②ジェイソン(横入り式エビ固め、7分8秒)ヘッドハンターB
▽30分1本勝負
③邪道　外道(1-0)三宅　ウインガー
外道(体固め、12分42秒)ウインガー
▽45分1本勝負
④キーパー(片エビ固め、7分46秒)非道
▽60分1本勝負
⑤レザー(反則勝ち、7分16秒)ヘッドハンターA
◎「MOST DANGEROUS TAG WAR'93」公式リーグ戦＝時間無制限1本勝負
〈3点〉レザー　ブギーマン(両軍不戦敗)〈0点〉スパイク　スプラット
⑥〈2点〉クラッシュ　ペレスJr.(1-0)〈2点〉中牧　荒谷
ペレスJr.(エビ固め、13分23秒)邪道
◎バンクハウス・タッグデスマッチ＝時間無制限1本勝負
⑥キーパー　フレディ(1-0)レザー　ブギーマン
キーパー(体固め、4分33秒)ブギーマン

第4戦　11月24日(水)
山形・小国町民総合体育館
開始18時30分(観衆1191人)

▽15分1本勝負
①ウインガー(横入り式回転エビ固め、8分1秒)非道
▽20分1本勝負
②邪道　外道(1-0)ウインガー　三宅
邪道(体固め、12分38秒)ウインガー
▽30分1本勝負
③クラッシュ(反則勝ち、4分29秒)フレディ
④キーパー(片エビ固め、11分21秒)ペレスJr.
◎「MOST DANGEROUS TAG WAR'93」公式リーグ戦＝時間無制限1本勝負
⑤〈1点〉ヘッドハンターA　ヘッドハンターB(1-0)〈2点〉レザー　ブギーマン
B(体固め、2分16秒)ブギーマン
⑥〈1点〉中牧　荒谷(1-0)〈0点〉スパイク　スプラット
荒谷(体固め、4分55秒)スプラット

第5戦　11月25日(木)
宮城・仙台市泉総合運動場体育館
開始18時30分(観衆1369人)

▽20分1本勝負
①三宅(反則勝ち、8分0秒)非道
▽30分1本勝負
②ヘッドハンターB(体固め、5分46秒)三宅
③ヘッドハンターA(体固め、7分14秒)ウインガー
◎「MOST DANGEROUS TAG WAR'93」公式リーグ戦＝時間無制限1本勝負
④〈1点〉邪道　外道(1-0)〈0点〉スパイク　スプラット
外道(体固め、8分39秒)スプラット
⑤〈3点〉キーパー　フレディ(1-0)〈1点〉クラッシュ　ペレスJr.
キーパー(片エビ固め、12分32秒)ペレスJr.
⑥〈2点〉中牧　荒谷(1-0)〈2点〉レザー　ブギーマン
中牧(首固め、4分58秒)ブギーマン

第6戦　11月26日(金)
神奈川・川崎市体育館
開始18時30分(観衆1835人)

▽20分1本勝負
①ウインガー(ドラゴン・スープレックス・ホールド、13分23秒)三宅
▽30分1本勝負
②仲野　ホッパー(1-0)茂木　覆面太郎
仲野(ノーザンライト・スープレックス・ホールド、10分47秒)覆面太郎
③クラッシュ(エビ固め、6分32秒)非道

ビクター・キニョネス
☆その他の参加外国人選手
ジェイソン・ザ・テリブル⑭(第6戦〜最終戦)

開幕戦　11月20日(土)
北海道・札幌中島体育センター別館
開始18時30分(観衆4500人)

▽30分1本勝負
①ウインガー(反則勝ち、9分48秒)非道
②中牧(エビ固め、3分49秒)三宅
③荒谷(体固め、12分1秒)茂木
◎「MOST DANGEROUS TAG WAR'93」公式リーグ戦＝時間無制限1本勝負
④〈1点〉レザー　ブギーマン(1-0)〈0点〉邪道　外道
ブギーマン(体固め、12分21秒)外道
⑤〈1点〉キーパー　フレディ(1-0)〈0点〉ヘッドハンターA　ヘッドハンターB
キーパー(体固め、7分42秒)A
◎有刺鉄線金網デスマッチ＝時間無制限1本勝負
⑥クラッシュ　ペレスJr.　中牧(1-0)スパイク　スプラット　非道
ペレスJr.(片エビ固め、12分7秒)非道

第2戦　11月21日(日)
北海道・滝川市青年体育センター
開始17時(観衆1370人)

▽30分1本勝負
①スパイク(片エビ固め、3分52秒)三宅
②スプラット(体固め、3分17秒)非道
③ウインガー(前方回転エビ固め、12分17秒)茂木
◎「MOST DANGEROUS TAG WAR'93」公式リーグ戦＝時間無制限1本勝負
④〈2点〉レザー　ブギーマン(1-0)〈0点〉クラッシュ　ペレスJr.
ブギーマン(体固め、11分14秒)クラッシュ
⑤〈2点〉キーパー　フレディ(1-0)〈0点〉中牧　荒谷
フレディ(体固め、8分4秒)荒谷
◎カリビアン・バーブドワイヤーデスマッチ
⑥ヘッドハンターA　ヘッドハンターB(1-0)邪道　外道
B(体固め、11分46秒)外道

第3戦　11月23日(火)
秋田・湯沢市総合体育館
開始18時30分(観衆1112人)

▽30分1本勝負
①茂木(ジャーマン・スープレックス・ホールド、8分27秒)三宅
②荒谷(体固め、15分30秒)ウインガー
③中牧(体固め、6分50秒)非道
◎「MOST DANGEROUS TAG WAR'93」公式リーグ戦＝時間無制限1本勝負
④〈1点〉ヘッドハンターA　ヘッドハンターB(1-0)〈0点〉スパイク　スプラット
B(体固め、8分54秒)スパイク
⑤〈1点〉クラッシュ　ペレスJr.(1-0)〈0点〉邪道　外道

カ①（「MERRY X'mas W★ING」より残留）
［ユニオンIWA・流山］
荒谷信孝
［フリー］
邪道　外道

12月31日（金）
京都大学西部講堂
開始23時30分（観衆700人＝超満員）
※年越しプロレス
▽10分1本勝負
①ウインガー（時間切れ引き分け）マヒカ
▽15分1本勝負
②茂木　三宅（1-0）ウインガー　マヒカ
三宅（エビ固め、12分45秒）ウインガー
▽30分1本勝負
③茂木（両者リングアウト、2分58秒）非道
▽延長戦＝時間無制限1本勝負
茂木（ジャーマン・スープレックス・ホールド、4分15秒）非道
▽30分1本勝負
④キーパー（片エビ固め、7分37秒）荒谷
◎スクランブル・バンクハウス・タッグデスマッチ＝時間無制限1本勝負
⑤邪道　外道（1-0）中牧　三宅
邪道（エビ固め、13分5秒）三宅

1994年

BEGINNING OF DANGEROUS'94
1月2日～14日　全9戦
☆団体所属外の参加選手
ジェイソン・ザ・テリブル⑮／マスカラ・マヒカ①（「MERRY X' mas W★ING」より残留）／MUGEN①
〈キニョネス軍団〉
クリプト・キーパー⑥（「INDEPENDENT WAR '93-'94」より残留）／フレディ・クルーガー②／ザ・ヘッドハンターズ（ヘッドハンターA⑰　ヘッドハンターB⑰）
〈マネージャー〉
ビクター・キニョネス
［SPWF］
仲野信市
［ユニオンIWA・湘南］
荒谷信孝
［フリー］
邪道　外道／松崎和彦

開幕戦　1月2日（日）
東京・後楽園ホール
開始18時30分（観衆2100人＝超満員）
▽15分1本勝負
①松崎（逆片エビ固め、8分26秒）三宅
▽20分1本勝負
②茂木（かんぬきスープレックス・ホー

12月2日（木）
東京・駒沢オリンピック公園体育館
開始18時（観衆2730人）
※ビデオ収録。W☆ING2周年記念興行
◎団体対抗戦＝30分1本勝負
①〈W★ING〉茂木　ウインガー　覆面太郎　三宅（1-0）〈SPWF〉仲野　ホッパー　三浦　丸山
茂木（ジャーマン・スープレックス・ホールド、12分56秒）三浦
▽30分1本勝負
②鶴見（体固め、6分15秒）非道
▽45分1本勝負
③高野俊二（体固め、9分17秒）鶴見
▽60分1本勝負
④ペレスJr.（首固め、13分38秒）クラッシュ
⑤ヘッドハンターA（ノーコンテスト、9分38秒）ヘッドハンターB
▽時間無制限1本勝負
⑥キーパー　フレディ（1-0）ペレスJr.　ジェイソン
キーパー（体固め、12分39秒）ジェイソン
◎有刺鉄線金網デスマッチ＝時間無制限1本勝負
⑦邪道　外道（1-0）中牧　荒谷
邪道（体固め、13分29秒）中牧

MERRY X'mas W★ING
12月23日
☆団体所属外の参加選手
マスカラ・マヒカ①
［ユニオンIWA・湘南］
高杉正彦／荒谷信孝
［SPWF］
仲野信市／ホッパー・キング
［フリー］
邪道　外道／松崎和彦

12月23日（木＝祝）
東京・後楽園ホール
開始18時30分（観衆1616人）
▽15分1本勝負
①三宅（時間切れ引き分け）松崎
▽20分1本勝負
②高杉（X固め、3分37秒）ホッパー
③マヒカ（両者リングアウト、12分7秒）ウインガー
▽延長戦
マヒカ（変形卍固め、4分59秒）ウインガー
▽30分1本勝負
④仲野（ドラゴン・スープレックス・ホールド、13分43秒）覆面太郎
◎キャプテンフォールマッチ＝時間無制限
⑤Ⓒ邪道　外道　非道（1-0）Ⓒ中牧　荒谷　茂木
外道（体固め、23分5秒）中牧

INDEPENDENT WAR '93→'94
12月31日
☆団体所属外の参加選手
クリプト・キーパー⑥／マスカラ・マヒ

クラッシュ（体固め、8分41秒）荒谷

第9戦　11月29日（月）
兵庫・姫路市厚生会館
開始18時30分（観衆1503人）
▽15分1本勝負
①非道（片エビ固め、6分46秒）三宅
▽20分1本勝負
②ペレスJr.（エビ固め、10分59秒）ウインガー
▽30分1本勝負
③ジェイソン（反則勝ち、7分53秒）邪道
▽45分1本勝負
④クラッシュ（体固め、15分31秒）キーパー
▽60分1本勝負
⑤ペレスJr.（反則勝ち、8分3秒）外道
◎「MOST DANGEROUS TAG WAR'93」公式リーグ戦＝時間無制限1本勝負
〈3点〉クラッシュ　ペレスJr.（不戦勝）〈0点〉スパイク　スプラット
〈4点〉邪道　外道（不戦勝）〈3点〉キーパー　フレディ
⑥〈4点〉ヘッドハンターA　ヘッドハンターB（1-0）〈2点〉中牧　荒谷
A（体固め、10分49秒）荒谷

最終戦　11月30日（火）
大阪・大阪府立体育会館第2競技場
開始18時（観衆1265人）
◎トリプルバトル＝各10分1本勝負
①ウインガー（横入り式回転エビ固め、16分54秒）非道
②三宅（エビ固め、8分22秒）ウインガー
③三宅（反則勝ち、4分14秒）非道
▽20分1本勝負
④ペレスJr.（首固め、14分22秒）クラッシュ
▽30分1本勝負
⑤ジェイソン（片エビ固め、12分7秒）荒谷
▽45分1本勝負
⑥キーパー（体固め、9分25秒）中牧
◎「MOST DANGEROUS TAG WAR'93」優勝決定戦＝時間無制限1本勝負
⑦邪道　外道（1-0）ヘッドハンターA　ヘッドハンターB
外道（体固め、11分58秒）A

BORN TO BE W★ING
12月2日
☆団体所属外の参加選手
フレディ・クルーガー（いままでと別人）
〈マネージャー〉
ビクター・キニョネス
［SPWF］
仲野信市／島田宏／三浦博文／丸山昭一／ホッパー・キング
［ユニオンPWC］
高野俊二
［ユニオンIWA・格闘志塾］
鶴見五郎
［ユニオンIWA・流山］
荒谷信孝

▽45分1本勝負
⑤ヘッドハンターA　ヘッドハンターB(1-0)荒谷　MUGEN
A(体固め、11分12秒)MUGEN
◎WING認定世界ヘビー級選手権試合=60分1本勝負
⑥〈王者〉キーパー(体固め、17分25秒)〈挑戦者〉邪道

第7戦　1月12日(水)
愛知・江南市民体育館
開始18時30分(観衆1260人)

▽20分1本勝負
①ウインガー(ドラゴン・スープレックス・ホールド、14分27秒)三宅
▽30分1本勝負
②非道(エビ固め、9分34秒)マヒカ
▽45分1本勝負
③ジェイソン(エビ固め、12分38秒)MUGEN
▽60分1本勝負
④邪道　外道(両軍反則、15分0秒)キーパー　フレディ
◎バトルロイヤル(10人出場)
⑤三宅(首固め、11分39秒)マヒカ
※退場順…非道、キーパー、外道、フレディ、邪道、ジェイソン、MUGEN、ウインガー、マヒカ、三宅
◎バンクハウス・タッグデスマッチ=時間無制限1本勝負
⑥ヘッドハンターA　ヘッドハンターB(1-0)中牧　荒谷
B(体固め、12分46秒)中牧

第8戦　1月13日(木)
愛知・東海市民体育館
開始18時30分(観衆1256人)

▽15分1本勝負
①ウインガー(時間切れ引き分け)三宅
▽20分1本勝負
②ジェイソン(エビ固め、12分38秒)マヒカ
▽30分1本勝負
③フレディ(体固め、8分47秒)非道
④キーパー(片エビ固め、11分8秒)外道
▽45分1本勝負
⑤ヘッドハンターA　ヘッドハンターB(1-0)中牧　MUGEN
A(体固め、10分51秒)MUGEN
◎WWC認定カリビアン・ヘビー級選手権試合=60分1本勝負
⑥〈王者〉邪道(エビ固め、17分11秒)〈挑戦者〉荒谷

最終戦　1月14日(金)
埼玉・戸田市スポーツセンター
開始18時30分(観衆2800人=満員)

▽20分1本勝負
①三宅(エビ固め、11分54秒)マヒカ
▽30分1本勝負
②MUGEN(体固め、9分25秒)ウインガー
③中牧(体固め、6分53秒)非道
▽45分1本勝負
④フレディ(体固め、10分39秒)荒谷
◎WWCジュニアヘビー級選手権試合=60分1本勝負
⑤〈王者〉仲野(両者リングアウト、2
⑥邪道　外道(1-0)中牧　ジェイソン
外道(体固め、12分39秒)中牧

第4戦　1月8日(土)
広島・尾道市公会堂
開始18時30分(観衆678人)

▽20分1本勝負
①MUGEN(エビ固め、11分55秒)マヒカ
▽30分1本勝負
②中牧(片エビ固め、6分4秒)三宅
▽45分1本勝負
③荒谷(片エビ固め、14分28秒)ウインガー
▽60分1本勝負
④ジェイソン(反則勝ち、12分22秒)フレディ
◎バトルロイヤル(8人出場)
⑤MUGEN(ラクダ固め、12分19秒)荒谷
※退場順…ジェイソン、フレディ、中牧、三宅、ウインガー、マヒカ、荒谷、MUGEN
◎スクランブル・バンクハウス・6人タッグデスマッチ=時間無制限1本勝負
⑥ヘッドハンターA　ヘッドハンターB　キーパー(1-0)邪道　外道　非道
キーパー(片エビ固め、19分11秒)非道

第5戦　1月9日(日)
愛媛・伯方島勤労者町民会館
開始15時(観衆1560人)

▽20分1本勝負
①ウインガー(ジャーマン・スープレックス・ホールド、19分58秒)マヒカ
▽30分1本勝負
②ヘッドハンターB(片エビ固め、5分58秒)三宅
③ヘッドハンターA(体固め、7分52秒)非道
▽45分1本勝負
④キーパー(片エビ固め、11分51秒)MUGEN
▽60分1本勝負
⑤フレディ(首固め、6分28秒)中牧
◎バトルロイヤル(9人出場)
⑥中牧(首固め、11分11秒)マヒカ
※退場順…フレディ、三宅、キーパー、MUGEN、ヘッドハンターB、ヘッドハンターA、ウインガー、マヒカ、中牧
◎スクランブル・バンクハウス・タッグデスマッチ=時間無制限1本勝負
⑦邪道　外道(1-0)ジェイソン　荒谷
外道(体固め、16分13秒)荒谷

第6戦　1月11日(火)
高石・大阪府立臨海スポーツセンター
開始18時30分(観衆1020人)

▽15分1本勝負
①マヒカ(変形卍固め、12分30秒)三宅
▽20分1本勝負
②中牧(片エビ固め、7分24秒)ウインガー
▽30分1本勝負
③ジェイソン(エビ固め、7分21秒)非道
④外道(反則勝ち、10分50秒)フレディ
ルド、7分54秒)マヒカ
▽30分1本勝負
③MUGEN(体固め、11分11秒)覆面太郎
④荒谷(体固め、10分59秒)非道
◎スクランブル・バンクハウス・タッグデスマッチ=時間無制限1本勝負
⑤キーパー　フレディ(1-0)ジェイソン　中牧
キーパー(片エビ固め、12分42秒)ジェイソン
◎WWC認定ジュニアヘビー級選手権試合=60分1本勝負
⑥〈王者〉仲野(ノーザンライト・スープレックス・ホールド、16分12秒)〈挑戦者〉ウインガー
◎WING認定世界タッグ選手権試合=時間無制限1本勝負
⑦〈王者組〉ヘッドハンターA　ヘッドハンターB(1-0)〈挑戦者組〉邪道　外道
A(体固め、10分39秒)外道

第2戦　1月4日(火)
広島・竹原市体育館
開始18時30分(観衆1111人)

▽20分1本勝負
①マヒカ(変形卍固め、10分56秒)三宅
▽30分1本勝負
②ジェイソン(エビ固め、12分36秒)ウインガー
▽45分1本勝負
③荒谷(首固め、15分54秒)MUGEN
▽60分1本勝負
④キーパー(片エビ固め、6分33秒)中牧
◎バトルロイヤル(7人出場)
⑤MUGEN(エビ固め、9分35秒)マヒカ
※退場順…中牧、キーパー、三宅、ウインガー、荒谷、マヒカ、MUGEN
◎バンクハウス・6人タッグデスマッチ=時間無制限1本勝負
⑥ヘッドハンターA　ヘッドハンターB　フレディ(1-0)邪道　外道　非道
フレディ(エビ固め、12分59秒)非道

第3戦　1月5日(水)
島根・浜田市民会館
開始18時30分(観衆1357人)

▽20分1本勝負
①非道(エビ固め、8分26秒)三宅
▽30分1本勝負
②ヘッドハンターA　ヘッドハンターB(1-0)マヒカ　ウインガー
B(体固め、12分9秒)ウインガー
▽45分1本勝負
③フレディ(片エビ固め、8分55秒)MUGEN
▽60分1本勝負
④キーパー(片エビ固め、10分1秒)荒谷
◎バトルロイヤル(9人出場)
⑤荒谷(エビ固め、10分56秒)マヒカ
※退場順…フレディ、キーパー、ヘッドハンターB、ヘッドハンターA、三宅、ウインガー、MUGEN、マヒカ、荒谷
◎スクランブル・バンクハウス・タッグデスマッチ=時間無制限1本勝負

一　金村
キーパー(片エビ固め、16分22秒)ジェイソン

第2戦　3月11日(金)
宮城・多賀城市総合体育館
開始18時30分(開始1350人)

◎トライアングルマッチ=各30分1本勝負
①ウインガー(両者リングアウト、11分33秒)リコ
②松崎(腹固め、5分59秒)リコ
③ウインガー(横入り式回転エビ固め、7分31秒)松崎
▽45分1本勝負
④ナガサキ　レザー(両軍リングアウト、13分37秒)ロン・ハリス　ドン・ハリス
▽60分1本勝負
⑤キーパー(片エビ固め、10分39秒)荒谷
◎スクランブル・バンクハウス・タッグデスマッチ=時間無制限1本勝負
⑥ヘッドハンターA　ヘッドハンターB(1-0)金村　中牧
A(体固め、12分50秒)中牧

第3戦　3月12日(土)
宮城・白石市民会館
開始18時30分(観衆1150人)

◎トライアングルマッチ=各30分1本勝負
①松崎(両者リングアウト、8分23秒)リコ
②ウインガー(横入り式回転エビ固め、7分49秒)リコ
③松崎(ジャーマン・スープレックス・ホールド、6分38秒)ウインガー
▽45分1本勝負
④ヘッドハンターA　ヘッドハンターB(1-0)ナガサキ　荒谷
A(片エビ固め、13分59秒)荒谷
▽60分1本勝負
⑤キーパー(片エビ固め、6分59秒)中牧
◎スクランブル・バンクハウス・タッグデスマッチ=時間無制限1本勝負
⑥ロン・ハリス　ドン・ハリス(1-0)金村　レザー
ドン(片エビ固め、8分35秒)金村

最終戦　3月13日(日)
東京・アメニティトライアル多摩21
開始15時(観衆1800人=満員)

◎トライアングルマッチ=各30分1本勝負
①ウインガー(両者リングアウト、10分14秒)リコ
②松崎(腹固め、5分57秒)リコ
③ウインガー(ラ・マヒストラル、8分52秒)松崎
▽60分1本勝負
④ロン・ハリス　ドン・ハリス(1-0)ヘッドハンターA　ヘッドハンターB
ロン(片エビ固め、13分47秒)B
◎WING認定世界ヘビー級選手権試合=時間無制限1本勝負
⑤〈王者〉キーパー(片エビ固め、4分32秒)〈挑戦者〉レザー
▽60分1本勝負
⑥ナガサキ　荒谷(1-0)金村　中牧
ナガサキ(片エビ固め、16分39秒)中牧

ZONE 後楽園II～
2月15日(火)
東京・後楽園ホール
開始18時30分(観衆1730人)

※ビデオ収録
▽10分1本勝負
①松崎(顔面絞め、2分55秒)小野
◎ミックストマッチ=30分1本勝負
②茂木　スレイマ(1-0)ウインガー　ジャネット
茂木(ロメロ・スペシャル、14分14秒)ウインガー
▽30分1本勝負
③ヘッドハンターA　ヘッドハンターB(1-0)中牧　松崎
A(体固め、10分37秒)松崎
◎スクランブル・バンクハウス・デスマッチ=時間無制限1本勝負
④ジェイソン(体固め、16分25秒)ソイヤー
◎エニウェア・フォールズカウントマッチ=時間無制限1本勝負
⑤レザー(体固め、11分20秒)フレディ
◎バンクハウス・デスマッチ=時間無制限1本勝負
⑥ナガサキ(体固め、18分21秒)荒谷
⑦金村(片エビ固め、10分1秒)非道

WHO'S THE DANGER '94～EVIL'S LAW～
3月9日～13日　全4戦

☆団体所属外の参加選手
レザー・フェイス⑫／ジェイソン・ザ・テリブル⑰／ブルース・ブラザーズ(ロン・ハリス④　ドン・ハリス④)／リコ①
〈キニョネス軍団〉
クリプト・キーパー⑦／ザ・ヘッドハンターズ(ヘッドハンターA⑲　ヘッドハンターB⑲)
〈マネージャー〉
ビクター・キニョネス
[ユニオンIWA・湘南]
荒谷信孝／松崎和彦
[NOW]
ケンドー・ナガサキ

開幕戦　3月9日(水)
東京・後楽園ホール
開始18時30分(観衆1600人)

▽30分1本勝負
①茂木(片エビ固め、8分40秒)覆面太郎
②ウインガー(エビ固め、8分14秒)リコ
▽45分1本勝負
③ロン・ハリス　ドン・ハリス(1-0)荒谷　松崎
ドン(片エビ固め、7分45秒)松崎
▽60分1本勝負
④ナガサキ(体固め、14分42秒)中牧
◎バンクハウス・6人タッグデスマッチ=時間無制限1本勝負
⑤キーパー　ヘッドハンターA　ヘッドハンターB(1-0)ジェイソン　レザ

分46秒)〈挑戦者〉茂木
▽延長戦
〈挑戦者〉茂木(反則勝ち、10分42秒)〈王者〉仲野
◎WING認定世界タッグ選手権試合=60分1本勝負
⑥〈王者組〉ヘッドハンターA　ヘッドハンターB(1-0)〈挑戦者組〉邪道　外道
B(体固め、15分43秒)邪道
◎スパイクネイル・デスマッチ=時間無制限1本勝負
⑦ジェイソン(落下KO、12分31秒)キーパー

WE ARE W★ING～DANGER ZONE 後楽園I&II～
2月11日、15日

☆団体所属外の参加選手
ザ・ヘッドハンターズ(ヘッドハンターA⑱　ヘッドハンターB⑱)／フレディ・クルーガー③／バート・ソイヤー④／レザー・フェイス⑪／ジェイソン・ザ・テリブル⑯
〈マネージャー〉
ビクター・キニョネス
[ユニオンIWA・湘南]
荒谷信孝
[NOW]
ケンドー・ナガサキ(15日のみ)
[女子プロレス]
スレイマ／ジャネット
[フリー]
邪道　外道(ともに11日のみ)／松崎和彦

WE ARE W★ING～DANGER ZONE 後楽園I～
2月11日(金=祝)
東京・後楽園ホール
開始18時30分(観衆2150人=超満員札止め)

▽10分1本勝負
①茂木(逆片エビ固め、3分49秒)小野
◎女子プロレス=30分1本勝負
②スレイマ(エビ固め、9分53秒)ジャネット
◎エニウェア・フォールズカウントマッチ=時間無制限1本勝負
③ソイヤー(片エビ固め、16分14秒)松崎
◎バーブドワイヤー・チェーンデスマッチ=時間無制限1本勝負
④フレディ(片エビ固め、10分49秒)ウインガー
◎カリビアン・バーブドワイヤー・タッグデスマッチ=時間無制限1本勝負
⑤レザー　ジェイソン(1-0)ヘッドハンターA　ヘッドハンターB
レザー(片エビ固め、16分31秒)A
◎サバイバルレクイエム・バンクハウス・6人タッグデスマッチ=時間無制限1本勝負
⑥中牧　荒谷　茂木(1-0)邪道　外道　非道
荒谷(体固め、23分43秒)非道

WE ARE W★ING～DANGER

INFORMATION

W☆ING NET SHOP

“デスマッチの帝王”ミスター・ポーゴや“ミスターデンジャー”松永光弘をはじめ、レザー・フェイス、ジェイソン・ザ・テリブルらW☆INGマットにおいて、血で血を洗う壮絶な闘いを繰り広げた“スーパー・レジェンド”たち。プロレス史に残る数々のデスマッチがTシャツなどのグッズで“復活”!

➡https://Wing1991.stores.jp/

W☆ING ANTHOLOGY　―The men beyond the danger―

“世界で最も危険なプロレス団体”W☆INGで行われた過激な闘いが甦る!　毎月1日〈W☆ING ANTHOLOGY〉では、数多くある懐かしの映像の中からセレクトした一戦を有料配信しています。

※一回の視聴につき500円かかります。

➡https://Wing1991.stores.jp/

W☆INGチャンネル

YouTube〈W☆INGチャンネル〉は、毎週金曜日に更新……懐かしの映像やW☆INGゆかりの人たちによる思い出話が楽しめます。

➡[W☆ING　チャンネル]、または[W☆ING　Channel]で検索

火野裕士パーソナルトレーニングジム『FITNESS BEAUTY』

現在、金村ゆきひろがリハビリを兼ねたトレーニングを行っている。パーソナルトレーニングをご希望の方は、下記まで。

➡『FITNESS BEAUTY』千葉市中央区都町1-9-47

本書は書きおろしです。一部敬称を略しています。

A HORROR FIGHTING SHOW
FREDDIE CROUGER
VICTOR QUINONES
CRYPT KEEPER

WE LOVE W★ING
DECEMBER 9 to DECEMBER 20
1ST Anniversary
W★ING

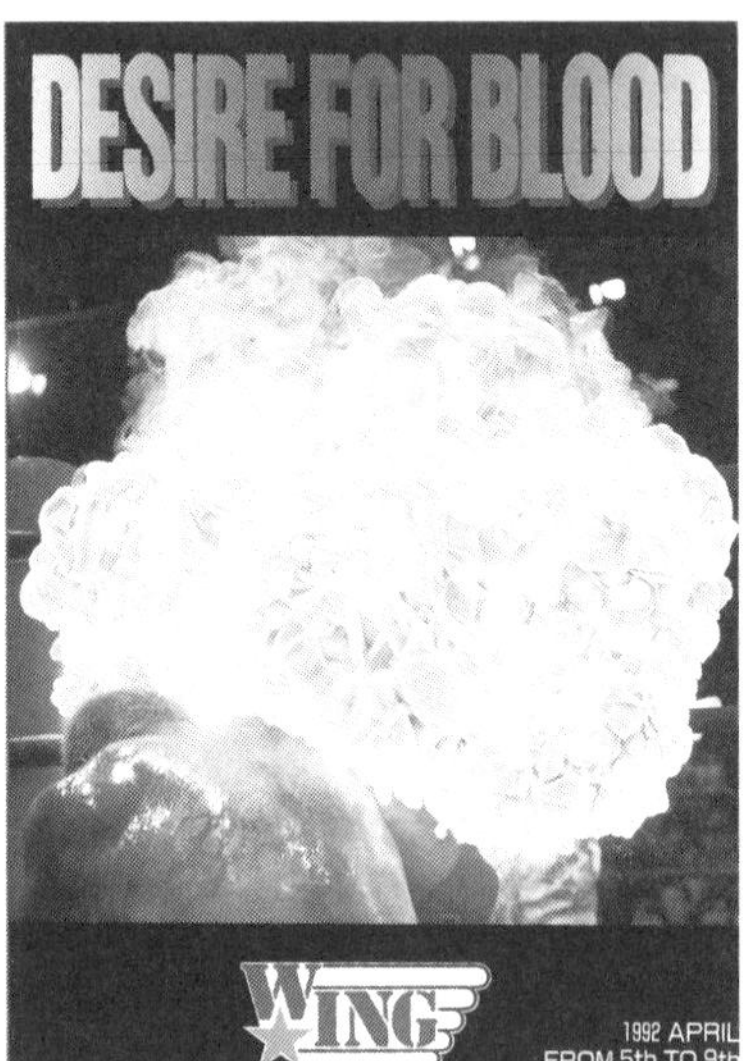
DESIRE FOR BLOOD
W★ING
1992 APRIL
FROM 5th TO 9th

ONE NIGHT
ONE SOUL
W★ING

TAKE OFF

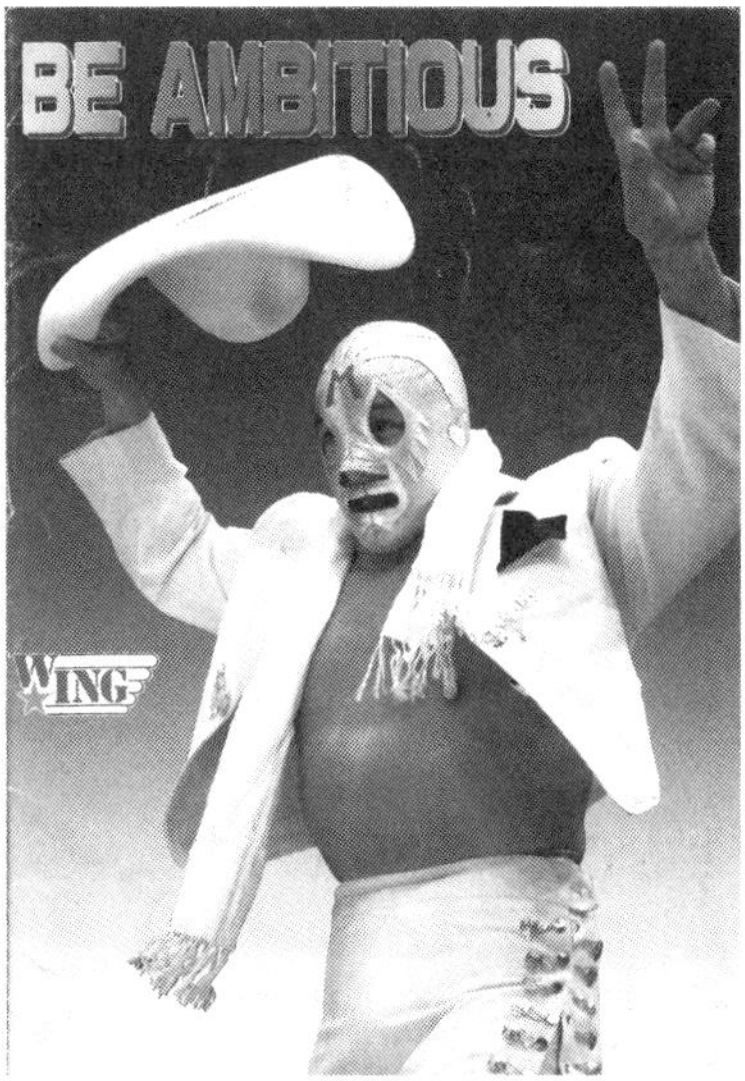
BE AMBITIOUS

W★ING PROMOTION SPECIAL PROGRAM
DEAD or ALIVE
OSAKA TOKYO
1992年5月5日(火)
大阪・泉佐野市民総合体育館
(PM3:00 START)
1992年5月7日(木)
東京・後楽園ホール
(PM6:30 START)
'91年12月の一
旗揚げから
半年……
W★INGは
100%
ラジカル・
ファイトを
お見せ
します!!

WHO'S THE DANGER
WHO'S THE DANGER
1992 MARCH
FROM 6th TO 13th

北

この本をいまは亡きW☆ING戦士、
そしてW☆INGを愛したすべての人に捧げる——

WE LOVE W☆ING.

小島和宏（こじま・かずひろ）

1968年、茨城県出身。1989年、大学在学中に『週刊プロレス』（ベースボール・マガジン社）の記者としてデビュー。大仁田厚のFMW、ザ・グレート・サスケのみちのくプロレス、そして対抗戦全盛期の全日本女子プロレスなどを担当し、活字プロレス黄金時代を駆け抜ける。特にW☆INGは旗揚げ前から同僚の鈴木健記者と共に担当し、多くの巡業に同行して取材。団体の隆盛から崩壊までを誌面でリポートし続けた。フリー転向後、活躍のフィールドを広げ、お笑い、特撮、サブカルチャーなど幅広く取材・執筆を重ねる。現在、ももいろクローバーZの公式記者としても活躍。著書（構成含む）は『ぼくの週プロ青春記　90年代プロレス全盛期と、その真実』（朝日文庫）、『ゴールデン☆スター飯伏幸太　最強編』（小学館集英社プロダクション）、『ももクロ×プロレス』（ワニブックス）、『憧夢超女大戦　25年目の真実』（彩図社）など多数。

W☆ING流れ星伝説
星屑たちのプロレス純情青春録

2021年8月11日　第1刷発行

著者　小島和宏

発行者　島野浩二

発行所　株式会社双葉社
〒162-8540 東京都新宿区東五軒町3番28号
TEL.03-5261-4818［営業］　03-5261-4868［編集］
http://www.futabasha.co.jp/
（双葉社の書籍・コミックが買えます）

写真提供　山内猛、ベースボール・マガジン社

装丁　金井久幸［TwoThree］

印刷・製本　中央精版印刷株式会社

ISBN 978-4-575-31639-1　C0076